الثـــــورة العربيّــــة

وإرادة الحياة

مقاربة فلسفية

*عنوان الكتاب:الثورة العربية وإرادة الحياة (مقاربة فلسفية)
المؤلف:زهير الخويلدي
النوع:فلسفة
الطبعة: الأولى(2011)

*الناشر: الدار التونسية للكتاب
العنوان:43-45 شارع الحبيب بورقيبة-
الطابق الأول مدرج "د" الكوليزي
الهاتف/الفاكس:71339833(216+)
البريد الالكتروني:mtl.edition@yahoo.fr

*المطبعة:المغاربية للطباعة والإشهار
الشرقية،أريانة تونس
كمية السحب:1000 نسخة

*الموزع داخل تونس وخارجها:
الشركة التونسية للصحافة SOTUPRESSE

ر.د.م.ك: 978-9938-839-07-4 ISBN :

زهير الخويلدي

الثورة العربيّــة
وإرادة الحياة

مقاربة فلسفية

الدار التونسية للكتاب

الاهــــــــداء

إلى كل من علمني طلب الحق والعمل به

إلى الشباب العربي الثائر

إلى كل الشهداء الذي رفعوا رايات العزة والكرامة

وحرروا الشعب من الارتداد والشمولية والتبعية

إستهــلال

أزمة المشروعية والحاجة إلى الثورة

"الواقعة الحقيقية هي أن الجمهورية لم تُؤسّس بعد، وأنها لا تزال قيد التأسيس"[1]

ساهمت عدة عوامل في تأزم الشرعية واحتجاب فكرة المشروعية في الجزء الأول من القرن العشرين من ساحة النقاش العمومي العربي وخاصة منذ صعود الأنظمة الاستبدادية الشمولية وسيطرة إيديولوجيات الخلاص الموعود على الساحة الثقافية وتفجر نمط غير معهود من المعالجة الأمنية واندلاع الحروب الأهلية والكونية وحدوث أزمات اقتصادية عالمية وفجوة رقمية واكتساح نموذج موحد من علاقات الإنتاج والتبادل والتوزيع كامل المعمـورة وانقسامهـا هـي الأخـرى إلـى مركـز متقـدم وأطراف نامية وشمال غني وجنوب فقير.

ان الفرضية المزمع مناقشتها هاهنا تتمثل في أن معاناة الأنظمة العربية من أزمة في المشروعية وبؤس الواقع الاجتماعي وانغلاق العالم السياسي وتعاظم درجات نقص الشرعية هي التي أدت إلى تصاعد الاحتجاجات ومن ثمة انهيار الأنظمة وتزايد المطالب بضرورة التغيير الجذري وقيام الثورة الشعبية والتوجه نحو القطيعة مع الماضي الشمولي والعود على بدء.

لكن الآن بعد تفجر الثورة العربية يبدو أن الأمور قد عادت إلى نصابها وأصبحت قضية بناء المشروعية تتصدر اهتمامات رجال القانون والفلاسفة والمفكرين بل أنها قد أحرزت مكانة بارزة في الحقل الفلسفي والسياسي والقانوني وطرحت من جديد في علاقة بالتأسيس ونحت الدستور العصري وعملية الشرعنة واضفاء الشرعية وحسن الحكمنة وحقوق المواطنة ومبدأ السيادة.

والحق أن معطيات عديدة جديدة قد حدثت بعد بلوغ البشرية زمن العولمة وانبلاج فجر العصر ما بعد الصناعي والثورة الرقمية وبروز تكنولوجيا النانو والتي أظهرت

---

[1] بول ريكور، **الذات عينها كآخر**، ترجمة جورج زيناتي، المنظمة العربية للترجمة، بيروت، 2005. ص.440.

عدم كفاية المقاربة القانونية الوضعية التي اختزلت المشروعية في قانونية شكلية صرفة وساعدت على تعزيز التفكير في أسس القيم ومقاصد السلطة والمكاسب الحداثية التنويرية من الثورة.

لقد أفرزت هذه التحولات العميقة حدوث طفرة في الديمقراطية التمثيلية التي حلت مكان الديمقراطية التشاركية، ووصلت فكرة الدولة- الأمة إلى نهايتها وظهرت دولة الرفاه ومجتمع الوفرة، وبلغت نظرية حقوق الإنسان ومبدأ الديمقراطية الجيل الرابع، ودارت المناقشات حول قضية العدالة والمساواة وعدم التمييز والنوع الاجتماعي والحقوق الثقافية وحرية الضمير.

من أهم الإشكاليات التي تطرح بخصوص هذه المسألة يمكن أن نذكر ما يلي:

لماذا الحديث عن مشروعيات في الجمع وعدم الاقتصار على المشروعية في المفرد زمن الثورة؟ وما المقصود بالمشروعية؟ وما الفرق بينها وبين الشرعية والشرعنة؟ وهل تعاني الدولة المعاصرة في زمن العولمة نقصا في الشرعية أم أنها واقعة لامحالة في أزمة مشروعية؟ من أين تستمد الدولة مشروعيتها؟ وبالتالي ماهي مصادر هذه المشروعية؟ وهل يمتلك مفهوم المشروعية تاريخية ؟ وألا يتوزع إلى عدة أنواع ويغطي عدة حقول وسجالات؟ ثم ماهي العلاقات القائمة والممكنة بين المشروعية[2] والقانونية[3]؟

ماذا حدث عندما وقع اختزال المشروعية في القانونية؟ ألم يتم إفراغ السجل الحقوقي من منظومة القيم لصالح جملة من المعايير ومن نظام الغايات لفائدة نظام الوسائل؟ وألم ينقلب سلم القيم رأسا على عقب؟ هل أن حكومة قانونية هي دائما حكومة شرعية؟ ماهي التسويغات الإجرائية للحصول على سلطة شرعية؟ وهل الحكم الجامع بين التشريعي والتنفيذي هو حكم قانوني أم شرعي؟ ألا ينبغي أن تنضاف الشرعية الأدائية إلى الشرعية القانونية حتى نحصل على نظام سياسي ديمقراطي راشد؟

---

[2] légitimité

[3] Légalité

بادئ ذو بدء يحلينا معنى لفظ المشروعية إلى القانون ويكاد يُرادف مصطلح القانونية ويُفيد الإباحة بفعل شيء ما والترخيص المؤقت لماهو محظور والسماح بالاندماج والعبور والتجويز لحدوث فعلا ما كان من قبيل الممتنع والتمكين وإتاحة الفرصة، ولكنها تدل على الخاصية التي تتفق مع قيم المجتمع وتطلق على السلطة التي تحصل على رضا الأفراد سواء بشكل علني أو بالموافقة الصامتة، وفي السياسة هي حق الأغلبية في حكم نفسها بنفسها عبر اختيار ممثليها وبناء كيان سياسي مشروع يسمى حكومة رشيدة.

في حين أن الشرعية تحيلنا على الحقوق والحريات والحس الأخلاقي والفطرة السليمة وتشترط ضمان الاحترام الكامل للقوانين الموضوعة من طرف السلطة السياسية جاعلة إياها قيد التنفيذ ومُجَسَّمة على أرض الواقع.وتقتضي كذلك الشرعية ضرورة الاتفاق مع القواعد المثالية المنتمية إلى النظام السياسي الأفضل والى روح القوانين حسب عبارة مونتسكيو.

أما الشرعنة[4] فهي الفعل الذي نجعل به أمرا معينا شرعيا مثل حصول مجموعة سياسية أو هيئة مدنية على رخصة قانونية تبيح لها النشاط العلني في إطار احترامها للمواثيق الدولية والقيم الترتيبية للهيئات المدنية وتطبيقها للمبادئ المنظمة للشأن العام والتزامها بالعمل على تحقيق السلم والتحضر ونشر ثقافة الاستنارة والتقدم العلمي والتقني.

لكن الشرعنة قد تفيد أيضا حركة استحسان قانوني وإعادة الاعتبار الأخلاقي وتقدير سلطة ومنح مؤسسة أو شخص استحقاقا واعترافا وإقرارا وذلك لما تؤديه من منافع عامة وتقوم به من وظائف حيوية وأعمال جليلة للمجتمع تؤمن له التماسك والاستمرار والازدهار. علاوة على ذلك يسعى فعل الشرعنة إلى إعطاء المشروعية إلى فعل معين

[4]légitimation

أو مسار خاص، وهي كذلك إضفاء القانونية على مرجعية إيديولوجية ما وهو ما يجعلها مقبولة في النقاش العمومي الواسع بين القوى السياسية والاجتماعية المتنافسة.

" إن البرمجة البديلة التي تشرعن[5] للسيطرة تترك الحاجة إلى الشرعية أمرا حاسما ومفتوحا ، فكيف نجعل نزع السياسة [6]عن الحشود البشرية مفهوما بالنسبة إلينا؟"[7]

لهذا السبب قد نجد على غير عادة الوضعيين القانونيين أمرا مشروعا قد أضحى غير شرعي ويمكن للأمر الشرعي أن يكون غير مشروع. عندئذ تكون المشروعية هي الحرص على موافقة القانون وتطبيقه بشكل صارم دون الأخذ بعين الاعتبار قيمة الإنصاف والمحافظة على كرامة الناس وإنسانيتهم. وإذا كانت المشروعية تستمد من القانون فإن القانون يستمد من الشرعية.

كما تشمل الشرعية خاصية الظواهر الطبيعية التي تخضع لقوانين ثابتة وعلاقات مستقرة، وتطلق على الحسن والعادي والطبيعي وتعني على الصعيد العملي عند عمونيال كانط المطابقة المادية من طرف السلوك البشري للقانون الأخلاقي وبالتالي العمل بنية حسنة وإرادة خيرة وليس فقط احترامه صوريا طلبا لغايات أخرى.

النظام الديمقراطي قد يحتاج إلى إدخال فعل الشرعنة في قراراته وتدبيره لشؤون المجتمع بما أنه لا ينجح إلى حد ما في التأليف بين الشرعية والمشروعية عن طريق فسح المجال أمام الإرادة العامة لسن القوانين ويعمل على احترامها نصا وممارسة وروحا، أما الحكم الاستبدادي فهو نظام مشروع عندما يحكم بالقانون ولكنه فاقد للشرعية بحكم أن الأقلية هي التي وضعته لحمايتها من الأغلبية ولا تتوانى في التعدي عليه وتوظيفه لحسابها الخاص، أما سلطة الطغيان فهي أشد أشكال الحكم تعسفا وذلك لتحركها وفق نموذج حق الأقوى وتغييبها سلطة القانون وسيادة الشعب ولهذا تكون فاقدة للشرعية والمشروعية معا.

---

[5] légitimiser

[6] Dépolitisation

[7] يورغنهابرماس، **العلم والتقنية ك"ايديولوجيا"**، ترجمة حسن صقر، منشورات الجمل، كولونيا، طبعة أولى.2003.ص72- بتصرف-.

إن آلية الانتخابات في ظل التداول السلمي على السلطة عند الديمقراطيات قد لا تكون الوسيلة الشرعية لبناء نسق تواصلي يحقق الخير العام مادام قانون اللعبة يتحكم فيه مالكو رأس المال ومادام اقتصاد السوق هو الذي يحدد حصة كل طرف، وفي هذا السياق يصرح هابرماس:" توجد السيطرة الديمقراطية الشكلانية في أنساق الرأسمالية المنظمة دولتيا تحت مظلة مطلب الشرعية الذي لا يمكن تحقيقه من خلال الرجوع إلى شكل الشرعية ما قبل البرجوازي. لذلك تظهر في مكان إيديولوجيا التبادل الحر برمجة بديلة تتوجه فيما يخص التبعات الاجتماعية ليس إلى مؤسسة السوق وإنما إلى فاعلية دولة معوضة."[8]

ننتهي إلى الوضعية المتشابكة التي يكون عليها مصطلح المشروعية في ظل نظام سياسي يزعم الديمقراطية على مستوى القانون ويتساهل في الالتزام بقيمها على مستوى الواقع. لكن السبب الذي يجعل السلطة السياسية في حاجة دائمة إلى شرعنة وجودها هو أنها تعاني دائما من نقص في الشرعية وتعوض ذلك بالبحث عن مصادر جديدة لإضفاء المشروعية، وربما توسط الحكمنة[9] هو السبيل الوحيد لحماية الشرعية الأخلاقية من تسلط المشروعية الماكرة وعنف القانونية الصارمة، ولكن ألا ينبغي أن تتوفر مؤسسة مدنية للمحاسبة العلنية تعمل على تنظيم مرافعات حضورية حتى نتجنب صراع المشروعيات ونعمل على توقي الاختلالات المتعلقة بسوء الحكمنة[10] وإصلاحها كما يرى بول ريكور في كتابه "العادل"[11]؟

إن اللافت للنظر هو وجود عدة مشروعيات وجمل متنوعة من أفعال الشرعنة وما يميز العلاقة بينها هو سوء التفاهم والصراع من أجل الهيمنة ويتم اللجوء في غالب الأحيان إلى سلطة التقاليد والدين والثقافة والعرق والتاريخ والقانون والايدولوجيا كمصادر للمشروعية.

---

[8] يورغنهابرماس، **العلم والتقنية ك"ايديولوجيا"** ، ص.ص.69-70.

[9] gouvernance

[10] Malgouvernance

[11] بول ريكور، **العادل**، الجزء الثاني، ترجمة عبد العزيز العيادي ومنير الكشو، بيت الحكمة، قرطاج، الطبعة الأولى 2003، ص.640.

لكن الحلقة المفقودة هي مبدأ الشرعية لأن الهيئات الاجتماعية والسياسية والاقتصادية ما انفكت تخل به ولأن النظام السياسي الديمقراطي على وجه الحقيقة والمطابق للحق هو عملة نادرة ومشروع مؤجل لم تعرفه البشرية إلا في فترات قليلة وفي العصور الذهبية للتجارب التأسيسية الكبرى مثل زمن الرسل والأنبياء وعصر الحكماء والمشرعين الأول وزمن الثورات.

"على أن حل المهمات التقنية لا يبقى معتمدا على نقاش عام . إذ يمكن للجدالات العامة أن تسبب إشكالات إزاء الشروط الهامشية للنسق الذي تتمثل ضمنه مهمات فاعلية الدولة بوصفها مهمات تقنية وتتطلب السياسة الجديدة لتدخلية الدولة لهذا السبب نزع التسييس عن الجماهير. وبقدر إقصاء المسائل العملية يصبح الرأي العام السياسي معطل الوظيفة."[12]

إن النماذج التي تحاول السلطة السياسية أن تستمد منها مشروعيتها حسب عالم الاجتماع ماكس فيبر هي ثلاثة، أولها هو النموذج التقليدي والذي يرتبط بنفوذ الأمس الأبدي ، وأما الثاني فهو النموذج الكارزماتي والذي يتوقف على القدرات الفائقة للحاكم سواء في القيادة أوالتنظيم، وبقي الثالث وهو النموذج القانوني والذي يفترض احترام نصوص الدستور والفصل بين السلطات وتشريك المواطنين في إدارة الحياة السياسية.[13]

غني عن البيان أن المنظومة الحقوقية قد تستغل من طرف بعض الحكومات المتسلطة وفاقدة الشرعية من أجل إضفاء المشروعية على ممارساتها عن طريق نسق قانوني معين.

هكذا نجد عدة مشروعيات ترجع إلى عدة مرجعيات مثل الثورة والتاريخ النضالي والتقاليد الاجتماعية والانتماء العائلي والأداء الوظيفي والكفاءة المهنية ولكن لا توجد سوى شرعية واحدة وهي بالأساس أخلاقية ومن وجهة نظر الحق وترتبط بالمساواة والعدل والرشاد.

---

[12] يورغنهابرماس، **العلم والتقنية ك"ايديولوجيا"** ،ص.71.

[13] Max weber, *le savant et le politique*, 10-18, Editions Librairie Plon 1959.

إن المشروعية الثقافية لا تقضي نهائيا على المشروعية الطبيعية بل تبقيها في مرتبة دنيا وتحل محلها، وإن المشروعية السياسية لا تنفصل نهائيا على المشروعية الدينية بل تسحب منها البساط وتهيمن عليها وتعمل على توظيفها من أجل إضفاء طابع القداسة على ممارساتها، كما أن المشروعية القانونية لا تتصادم مع المشروعية الاقتصادية وإنما تتحالف معها وتضع نفسها في خدمتها وتستفيد من نجاعتها وسرعة تراكمها وقدرتها على الانتشار والتوسع في المجالات الأخرى مثل التربية والتعليم والفنون والفكر والأدب.

صفوة القول أن التوتر بين مفاهيم المشروعية والشرعية والشرعنة يظل قائما مادام النزاع بين القوى محتدما وطالما بقيت الحروب هي الحيلة الوحيدة التي يلجئ إليها العقل لتحقيق التقدم وظل المكر الذي يمارسه التاريخ هو مصعد الانتقال من حالة السكون والتردي إلى وضع الديناميكية والتفجر بالنسبة إلى العلاقة بين الطبقات الاجتماعية.

زد على ذلك أن الأوراق قد اختلطت والقيم قد دنست والمفاهيم قد طمست مع بروز الاستبداد الديمقراطي ودكتاتورية الهُمْ[14] وجنون الاستهلاك وعودة المكبوت وهمجية التحضر وطغيان الصورة وأسطورة الإطار ونهاية التاريخ وإطلالة الرجل الأخير. ربما تكون كل هذه التوصيفات هي التي ساهمت في قيام فعل جماهيري مشترك يسمى الثورة العربية كان همه الوحيد مقاومة الفساد والارتداد والحلم بتأسيس نموذج صالح من الحكم الراشد.

غاية المراد في هذا العمل المنقسم إلى بابين هو كتابة سردية للثورة العربية في المرحلة الأولى من خلال التركيز على العلاقة العاطفية بين الفكر والوطن في الفصل الأول، والبحث في سر انتشار المد الثوري في المنطقة العربية في الفصل الثاني، ثم تسليط الضوء على شاعر الثورة أبي القاسم الشابي ومقولة إرادة الحياة في الفصل

[14]- Le on.

الثالث، والتطرق إلى مطالب الأفراد والشعوب من الثورة في الفصل الرابع، والانتقال إلى التنظير لمفهوم "العقل الجمهوري" وتحليل نفسية الجماهير الثائرة في الفصل الخامس، وتتبع جدلية الفوضى والنظام التي تميز بها المشهد العربي الحالي في فصل سادس أما الفصل السابع فهو تذكير بالمصالحة السياسية الفلسطينية بإعتبارها أحد أهم ثمرات الثورة العربية.

بيد أن الباب الثاني هو مخصص إلى القراءة الفلسفية للأحداث الثورية ولذلك يحتوي الفصل الأول على تدبير مفهوم فلسفة الثورة من جهة العوامل والآليات والأهداف والتحديات، ثم تسليط سلاح الفهم الإنساني على أمراض العنف والكذب وتفكيك المنظومة الشمولية في الفصل الثاني، وبعد ذلك ممارسة الحذر الفلسفي تجاه كثرة الاستنجاد بالمشتغلين بالقانون في الفصل الثالث، والقيام بالربط بين واقعة الثورة والصحوة الهرمينوطيقية لدى الشباب في الفصل الرابع، أما الفصل الخامس فيضم تحيينا للقاموس السياسي المتداول من خلال الحديث عن الديمقراطية الاندماجية الآتية والتعرض إلى وهم التأسيس والنظرة الفلسفية إلى مفهوم الدستور ، وفي الفصل السادس هناك تعريج على مفهوم الشعب وتحديد استحقاقات المرحلة القادمة وافتراض جملة من الشروط كفيلة بأن تنقل العرب من حالة التخبط والضبابية إلى حالة من التخطيط والبرمجة والوضوح في الرؤية والمدنية، ومسك الختامثمة اشتغال في الفصل السابع على اعادة تعريف مفهوم العدالة بما تقتضيه المرحلة الإنتقالية من الثورة إلى الدولة.

لكن إذا أردنا استئناف النظر في إستراتيجية الشرعنة بالاعتماد على المرجعية الثورية والاحتكام إلى إرادة الشعب وتطلعات الإنسان الثائر وفصل القول في أمر إضفاء المشروعية والحاجة إلى الشرعية فإنه حري بنا أن نجدد طرح الإشكاليات التالية:

ما العمل لإعادة الاعتبار لباراديغم الشرعية؟ هل نبحث اليوم عن مشروعيات تقليدية أم عن مشروعية ثقافية؟ وما معنى ثقافة شرعية ومشروعية ثقافية؟ وأيهما أنجع للفضاء العمومي في اللحظة الراهنة المشروعية الكاريزماتية بلغة ماكس فيبر أم مشروعية السلطة السياسية؟ وكيف تبنى المشروعية الديمقراطية على مشروعية

المراقبة المؤسساتية بلغة يورغن هابرماس؟ ولكن ماهو دور المشروعية الانتخابية في توطيد أركان الأنظمة الديمقراطية؟ وهل يمكن اختصار مبدأ الديمقراطية في الممارسة الانتخابية؟ ألا تمنح المشاركة غير المشروطة في الانتخابات الدورية غير المتكافئة المشروعية على أنظمة سياسية فاقدة للشرعية؟ هل المطلوب هو الديمقراطية التمثلية[15] أم التشاركية[16]؟ ألا توجد مشروعية غير قانونية وقانونية لا مشروعة؟ وما علاقة المشروعية بالعنف؟ والى مدى يجوز لنا الحديث عن عنف مشروع وآخر غير مشروع؟ وأليس العصيان هو شكل من العنف غير المشروع يأتي كرد فعل على لا شرعية السلطة؟ وألا يخلق العصيان[17] أزمة مشروعية[18] بالنسبة للكيان السياسي؟ هل يمكن أن تمثل السيادة الشعبية هي المرجعية الشرعية للدولة القادمة ؟ وما المقصود بالشرعية الثورية ؟ وأي دور للحكمنة في إضفاء المشروعية على الأنظمة السياسية؟ وما هي شروط قيام مؤسسة الحكمنة؟ والى أي مدى تختزل الشرعنة في الحكمنة؟ ثم ألا ينبغي التمييز بين المشروعية الدولية[19] والمشروعية الجمهورياتية[20]؟ ما العمل أمام أنظمة سياسية تربط فعل الشرعنة بممارسة قوة الإكراه وفاقدة للشرعية القانونية ولشرعية الأداء والوظيفية في الآن نفسه؟ وهل من المشروع أن نراقب المؤسسات بواسطة القوانين أم يجب إحداث هيئة قضائية تصون تطبيق القوانين من كل إخلال وتسويف؟ ألا يمكن وضع مفهوم الصداقة السياسية عند بول ريكور والتوافق التعقلي عند هابرماس في منزلة وسطى بين الكتلة التاريخية عند أنطونيو غرامشي والديمقراطية الاندماجية عند أدغار موران من أجل الانتقال من الحالة الثورية إلى الحالة المدنية ؟ وكيف تصان قيم الثورة العربية ونصل بها إلى بر الأمان ؟

---

[15]représentative
[16]Participative
[17]désobéissance
[18]crise de légitimité
[19]étatique
[20]républicaine

الباب الأول: سردية الثورة

مقدمـة

سحر الثورة وعبقرية الشعب

"إن كون الشعب قد أخذ على عاتقه أن ينهض ويعمل كان كافيا بالنسبة إليه،

بصرف النظر عما في قضية الشعب من حق أو من باطل"[21]

كان يجب أن تقوم الثورة من أجل إحداث التغيير الجذري بعد أن سئم الجميع الحياة الثكن والوجود الزائف، وكان يلزم أن تحدث رجة في التاريخ ومنعطف في الوجود من أجل إزاحة الغمة عن الأمة ولكي يعبر الشعب عن عبقريته وتحديه ونهوضه وإرادته الصلبة في التطوير والارتقاء. وكان ينبغي أن يقوم الأفراد بقلب الأدوار لصالحهم وافتكاك زمام المبادرة والاستيلاء على مصادر السلطة الرمزية واستخدام قواهم وطاقتهم من أجل نحت مصيرهم بأنفسهم وصنع مستقبلهم. ولقد كان من اللازم على الفكر أيضا أن يفتح عيونه على ما يحدث ويتمعن كيفية تطور الثورة وأشكال ممارستها وأن يعرف بعمق إسهاماتها على العرب ونفاذها في رؤية الماضي والانتباه الى الحاضر وتأثيرها على المستقبل ووجهة العالم. إن ما كان يشغل الناس قبل 17 ديسمبر هو كيفية الخروج من الظلام إلى النور ومن السبات والخضوع الى الحراك والحرية والانتقال من الحكم العائلي المطلق إلى الحكم الديمقراطي المشترك.

إن وقوع الثورة كان أمرا مطلوبا للرد على الأزمة وللخروج من المضيق وتخطي الاحتباس والعطالة. وان تفجرها على النحو التفكيكي كان ضرورة تاريخية من أجل كنس شخوص الفساد وردم قلاع الاستبداد. وان اندلاعها من الأطراف المنسية والهوامش المحرومة وتكثفها بعد ذلك في المركز ومحاصرتها لرأس السلطة كان أمرا لازما من أجل الإقرار بحقيقتها وشرعيتها والعمل على إنجاحها.

---

[21] حنة أرندت، في الثورة، ترجمة عطا عبد الوهاب، المنظمة العربية للترجمة، الطبعة الأولى، بيروت، 2008 ص.343.

لقد كان للثورة العربية سحرا على النفوس يفوق شعرية كل القصائد وكان لها رونقا وجمالا تغلبت به على كل المناظر والمشاهد وكانت الحلم الذي يرتع فيه الخيال والحدث الذي تتقن فيه الذاكرة ضروب النسيان.

لقد تفجرت عبقرية الشعب في زمن الثورة فطلب النسبي بعد أن مل الناس المطلق الشمولي وأصر على المطلق الروحاني بعد أن حسم أمره مع النسبي المادي وعزم على إيقاف الزمن الديكتاتوري دون رجعة.

إن العرب أمة تجري الثورة والحرية في عروقها وعدائها للظلم والتعسف هو الماء الذي تشربه وتفضيلها للعدل والصدق والأمانة هو الهواء الذي تتنفسه وطلب السؤدد والكبرياء هو النبراس الذي تهتدي به.

إن الذي أدى إلى ظهور حركة الإبداع والخلق وقيام الثورة العربية الكبرى هو الرغبة في تكوين الحرية واسترداد الحقوق المهدورة والحلم بالتمتع بالسعادة والمشاركة الفعلية في إرساء حياة مجتمعية مدنية.

لقد مثلت الثورة العربية معجزة بالمعنى الحضاري للكلمة وذلك لأنها وقعت في لحظة تاريخية فارقة كاد أن يخرج فيها العرب من مسرح التاريخ وبعد معايشتهم لحالة من الجمود والسبات أشبه بالقرون الوسطى وتعمل الآن على تخليصهم من الأيام المرهقة من العبودية وتمكينهم من استنشاق نسائم الحريات العامة.

إن وقوع الثورة هو حدث واضح وشفاف لا لبس فيه وان أهمية هذا الزلزال هو أمر بديهي لا يحتاج إلى تأكيد وان هذا الانتصار لم يحصل دفعة واحدة وإنما بعد معارك طويلة ونضالات مع الاستبداد تخللها الكثير من التعثرات والكبوات والإخفاقات ودفع فيها الشعب الكريم عدة تضحيات باهضة وخسائر فادحة.

لقد كان من الطبيعي أن تكون الثورة هي التي تنهي كل حكم ظالم وأن التمرد هو الذي يعصف بالنظام الفاسد وأن إرساء الحرية هو المصير المعروف والحصيلة القانونية والنتيجة الواقعية لكل عملية ثورية.

إن الحكومة الثورية الذي يجب تأسيسها كثمرة للثورة لا تخلو من الاعتزاز بالعدالة والمساواة والكرامة وينبغي أن تفسح المجال للقوى الثورية الجديدة والصاعدة لكي تتسلم مقاليد التصرف والتنظيم والتدبير.

يجب ألا تظل الثورة العربية أمينة لبدايتها حيث مازالت تطالب ببعض الاستحقاقات الاجتماعية والإصلاحات التجميلية وينبغي أن تضع على المحك كل النسيج التسلطي وتصنع بنفسها نهايتها وهي تأسيس الحرية والجمهورية الديمقراطية وتمكن الشعب من استعادة الحقوق والعزة.

لا يمكن بأي حال من الأحوال أن نفهم وضع الدساتير والانتقال من الحالة الثورية إلى الحالة المدنية على أنه علامة هزيمة للقوى الثورية وتقييد للسلطة الثورية للشعب بقدر ما هو علامة انتصار ثوري ومحاولة لإنشاء كيان سياسي جديد ومشاركة شعبية في السلطة وفي تحديد قواعد الحكم وفي ضبط شروط ممارسة السيادة الشعبية والديمقراطية الاندماجية.

كما لا يجب أن يفهم الدستور على أنه من وضع الفئات العليا وعمل من أعمال الحكومة بل ينظر إليه على أنه عمل ينجزه الشعب عبر قواه الثائرة ويؤسس بمقتضاه الحكم الصالح ويبعث إلى الوجود تقاليد تشاورية مؤسساتية تتميز بالعصرنة والتمدن.

ليس صحيح أن القوى الثورية مندفعة بطبعها إلى افتكاك السلطة والاستيلاء على الحكم وأنها غير مؤهلة إلى ذلك وتفتقد إلى التجربة والخبرة اللازمتين بل إن خشيتهم من بروز سلطة أخرى غير مقيدة يجعلهم يتصدون إلى كل مناورة ويتربصون بالقوى المضادة ويكشفون ألاعيبها ويحرصون على الدفاع عن المجتمع ضد حكامه وضد الفئات الداخلية التي تريد تلهيته وتمزيق وحدته.

من الواضح أن الغرض الحقيقي للشعب من ثورته ليس الإجهاز على مركز السلطة بقدر ما يتمثل في إيجاد العديد منها وتذريتها على جميع شرائح المجتمع وإنشاء مراكز قوى جديدة متوازنة تعوضه.

المسألة الأساسية الآن بعد الثورة ليس التصدي للحكم المطلق والحد من السلطة فحسب بل العمل على إيجادها بشكل ديمقراطي اندماجي وضمان المصلحة المشتركة وتوزيع الثورة والمعرفة والنفوذ بشكل عادل ومتساو.

من هذا المنطلق:" ما من شيء يهدد منجزات الثورة بشكل أخطر وأشد من الروحية التي حققتها، فهل يجب أن تكون الحرية هي الثمن الذي يدفع من أجل التأسيس؟"22.

صفوة القول أن ما تعلنه الثورة بوضوح هو ضرورة النظام السياسي الراشد وضرورة إعطاء الحقوق للجميع دون استثناء، فما السبيل الذي يمكن للشعب أن يتبعه من أجل انجاز هذه المطالب؟ وكيف يمكن الجمع بين القوة والحرية وتنتقل الحرية السياسية التي يطلبها الشعب من الحكام من "أنا سوف.." إلى "أنا استطيع"؟

---

22 حنة أرندت، في الثورة.. ص.341.

الفصل الأول

أحبك يا شعبي الأصيل والمجد لثورة الأحرار[1]

[1]هذا المقال مهدى الى عميد الثوار والشهيد النقابي والزعيم الوطني **فرحات حشاد** القائل: "**أحبك يا شعب**"

"وَقُلْجَاءَ الحَقُّ وَزَهَقَ البَاطِلُ، إِنَّ البَاطِلَ كَانَ زَهُوقًا"[1]

ما أروعك يا شعبي الباسل وما أعظم شأنك فقد قمت قومة رجل واحد وصنعت المستحيل وبرهنت للعالم بأنك أكبر من كل التوقعات وكنت عتيا عن التركيع والتنميط وأبيا وحريصا عن الفضائل والقيم، وما أجمل الانتماء إليك والافتخار بملاحمك والاعتزاز بأرضك وتقبيل عَلَمِكَ والتغني بنشيدك.

كل الكلمات لا تكفي لمدحك وكل اللغات تعجز عن التعبير عن سحر تدفقك في الشارع ونهوضك نحو المجد وتوقك للحرية وتشبثك بالكرامة في أحلك الظروف وإصرارك على المضي قدما رغم الضريبة الباهضة التي قدمتها والدماء الغالية التي أريقت والعدد الكبير من الشهداء الذين حُصِدَت أرواحهم غدرا.

أحبك أيها الشعب الغالي فأنت الشخص المعنوي الكبير الآن وأنت السلطان الذي لا يقهر ولا صوت يعلو فوق صوتك وكلنا تحت أمرك وفي خدمتك ما دام الوجدان يهتف باسمك والقلب يدق بساعتك، فأنت البوصلة والعماد ونحن البنيان والأحجار التي تظل هنا ثابتة لا تتزعزع وتبقى منغرسة في التربة راسخة.

ليس ما فعلته مجرد انتفاضة مباركة أو ثورة اجتماعية ولا هَبَّة شعبية فقط وإنما مصالحة مع الذات وعودة الوعي التاريخي واستفاقة عقلية حاسمة ونزع الاعتراف بالكرامة من العدو وافتكاك لحق الوجود من الجلاد وبطانة الاستبداد والانتصار على الخوف واليأس والانبطاح والتطبيع والاستسلام دون رجعة والتسلح بروح المحبة والتكاتف والتعاضد وانجاز معركة الاستقلال التام والنهائي للوطن من ربقة الاستعمار والتبعية لقوى رأسمال العالمي والشركات الاحتكارية وبقايا الإقطاع والكهنوت.

لقد مشيت الدرب يا شعبي وكنت مفجر الثورة والوقود الذي ألهبها وأخذت معين قوتك ضد القبضة الأمنية التي تحبس أنفاسك وتكمم أفواهك وتسلحت بعزيمة مناضليك

[1] قرآن كريم، سورة الاسراء، الآية 81

وتغلبت على المصاعب وعبرت نحو بر الأمان واستنشقت هواء الحرية بعد أن حركت رياح الثورة، ولقد احترق جسد البوعزيزي الطاهر من أجل أن يحيا جسدك معافى وترفرف روحه عاليا وتحلق نفسك في سماء السمو والرفعة ويتدافع أفرادك نحو الفداء والتضحية من أجل تبقى وتستمر.

افرح يا شعبي بما أنجزت من ثورة الأحرار وترحم على شهدائك وضم أبناءك كلهم دون استثناء وبكل أطيافهم إلى صدرك، فَهُمْ السراج المنير الذي أنار لك الطريق، وهُمْ سندك وقت الحاجة وزمن الشدة، وهُمْ الشموع التي اشتعلت من أجل إنارة السبيل وصنع الربيع، وهُمْ وقود الديمقراطية وصانعي الملحمة ومفككي قلاع الاستبداد ومجفيفي منابع الطغيان من أجل بعث مؤسسات مدنية والتسيير الشعبي لأجهزة الدولة.

لقد كنت حرا وناضجا يا شعبي ورفضت حياة الذل والخنوع وقاومت الظلم والإجحاف وتصديت لتحالف رأس المال والإقطاع والأتباع والسماسرة والفاسدين والطامعين وأنجبت العديد من الأحرار وعلي بن غذاهم كان المرجع وفرحات حشاد كان الشهيد والنموذج ومحمد البوعزيزي كان المفجر وزينة الشباب وحاتم بالطاهر كان شهيد الفكر وقربان الجامعة إليك من أجل إلهاب نار الانتفاضة وكل الشهداء بكل الأسماء والأجناس من أطفال ونساء وعمال وطلبة ومربين كانوا النجوم التي رصعت سماء الحرية الناصع وزركشت أرواحهم الزكية قبة الكرامة ونقحت الأفق وضربت في الأرض.

لقد رفضت كل الوعود الزائفة وبينت أن المسكنات والمهدئات ماهي إلا ترقيعات تطيل عمر المستبدين وتعطي فرصة للمتزلفين لمواصلة النهب والإثراء الفاحش ولا يجني منها الناس شيئا وتنغص حياتهم، ولقد كشفت يا شعبي بفضل ذكائك غير الطبيعي كل المؤامرات وتسلحت بالنضج البطولي ولم تنطل عليك الألاعيب والحيل وطلبت بكل الغضب من عناكب الفساد مغادرة الساحة وترك المكان وكنست كل السراق وطلبت إفساح المجال لفيض الشباب الذي يتدفق في عروقك بعد أن تبين لك الخيط الأبيض من الخيط الأسود وامتلكت الوعي الكافي وأشعلت الدنيا بالشعارات

الصادقة والعبارات الدالة التي يعجز أعظم المفكرين عن تخيلها وافتراضها ولكن نظريتك عجنتها بلحمك وعظمك ونطقت بها بعرقك وكدحك.

أنت الفكر اليوم يا شعبي وأنت الضمير في المستقبل والحكم في الحاضر والسلطة العليا في كل وقت وأنت الذاكرة القادمة من بطون الغيب ومفاصل التاريخ والساهرة على الاحتجاج والتحريض والزاحفة على عشوش الظلام والمناوئة للتزييف والتخريف. أنت الملهم الذي لا ينضب والنبراس الهادي والأمل الواعد عند كل كائن طامح والدرس القادم لكل الشعوب، وأنت الفرح الدائم والمحرر الأكبر وحركتك هي العاصفة التي تقتلع كل الألواح العاتية وتحرر النخبة المهترئة وتصفع كل الجلادين والانتهازيين.

وحدتك المقدسة يا شعبي مبهرة وتراص صفوفك أسوة حسنة وتوزيعك للأدوار بين جهاتك في انتفاضتك كان ذكيا وتداول فئاتك على تسلم المشعل وتحريك الشارع وقيادة الجماهير وإتباع أسلوب الكر والفر كان مثيرا للدهشة وعنادك على الغضب كان ايجابيا وحبك للتغيير ورغبتك في التقويض كان بركانيا انفجاريا، فقد أنزلت سلطة الحكم الفردي من سماء القداسة إلى أرض الخساسة وقضيت على آخر فاسد بدموع آخر حاقد.

لقد امتلكت ثورة الأحرار كل مقومات الثورة إذ فر رمز النظام البائد بجلده وتمت مطاردة عائلته وعصابة المفسدين في الأرض والمظلومين بفعل القوانين الجائرة والاحتجاج على الظلم ، وحتى الموقوفين قد تمردوا في السجون واستشهدوا من أجل الحرية وبعض الجيوب الرجعية مارست سياسة الأرض المحروقة ولذلك نرى لحظة ثورتك نقطة اللاعودة مع الماضي البائد وتدشين الفعل التاريخي الذي يصبح بمقتضاه كل شيء تحت مشيئة الشعب وإرادة الجماهير الناهضة وتحقيق المنعطف الديمقراطي بحق وتأسيس الدولة بالمعنى العلمي للكلمة.

لقد انطلقت الشرارة من سيدي "بوزيد التي قالت لا" مثلما تغنى الفنان الملتزم محمد بحر كحركة احتجاجية انتصارا للكرامة ومطالبة بحق الشغل والتنمية العادلة وتأججت الانتفاضة المباركة في القصرين وخاصة تالة وفريانة والرقاب وامتدت إلى الجنوب وخاصة ابن قردان وجرجيس ومدنين والشمال ونذكر بنزرت مدينة الجلاء وجندوبة

والكاف وسليانة وعمت الوسط الغربي والساحل وصفاقس والقيروان والتحقت العاصمة وباجة والوطن القبلي ثم انهمرت في قفصة وتوزر وقبلي وقابس وزغوان والساحل.

اللافت هو مساهمة الإعلام الجماهيري والمنتديات الاجتماعية ووسائل الاتصال الحديثة في الثورة وذلك بنقل المعلومة ومقاومة سياسة الحجب وخاصة عن طريق الهواتف الجوالة والانترنت والنشاط النضالي الدؤوب لرجال الخفاء وراء الحواسيب والقدرة العجيبة على التأثير والتحكم والتوجيه للرأي العام.

إن شرعية الثورة مستمدة من الحاجة إلى التغيير والإصلاح التي تتفق مع سنن الكون وتأتي كرد فعل على الظلم والتعسف الذي جوبهت به مطالب الشعب وكأن الناس الذين خرجوا إلى الشوارع ساخطون على من صادر طموحهم في حياة كريمة وتعليم متوازن وشغل محترم يستجيب لمؤهلاتهم ومستذكرين ما قاله الثائر علي بن غذاهم :"إن السور الذي يحمينا أننا ظلمنا" ومرددين صرخة الشهيد فرحات حشاد:"أحبك يا شعب".

مبروك لكل التونسيين بعد أن تخلصوا من الطغمة الحاكمة والأسلوب العائلي في الحكم وتهانينا لتونسة الثورة وانزياح الغمة والوداع لكل ضروب الفساد والمحن والابتلاء وللعقلية الانتقامية والاقصائية التي ولت ودحرت ووسام شرف يمنح إلى النقابة التي ساهمت والى ساحة محمد علي المعطاءة وتحية إلى المعارضة التي حركت وساندت والى المحامي الذي دافع والطبيب الذي عالج والصحفي الذي غامر وغطى والمربي الذي وجه والمثقف الذي أطر والعامل الذي سار وثابر والعاطل الذي ثار وقاوم والطفل الذي تجرأ وحلم والمرأة التي احتلت وسط المعركة ونهضت نحو المستقبل ضد كل أشكال الحزم والتشدد.

كل الشكر لكل الشعب ولكل الذين تقدموا في الصفوف الأمامية وثبتوا في الميدان عارة الصدور أمام الرصاص وتحية تقدير لكل المناضلين الميدانيين والافتراضيين والشباب الطلابي الثائر الذين كانت مساهمتهم طليعية ومصيرية وكل التقدير للورود التي أزهرت ولكل البراعم التي أرادت الحياة والتفتح، ولكل أستاذ ومعلم وتاجر وفلاح وعامل وموظف ولكل جنود الجيش والضباط والكوادر على وطنيتهم ووفائهم ومواقفهم الشجاعة والتحامهم بالشعب ، فالكل ساهم في قومة المظلومين وكل الشعب انتفض والكل التحق ولو بعد حين وانضم إلى المسيرة في مشهد عجيب لا نظير له سوى في

ثورة فرنسا التي قضت على تحالف الكنيسة والنظام الملكي أو ثورة روسيا العمالية على القيصر أو الثورة الشعبية في إيران على الشاه والجهاز الأمني الذي سانده وان هذا النصر لمفخرة وعزة لكل العرب ولكل الشعوب الحرة.

إن ثورة تونس الخضراء هي ثورة كل العرب والمسلمين والشعوب المحبة للعدل والمساواة والحرية ودليل على أن الديمقراطية يمكن أن تكون القيمة الكونية ومطلب الشارع والمشترك الشعبي وهذا الحدث الحضاري يزرع الأمل ويرفع سقف الحلم ويطلق الوعد الصادق عند الشباب العربي الطامح نحو بناء مستقبله بنفسه.

إذا كان وراء كل ثورة فكر ملتزم وثقافة جادة وعمل نظري رصين ومثقف عضوي فإن فيلسوف الثورة هو من كتب نصوصه على نار هادئة وآمن بالقراء الذين ينتظرونه وأراد للناس حياة بلا ظالمين وكشف في واضح النهار التناقض بين الديمقراطية والاستبداد وشهر بالاستبداد الديمقراطي.

الآن على كل كائن آدمي أن يؤمن بك يا شعبي وبقدرتك العجيبة على الخلق وصناعة الملاحم والمعجزات وتثوير الحقيقة ويباغت إيقاع الزمن الرتيب وحتمية التاريخ وأن يصلي من أجل خلاصك وسؤددك ويعمل على منعتك واستقلاليتك وحكم نفسك بنفسك وأن يزيد من إيمانه بك وثقته في صدقك وصفاء بصيرتك.

لقد آمنت ثورة المضطهدين بالمواطنية والمساواة وعجلت بميلاد المواطن بالمعنى السياسي الكبير وأرست ضمانات شعبية للديمقراطية تستمد مرجعيتها من سلطة الشارع وضغط الرأي العام والإجماع بين القوى الحية على مطلب الإنعتاق والسيادة الشعبية وتكرس التوجه نحو المحاسبة والرقابة على الحكام.

المطلوب من كل قوى الشعب سواء مثلها التيار العلماني واليساري أو التيار العروبي والاسلامي التفاهم والتحاور من أجل التوحد والانصهار والارتقاء إلى مستوى نضج الشعب ووعيه وطموحه وتقدير تضحياته والمحافظة على قيم الثورة التعددية والديمقراطية التي نادت بالكرامة والتجذر في الوطنية.

كما أن العقد الديمقراطي الجديد ينبغي أن ينهل من روح الثورة ويعتبر قيمها هي المرجعية الشعبية للحكم دون إقصاء لأي طرف طبعا، مع السماح بعودة كل المغتربين

والمهجرين وإصدار عفو تشريعي عام وإطلاق للحريات وتمكين الحساسية السياسية والثقافية والحقوقية من النشاط القانوني في مناخ حر.

لنكتب كلنا سردية الثورة التونسية ولندون لحظة بلحظة وحدث بحدث ملحمة الياسمين وانتفاضة الأحرار التي غلبت إرادة الحياة على إرادة العدم وأخرجت الحي من الميت والميت من الحي وزرعت التحرر والديمقراطية في أرض خالية من بذور الاستبداد والتسلط ولتبقى ثورة افريقية مرجعية لكل الأجيال ونموذج لكل الشعوب حتى تثبت للعالم أن خيار التقدم والقطيعة والتأسيس الاستئناف هي أمور ممكنة عربيا.

امض في طريقك يا شعبي ولتكن ثورة الصبار هي البوصلة التي توجهك وافرض بكل الطرق منهجك ولتكن تونس لكل التونسيين حاضنة لجميع أبنائها دون إقصاء أو تمييز بين شمال وجنوب وبين ساحل وداخل، واحذر من الفتنة والانقلاب على ما ناضلت من أجله والانحراف نحو التخريب والنهب.

احرص يا شعبي على إرادة الحياة وشمر على سواعد أبنائك وعول على عقولهم النيرة من أجل البناء والمساهمة في التعمير والشروع في الإصلاح والفلاح والإقبال على المستقبل بروح التحضر والتمدن، واستمر في الدرب الذي رسمته بدماء الشهداء، واعبر كل المحن والنوائب فقد تعلمت الآن كيف تناطح السحاب وكيف تقهر القدر وتعمل على تحريك التاريخ وتصنع لأفرادك بأفرادك ربيع عمر دائم.

ولنردد معا ما قاله شاعر الخضراء العظيم **أبو القاسم الشابي**:

إذا الشعب يوما أراد الحياة فلابد أن يستجيب القدر

ولابـد لليـل أن ينجلـي ولابد للقيد أن ينكسـر[2]

لكن ما هو السر الذي جعل توقيت اندلاع الثورة العربية يفاجئ الجميع؟ وما هي الأفعال التوجيهية والعناصر السردية التي تكونت منها هذه الثورة الشعبية؟ ومن هو الثوري بإطلاق؟

---

[2] أبو القاسم الشابي ، **الأعمال الكاملة**،ديوان إرادة الحياة الدار التونسية للنشر، الطبعة الأولى 1984، ص. 236.

الفصل الثاني

الإرادة الشعبية سر انتصار الثورة العربية[1]

[1]هذا العمل مهدى الى **محمد البوعزيزي** زينة شباب الخضراء ومفجر الثورة العربية

"لكي نضمن الدرجة العظمى من الحرية مع الدرجة الدنيا من القوة، علينا العمل بهذا المبدأ: الاستقلال الذاتي لكل هيئة سياسية هامة وسلطة محايدة لتقرير المسائل التي تخص بالعلاقات بين هذه الهيئات"[1]

ما من شك أن المجتمعات العربية من المحيط إلى الخليج تعيش حالة ثورية غير معهودة في السابق وأن جميع الألسن والحناجر تهتف هذه الأيام سرا وعلنا بالثورة والخروج وتطمح إلى زلزلة عروش الجالسين وتنادي بالثبات والصمود واليقظة والحذر من المغالطات وترنو الأرجل إلى المسيرات والمظاهرات وتصوب الأعين والآذان إلى ما يحدث في بلاد افريقية وأرض الكنانة وتهفو القلوب نحو الترحيل والجديد.

"ثورة بتونس ثورة بمصر...ثورة وثورة حتى النصر" هو واحد من الشعارات المشتركة التي رفعها المتظاهرون في كل من البلدين الشقيقين في ساحة محمد علي الحامي الشهيرة في العاصمة التونسية وفي ميدان التحرير التاريخي وصانع معظم التغييرات السياسية وحاضن مختلف الثورات في قاهرة المعز.

كلمة السر التي تلقفها الثوار العرب في هاتين الدولتين العربيتين هي " الشعب يريد إسقاط النظام" والأداة الثورية التي اتبعوها هي العصيان المدني والاعتصام السلمي والتظاهر المنظم ورفع الشعارات الحاسمة والنتيجة هي انتصار الإرادة الشعبية على الأنظمة الفاسدة التي تبرمج التمديد والتوريث وعلى تعنت الحكام وعنادهم وغطرستهم وإنهاء أسلوبهم الفوقي والفردي في تسيير دواليب الدول وتنظيم الشأن العام.

لقد استعمل المتظاهرون كل أشكال الانفعالات الايجابية مثل الاحتجاج والحماس والغضب والزحف وتم رفع شعارات متنوعة تعبر عن حالة الغليان والاحتقان وتطلب الأمر ممارسة الإضراب والاعتصام والإغلاق والمنع والحجز والإيقاف والتجمع وكانت الغاية المرجوة هي الضغط على النظام القديم والإجبار على التنحي والرحيل

[1] برتراند رسل، **مثل عليا سياسية**، ترجمة سمير عبده، دار الجيل، بيروت، طبعة 1979، ص. 48.

والإنهاء لكل أشكال البطش والفوضى التي ينشرها والانتقال بالبلاد إلى مرحلة أخرى يتشكل فيها سيناريو سياسي جديد يولد من رحم الثورة وتكون شرعيته من الإرادة الشعبية.

إن تفجر الثورة العربية وتوفقها في شطب الدكتاتور ونجاحها في التصدي إلى الثورة المضادة وفي كشف مؤامرات سارقي الثورات والشروع في تصفية الحساب مع عقلية النظام البائد وكنس أزلامه والتوجه الفوري نحو اقتلاع الديكتاتورية من جذورها ومحاربة الفاسدين والتشهير بالمتواطئين وجوقة المناشدين هو دليل قاطع أن لا أحد بإمكانه أن يقف ضد إرادة الشعوب ورغبة الجماهير في التغيير وتوقها إلى الحرية ومطالبتها بالحقوق والحياة ضمن نظام سياسي راشد تسيره مؤسسات مستقلة وقوانين عادلة.

الثورة يصنعها الشجعان والمتحمسين من الشباب الذين خلعوا لباس المهادنة وتخلصوا من انفعال الخوف وتحولوا إلى ثوار كبار مثل محمد البوعزيزي وحاتم بالطاهر في تونس وخالد سعيد ووائل غنيم في مصر وخرجوا إلى الشارع غير آبهين بالمخاطر وفرق الموت والقناصة التي تحصد الأرواح من فوق السطوح.

17 ديسمبر 2010 في تونس الخضراء و26 جانفي 2011 في مصر المحروسة هما يومان تاريخيان وعيدان وطنيان أعلن فيه الشعبان حاجتهما الوجودية للتحرر من ربقة الاستعمار والتبعية والتطبيع وامتلكا فيه بشكل تام الجرأة على المطالبة بالسيادة والاستقلال والعزة. أما تاريخ 14 جانفي بالنسبة للتونسيين و11 فيفري بالنسبة إلى المصريين سيكون بمثابة نقطة اللاعودة مع الإرث الشمولوجي وافتتاح لأول يوم ما بعد الكليانية وما بعد الاستعمار والتدخل الخارجي في الشؤون الداخلية للدول العربية حماية لإسرائيل.

الجدير بالملاحظة أنه ليس هناك فرق بين التجربتين سوى أن الثورة اندلعت في تونس من سيدي بوزيد في الوسط توجهت نحو باقي الأطراف والمركز لتبلغ مدينة الجلاء شمالا والحدود مع ليبيا جنوبا وكانت دون قيادة نخبوية وتخطيط سياسي

مركزي مع مساهمة لافتة للناشطين السياسيين والنقابيين والحقوقيين والإعلاميين، ونفس الشيء مع الثورة المصرية فقد حاولت منذ البداية أن تحتذي بالكاتالوج[2] التونسي لكنها اندلعت في السويس ثم تمركزت في العاصمة والمدن الأخرى وشهدت تشكل نواة صلبة لها في ميدان التحرير ومشاركة لافتة من الطيف السياسي ساعدتها على التصدي لمحاولات الزعزعة والتشتيت والتفويت والالتفاف.

ليس ثمة من هو متحرر سياسيا في تونس ومصر والبلاد العربية قبل الثورة الشعبية ولذاك كان التحرر الذي طالب به الثائرون هو في نفس الوقت تحررا سياسيا وانعتاقا اقتصاديا وخلاصا طبقيا أي تحرر كمواطنين وكأناس يطالبون بالمساواة والعدالة والكرامة والاعتراف، وان الذي حصل بعد نجاح الثورة هو تحرر الجميع من براثن الاستبداد ومصيدة النظام الشمولي وآلة الفساد وخاصة التيارات السياسية والناشطين الحقوقيين ورجال الإعلام والنخب المثقفة والطبقات المضطهدة والذليلة ووصول الطبقة الصاعدة بسفينة المجتمع إلى بر الأمان وبمطالب الناس إلى محك التجربة وميدان التحقيق.

إن سلطة الاستعباد التام والنير العظيم لا تملك شرعية استمرار تاريخي طويل وان دولة الامتيازات الزبونية التي تمارس نوع من البطش مع الداخل وتبدي كثير من الارتخاء والخجل في الرد على تهديدات الخارج وتعيد إنتاج أشكال من الإقطاع والبلطجة القروسطية تحمل في ذاتها بذور فنائها وان التحرر الاجتماعي والسياسي للعرب هو تحرر المجتمع من الفساد الروحي والنفاق الأخلاقي والعنف المادي.

غني عن البيان أن وقود الثورة هم الناس والحجارة وأعداؤها هم الحكام الفاسدون وسماسرة المال وتجار الألم وبطانة السوء والمنتفعون من تأبد الطغيان ولذلك :" لا يمكن للمجتمع أن يعيش بغير القانون والنظام، كما أنه لا يستطيع أن يتقدم إلا من خلال إبداع ومبادرات المجددين الأشداء...ولكن الذين يقفون إلى جانب القانون والنظام تدعهم العادات وغريزة المحافظة غلى الوضع القائم ليسوا في حاجة إلى حمايتهم

---

[2] Catalogue

والذود عنهم. إلا أن المجددين هم الذين يجابهون الصعاب والمشاق لكي يسمح لهم بالوجود والعمل."[3]

اللافت للنظر أن صراع القديم والجديد بدأ بشكل غير مسبوق في المنطقة العربية ويبدو أن الكفة هي للحيوية المتقدة عند الشباب على تهرم الشيوخ والقول الفصل سيكون للأفكار الثورية وقوى التغيير على حساب الآراء المحافظة والقوى التي تجذف إلى الخلف وان الشعلة التي انطلقت في جبال الأطلس الصغير والسباسب العليا في الوسط التونسي لن تنطفئ إلا باستكمال التحرير وسقوط آخر طاغية وإحالة الأنظمة الرجعية على التقاعد المبكر وإلغاء الامتيازات على أساس العرق والطائفة والدين وضمان الحريات العامة وفتح الفضاءات الخاصة والكواليس على الإعلام والمحاسبة ورفع أشكال الحجب والرقابة.

لقد قيل زورا وبهتانا "أننا لو ألبسنا مجتمعا تقليديا معينا القواعد الديمقراطية لن نكون واثقين من النتيجة"[4] وأن "ما هو أسوأ من الدولة الرديئة هو غياب الدولة وأن الفوضى أسوأ من الاستبداد لأنها تعوض تعسف الفرد الواحد بتعسف الجميع"[5]، وأنه يمكن تحقيق تنمية شاملة ومعجزات اقتصادية وتوفير حياة آمنة عن طريق إتباع الضربات الوقائية واستعمال القبضة الأمنية، ولكن مثل هذه الأقاويل المغشوشة تناست أن "السياسة القائمة على مجرد القوة المتفوقة أمرا لا أخلاقيا"[6] وأن عسكرة الحياة السياسية وفرض الحكم الفردي على المجتمع البشري يولد نقمة عارمة وغضب شعبي وأن الهوة بين الدولة والمجتمع سريعا ما تتحول إلى قطيعة وتصادم وتنتهي بعصيان شعبي وثورة اجتماعية تقلب الأوضاع رأسا على عقب.

ما أفضت إليه ثورة الأحرار هو ميلاد الشخص العربي بالمعنى التاريخي للكلمة، "فالشخص يتحدد إذن في آن واحد بما هو فرد اقتصادي وبما هو شخص سياسي تقوم

---

[3] برتراند رسل، **مثل عليا سياسية**، ترجمة سمير عبده، دار الجيل، بيروت، طبعة 1979، ص.49.

[4] تزفتيانتودوروف، **اللانظام العالم الجديد**، ترجمة محمد ميلاد، دار الحوار، اللاذقية، سورية، الطبعة الأولى 2006. ص.58.

[5] تزفتيانتودوروف، **اللانظام العالم الجديد**، ص.59.

[6] تزفتيانتودوروف، **اللانظام العالم الجديد**، ص.57.

شخصيته المعنوية على "حس معين للعدالة وعلى فهم معين لما هو خير" وبالتالي على الوعي بحاجات الحياة المجتمعية"[7]. غير أن الحد من السلطة واعتبار حقوق الإنسان طبيعية كونية هو العنصر المخرب لكل تراكم رأسمالي في بورصة الدكتاتورية.

لكن ينبغي أن نصنع في حضارة اقرأ ما يتهيأ الثوار لصنعه في تونس ومصر، إذ في مقدور شباب هذه المجتمعات أن يتسلح بالعزيمة اللازمة ويشمر على سواعده ويسمح لنفسه بتسليط الضوء على كل جرائم الأنظمة التي تحكمه ولا يترك أشكال وعيه تغط في نوم عميق ويستعمل قدراته لكي يصنع ملحمته وتدبير الوسائل الشعبية المناسبة للانتصار إلى الحق والثورة ضد الظلم والاعتراض على الفضيحة والعار.

يدافع الفكر الديمقراطي عن حرية اختيار المحكومين لحاكميهم ويطالب بضمان حرية المجتمع وأسبقية قواه الفاعلة على السلطة السياسية ويعترف بوجود حقوق معنوية للناس ضد دولتهم وينادي بأن تكون الدولة في خدمة العباد والبلاد ويجعل الحد من السلطة واحترام الإرادة العامة ومقاومة التفاوت والتوزيع غير العادل للموارد والاعتراف بالحقوق الطبيعية للناس المبادئ الدفاعية ضد الطغيان.

إن الإرادة الشعبية هي سر انتصار الثورات العربية وان التثقيف السياسي واليقظة النقابية والوعي الحقوقي وحياد المؤسسة العسكرية وأنسنة المؤسسة الأمنية ورسم حدود للحرية في إطار من المسؤولية هي شروط المحافظة على مكاسب هذه الثورات وصيانتها من كل غدر أو ردة. كما أن جيل الشباب العربي النزيه الذي أنجز الثورة وأتم الكنس والتحرير وتميز بالطهارة الثورية والصدق الوجداني ونظافة اليد والإخلاص لروح ثقافة المجتمع هو لقادر على تركيز الديمقراطية وغرس قيمها في التربة العربية وهو وحده الذي بإمكانه التخلص من رموز الفساد وعاداته السيئة ونتائجه الكارثية وتطهير المجتمع من الأمراض والرذائل وتفكيك الإرث الرديء من الأنانية والتملك المشط والقيم السوقية.

---

[7] ألان تورين، **ماهي الديمقراطية، حكم الأكثرية أم ضمانات الأقلية**، ترجمة حسن قبيسي، دار الساقي، بيروت، الطبعة الثانية 2001، ص50.

ماذا بقي لهذه الجماهير المتفقدة من جهد لم تبذله حتى تقول للعالم أنها قررت دخول عصر المدنية والديمقراطية من الباب الكبير وتعبر عن حقها في جميع الحقوق؟ وهل يتخلى الغرب عن حكمه الثقافي المسبق النافي لإمكانية زراعة نبتة الديمقراطية والمدنية على الأرض العربية؟ ألم يصدق ماركس حينما نصح الجميع بأنهم لا يخسرون شيئا لما يثورون سوى أن يتخلوا عن أغلال القمع والوعي الزائف وقيود الخوف والجهل والاستغلال بقوله:" علينا أن نحرر أنفسنا قبل أن نكون قادرين على تحرير الآخرين"[8]؟ وعلى من ستدور الدوائر الثورية يا ترى بعد تونس ومصر ورحيل رموز الدكتاتورية؟ وألم تكن الثورة حلم العديد من الشعراء؟ وألا تترجم الثورة العربية نبوءة أبي القاسم الشابي شاعر الخضراء يوم أنشد:

ها هنا الفجر الذي لا ينتهي   هاهنا الليل الذي ليس يبيد

هاهنا ألف خصم ثائر   خالد الثورة، مجهول الحدود

هاهنا، في كل آن تمحى   صور الدنيا، وتبدو من جديد"[9]؟

فكيف كانت ارادة الحياة وثورة الشعب على الاستعمار والاستبداد هي قافية القصيدة الشعرية عند أبي القاسم الشابي في معظمها؟

---

[8] كارل ماركس، **حول المسألة اليهودية**، ترجمة نائلة الصالحي، منشورات الجمل، كولونيا ، الطبعة الأولى، 2003، ص.10.

[9] أبو القاسم الشابي، **الأعمال الكاملة**، ديوان أغاني الحياة، ص 259.

الفصل الثالث

أبو القاسم الشابي وإرادة الحياة[1]

---

[1] هذا المقال مهدى الى شاعر الخضراء ومفخرة الأمة العربية أبي القاسم الشابي صاحب مفهوم ارادة الحياة.

"لا خير في أمة عارية تكتم فقرها ولا خير في شعب جائع يظهر الشبع وشر من كل ذلك أمة تقتني أثوابها من مغاور الموت ثم تخرج في نور النهار متبجحة بما تلبس من أكفان الموتى وأكسية القبور."[1]

كثر الحديث هذه الأيام عن الشاعر التونسي أبي القاسم الشابي في خضم الاهتزازات الشعبية وردد جل المنتفضين بيته الشهير:" اذا الشعب يوما أراد الحياة فلابد أن يستجيب القدر"، وتجادل الناس حول منزلته وآثاره ومخلفاته وما أحدثه من تأثير في الثورة العربية . ومن المعلوم أنه في السابق قد ألف في الغرض الاجتماعي والسياسي للشاعر عدة مقالات وكتب ونظمت عدة ندوات ومسابقات واحتفالات بالشخصية الشبابية المتحفزة.

كما دار الكلام حول تنظيراته الرشيقة في الشعر والنثر والعقل العربي والهوية والأمة والملة من جهة التكوين والبنية والطباع والمقومات والمؤثرات والمنتجات سواء المبثوثة في ديوانه إرادة الحياة أو كتابه الخيال الشعري عند العرب.

ما يلفت الانتباه أن المقاربات والمشاريع والدراسات التي تشرح أنظمة الدماغ العربي من جهة المعرفة إلى برهان وبيان وعرفان ومن جهة الوجود إلى أعيان وأذهان وأسماء ومن جهة السياسة إلى عقيدة وغنيمة وقبيلة ومن جهة الأخلاق إلى طاعة وسعادة ومروءة قد تعددت وتنوعت بحيث يجد المرء حيرة ويصاب الدهشة.

علاوة على أن بعض المفكرين قد نادى بإحداث قطيعة معرفية وتحول أنطولوجي من أجل الشروع في التحديث والعصرنة وطرح كتاب آخرون الحداثة الشعرية والعولمة الثقافية بديلا حضاريا عن السائد البائس واكتفى قلة من الساسة بالمطالبة بالثورة السياسية والدخول في المنعطف الديمقراطي وتأسيس دستور عصري وجمهورية حقيقية.

[1]أبو القاسم الشابي، **الأعمال الكاملة**، الخيال الشعري عند العرب، ص-ص 106-107.

لكنه ينتبه إلى أن البحث عن الإصلاح بالشعر والتلويح بالثورة بالكلمة والتحريض على الحياة بالقصيدة لم يكن وليد اللحظة الراهنة فحسب وشغل كتاب هذا الزمان المعولم بل تضرب جذوره في الماضي القريب وكان من اهتمام الشعراء والأدباء الذين ارتبطت تجاربهم وملحماتهم بمقاومة الاستعمار ومحاربة الجهل.

لعل أبو القاسم الشابي (1909-1934) هو واحد من هؤلاء المبدعين الذين لم يعمروا طويلا ولكن الحياة القصيرة لم تمنعه من أن يملئ الدنيا ويشغل الناس سواء في حياته أو بعد رحيله بعقود، وأن يُخَلَدْ بأعمالهم البطولية.

لقد أصبح شاعر الجريد والخضراء أحد القمم الشعرية العالمية التي ترجمة أعمالها إلى لغات الأجنبية وكتبت اسمها بأحرف من ذهب في وجدان الشعوب.

لقد بحث الشابي في الروح العربية من جهة طبيعتها الخاصة ومؤثراتها ومنتجاتها ودرس الذهن العربي والمزاج العربي والعقل العربي والنفسية العربية وأعطت قصائده الشعرية دروسا ميدانية للثوار والمنتفضين ضد الاستبداد.

إن الأمر لم يقتصر على تضمين ذلك في قصائده وأشعاره وخاصة أغاني الحياة بل في مؤلفه البديع : "الخيال الشعري عند العرب" الذي ألقي في شكل محاضرة بقاعة الخلدونية عام 1929 والذي مازال في حاجة أكيدة إلى المزيد من التمحيص والتنقيب والبحث قصد استخراج درره اللماعة وكنوزه المخفية.

إن رهان الشابي الأول في هذا النص ليس مجرد الجمع بين الانتماء للوطن والدفاع عن الأمة وذلك بضبط العلاقة بين الشعر والسياسة ولا التنظير لفلسفة الثعبان المقدس بل الوصول بالشعرية إلى أعلى درجات التنظير بالشرح والبيان والتعليل حتى تترسخ القيم البطولية في النفوس وتدخل إلى قلوب الشباب الناهضة وتحقق الاستنارة في العقول وتخاطب فيهم روح الفتوة والحماسة ويسلك بهم سبيل إرادة الحياة.

إن شعر الشابي هو صرخة ضد الظلم يريد الحياة للشعب ضد الطغاة الذي أرسل إليهم ما يلي:

يقولون صوت المستذلين خافت | وسمع الطغاة أطرش أضخم
وفي صيحة الشعب المسخر زعزع | يخر لها شم العروش وتُهَدم
ولعلعة الحق الغضوب لها صدى | ودمدمة الحرب الضروس لها فم
إذا إلتقت حول الحق قوم فإنه | يصرِمُ أحداث الزمان ويُبرَم
لك الويل يا صرح المظالم من غَدٍ | إذا نهض المستضعفون وصمموا !
إذا حطم المستعبدون قيودهم | وصبوا حميم السخط أيان تعلم ...[2]!

اللافت للنظر أن الشابي ينظر للثورة والتمرد ويدعو إلى القطع مع الماضي وممارسة الخلق والتجديد:

أيها الشعب ! ليتني كنت حطابا | فأهوى على الجذوع بفأسي !
ليتني كالسيول إذا سالت | تهد القبور! رمسا برمس!
ليتني كنت كالرياح فأطوي | كل ما يخنق الزهور بنحسي !
ليتني كنت كالشتاء أغشي | كل ما أذبل الخريف بقرسي !
ليت لي قوة العواصف، يا شعبي | فألقي إليك ثورة نفسي !
ليت لي قوة الأعاصير إن ضجت | فأدعوك للحياة بنِبسي !
ليت لي قوة الأعاصير ...! لكن | أنت حي، يقضي الحياة برمس ...[3]!

لقد عبر الشابي عن هذا الإصرار على النهوض في نشيد الجبار أو هكذا غنى بروميثيوس بقوله:

[2] أبو القاسم الشابي، **الأعمال الكاملة**، ديوان أغاني الحياة، ص 63
[3] أبو القاسم الشابي، **الأعمال الكاملة**، ديوان أغاني الحياة، ص 145.

سأعيش رغم الداء والأعداء | كالنسر فوق القمة الشماء
أرنو إلى الشمس المضيئة،.. هازئا | بالسحب والأمصار والأنواء...
لا أرمق الظل الكئيب ... ولا أرى | ما في قرار الهوة السوداء
وأسير في دنيا المشاعر حالما | غردا- وتلك سعادة الشعراء[4]

تضطرم نار الثورة في قلب الشاعر الشاب وتنبثق فصول الملحمة الوطنية بقوله في هذا الإطار:"لقد أصبحنا نتطلب حياة قوية مشرقة ملؤها العزم والشباب، ومن يتطلب الحياة فليعبد غده الذي في قلب الحياة...أما من يعبد أمسه وينسى غده فهو من أبناء الموت وأنضاء القبور الساخرة"[5].

وواضح هنا أن الشابي يحسم أمره بشأن الصراع بين أنصار التقليد واستنساخ الماضي وتقديس الميراث من جهة وأنصار التجديد واستشراف المستقبل وينتصر إلى المعسكر الثاني على حساب المعسكر الأول. ويفسر الشابي وقوع العرب بين براثن التقليد بعوامل الوراثة وهيمنة الفكرة الدينية في فهم الأدب وعدم اطلاع العرب في العصور الماضية على آداب الأمم الأخرى ولتجاوز هذه الحالة من الانحطاط يعترف بأن العرب قد خاضوا غمار الخلق والإبداع وبلغوا الآفاق في المجالات الثلاثة التالية وهي الشعر القصصي والشعر السياسي والشعر الطبيعي ويذكر الأسلوب الأندلسي على سبيل المثال.

لئن اهتم الشابي بالخيال من جهة النشأة والمعنى وبحث في ظروف انقسامه وأنواعه وربط بين الخيال الفني والصناعي من ناحية والخيال الشعري والرمز من ناحية أخرى فإنه اهتدى ببراعة إلى الأيقونات الأربعة وهي الأسطورة والطبيعة والمرأة والقصص وعدها المكونات المضمونية للخيال الشعري عند العرب وحدد الروح العربية بثلاثة خصائص مميزة وهي: الخطابة من جهة الطابع وشيوع النزعة

---

[4]أبو القاسم الشابي، **الأعمال الكاملة**، ديوان أغاني الحياة، ص 252.
[5]أبو القاسم الشابي، **الأعمال الكاملة**، الخيال الشعري عند العرب، ص 106.

المادية من جهة العوامل والإكثار من الترحال من جهة المؤثرات، وأكد أن الأدب العربي ينفرد بأسلوبه وروحه ومعناه عن آداب الأمم الأخرى.

اللافت للنظر أن الشابي يؤرخ لأربعة أدوار للأدب العربي وهي الدور الجاهلي والدور الأموي والدور العباسي والدور الأندلسي ويميز الدورين الأخيرين ببروز الشعر الطبيعي ولكنه يحرص على تحديد مفهوم الأدب على النحو التالي:

1- الأدب هو صوت الحياة الذي يهب الإنسانية العزاء والأمل ويرافقها في رحلتها المضنية المتعسفة في صحراء الزمن.

2- الأدب هو المعزف الحساس الذي توقع عليه البشرية مراثيها الباكية في ظلمة الليل وأناشيدها الفرحة في نور النهار.

من هذا المنطلق نراه يستشهد بديك ونسي القائل:"إن الأدب الذي لا يعب من غيره لابد أن يدركه الهلك ويفنى". كما أنه يعتبر شعراء العربية" لهم روح قوية مضطرمة شاعرة تنظر إلى الطبيعة كلها ككائن حي يترنم بوحي السماء فيثير في حنايا النفوس ما تثيره آنات القيثارة في يد الفنان الماهر من هواجع الفكر وسواجي الشعور، هذه الروح اليقظة التي تحس بما في فلب الطبيعة من نبض خافق وحياة زاخرة تفيض على مظاهر الكون هذا الجمال الإلهي المضيء فإذا الحياة بأسرها صورة من صور الحق وإذا العالم كله معبد لهذه الحياة"[6].

هكذا يكون الشاعر عند الشابي ذلك الثائر على الأوضاع المتردية الباحث عن الخلق والإبداع والذي يريد الحياة ويحمل على الظلم وليس مجرد خطيب أو متقول كلام وفي ذلك يصفه بأنه:" رسول الحياة لأبنائها الضائعين بين مسالك الدهر وليس خطيبا ينظم ما يقول"[7].

[6]أبو القاسم الشابي، **الأعمال الكاملة**، الخيال الشعري عند العرب،، ص 65.
[7]أبو القاسم الشابي، **الأعمال الكاملة**، الخيال الشعري عند العرب،، ص 123.

إن الشابي ليس شاعرا ثائرا فحسب بل إن الثورة هي أحد موحيات الشعر لديه وإن العلاقة بين روح الشباب التي يكتب بها قصائده وثورة الشباب التي قامت في الديار العربية هو الذي عقدها إلى الأبد.لكن ما هيأهمية إرادة الحياة بالنسبة إلى العرب اليوم بعد الثورة؟

إن الشعر عند الشابي هو حلقة الوصل بين الأمة والأرض وذلك من خلال ما يحرك فيها الجمال من خيال وتعلق وعاطفة وحب، إذ يقول في هذا السياق: " بما أن الأمة العربية قد عاشت كذلك ينبغي أن تكون شاعريتها قريبة من هذه الأرض كل القرب بما فيها من ضياء وإشراق ومن بساطة وسذاجة"[8].

لقد رأى الشابي في سر نهوض الشعوب ما يلي:

لا ينهض الشعب إلا حين يدفعه   عزم الحياة، إذا ما إستيقظت فيه
والحب يخترق الغبراء، مندفعا   إلـى السمـاء، إذا هَبّت تناديه
والقيد يألفه الأموات، ما لبثـوا   أمـا الحـياة فيبليـها وتبليـه[9]

انظر كيف يتغني الشابي بالحياة ويدعو إلى الكفاح والاحتراس:

"إن الحيـاة صـراع   فيها الضعيف يداس
ما فاز في ماضغيها   إلا شديـد المـراس
للخب فيها شجون   فكن فتى الاحتراس"[10]

غني عن البيان أن الحياة هي المبدأ الذي يزود الكائن مهما كان نوعه بالإحساس والحركة والنشاط ويعرضه للزيادة والنقصان والنفس هي جوهر الحياة في الحكمة العتيقة لأن الكون بأسره مزود بنفس واحدة وثمة مشاركة بين الوجود والحياة والعقل رغم أن الوجود يسبق الحياة والحياة تسبق العقل وبالتالي تكون الحياة فعلا نفسيا يعطي

---

[8] أبو القاسم الشابي، **الأعمال الكاملة**، الخيال الشعري عند العرب، ص 46.
[9] أبو القاسم الشابي، **الأعمال الكاملة**، ديوان أغاني الحياة، ص 189.
[10] أبو القاسم الشابي، **الأعمال الكاملة**، ديوان أغاني الحياة، ص 35.

للكائن قدرة على الحركة الذاتية وبعبارة أخرى الحياة هي القدرة على التحرك بالذات وفقا للطبيعة الخاصة بالكائن الحي. غير أن بعض العلماء يميزون بين حياة الروح وحياة الجسم والحياة العضوية والحياة النفسية ورأوا أن النمو والتغذي والتناسل هي خصائص الحياة وأنها حسب أرسطو "ما به الموجود يتغذى وينمو ويضمحل بذاته" وفي نفس المنحى يرى لايبنتز أن الحياة مبدأ الإدراك الحسي وهي من جهة أخرى عند اسبينوزا قوة يحافظ بها الكائن على بقائه" وقد تكونت فكرية ميكانيكية تفسر الحياة على أنها جملة من التفاعلات الميكانيكية والنفسية وترى أن المجموع الحي هو حاصل الأجزاء التي يتكون منها وأن العضو في الجسم الحي هو بمثابة آلة مصنوعة مما ليس بحي وأن عمليات النمو والتطور تعود بالأساس إلى الرغبة في المحافظة على البقاء وأن الجهاز العضوي يتكون من مواد وقوى حية وليس وعاء للعمليات الحيوية.

غير أن النظرة الميكانيكية وقعت في الاختزالية والمادية وكان لابد أن تظهر على أعقابها النظرة الغائية التي تفسر الحياة بمبدأ غير مادي إذ يقول كانط:" الحياة هي القدرة الباطنة على التصرف وفقا للإرادة الحرة"، ويقول أيضا:" هي قدرة الموجود على السلوك وفقا لقوانين القدرة على التشوق" ونفس الشيء نجده عند فيخته عندما صرح أن" الحياة الفعالة الحرة هي قدرة لتكوين الذات وتشكيلها تنبع دائما من ذاتها"، ويصف هيجل ببراعة كبيرة ما نسميه الحياة بأنها محافظة على ذاته في أجزائه بيد أن البعض من الفلاسفة يسميهم البعض فلاسفة الحياة يعرفونها على أنها إرادة القوة ومسرح صراع وصيرورة دائمة تسعى إلى العلو على ذاتها وتجاوز كل شيء يوقف تقدمها من أجل تحقيق المزيد من الحياة.

العرب قبل الثورة لم يكونوا يفقهون ما يصنعون فهم يعيشون الحياة الثكن ويجهلون الحياة الحقيقية لسيطرة القوى الارتكاسية على القوى الفاعلة وانتصار غريزة التناتوس[11] على غريزة الايروس[12] ولتدافعهم نحو الموت وتعلقهم بعالم الماوراء

[11] Tanatos
[12] Eros

وعزوفهم عن البناء في الأرض وبغضهم لأمهم الدنيا واستعجالهم لقدوم الموت ،فسيطرت الميتافيزيقا على أيامهم وبالتالي أصبح العرب قوما يعشقون العدم وينقمون على الحياة ويعللون ذلك بفشل المشاريع وتعرضهم لمؤامرة خارجية ولويلات الاستعمار وتزايد قبضة الاستبداد والأنظمة الشمولية مما ضيق أبواب الرزق وأغلق نوافذ الأمل فصار الانسحاب عن الوجود في حالة وقوف وصمود أفضل من مواصلة الحياة في حالة ذل وقعود.

لكن لم الخوف من الصراع والحياة تولد من عمق الموت؟ ولم الجري وراء سراب نعيم الحياة الأخروية وسعادة الجنة يظفر بها من على الأرض؟ كيف يتمسك الجمهور بالعرض الزائل ويهملون الجوهر النفيس؟ كيف ندفن أجسادنا من أجل خلاص أرواحنا؟ ألا ينبغي أن نولي وجوهنا شطر مواطن قوتنا ومسطح محايثتنا؟

ينشد الشابي هنا باعثا الأمل في النفوس محفزا على حب الوطن وإرادة الحياة:

"أنا يا تونس الجميلة في لج — الهوا قد سبحت أي سباحه
شرعتي حبك العميق وإني — قد تذوقت مرّه وقراحه
لست أنصاع للواحي — ولو متّ قامت على شبابي المناحه
لا أبالي وإن أريقت دمائي — فدماء العشاق دوما مباحه
وبطول المدى تريك الليالي — صادق الحب والولا وسجاحه
إن ذا عصر ظلمة غير أني — من وراء الظلام شمت صباحه
ضيع الدهر مجد شعبي ولكن — سترد الحياة يوما وشاحه"[13]

من البين أن الحياة الحقيقية بالنسبة إلينا نحن العرب هي حياة الثورة المجيدة التي منحتنا القدرة الذاتية على خلق وجود خارج ذواتنا يكون أفضل من الوجود الأول، وهذا البعد الخلاق هو مبدأ إرادة الحياة الذي ينبغي أن ينتصر على إرادة العدم لأن الحياة في جوهرها تعني العزم على الوجود بغير تحفظ وتعني كذلك السعي نحو التوسع والانتشار والتحلي بروح البذل والخصوبة والتوجه نحو تحقيق مقصد معين

[13] أبو القاسم الشابي، **الأعمال الكاملة**، ديوان أغاني الحياة، ص 25.

ورفض الهامشية والعرضية. صحيح أننا نتعرض لنكبة كينونية كبرى وأننا فقدنا البوصلة وتهنا عن قبلتنا ودخلنا منذ مدة غرفة الإنعاش وطال احتضارنا ولكن الاستفاقة ممكنة والخروج من النفق المظلم فرضية جائزة والعثور على النقطة الأرخميديسية أمر متيسر شرط أن نهيئ أنفسنا لذلك ونتسلح بالأمل والتفاؤل ونعول على خيارات طويلة الأمد ونرسم استراتيجيات فاعلة وألا نخبط خبط عشواء بل نوحد بنية فعلنا وقولنا وتفكيرنا في مقام وجودي متوازن.

أليست حكمة الفلسفة أنها لا تعلمنا فقط كيف نفكر بل تعلمنا أيضا كيف نحيا وألم يقل لنا أبو القاسم الشابي رسول إرادة الحياة:

وللشعوب حياة حينا وحينا فناء

واليأس موت ولكن موت يثير الشقاء

والجد للشعب روح توحي إليه الهناء

فان تولت تصدت حياته للبلاء[14]

العرب اليوم ليس مفروضا عليهم أن يكونوا ميكانيكيين أو غائيين وليس مطلوبا منهم أن يكونوا من المدرسة الحيوية في البيولوجيا ولا من فلاسفة الحياة بل كل ماهو منشود منهم أن يفعلوه هو أن يقبلوا على الحياة وأن يتوقفوا عن عشق ثقافة التدمير لأن حب الخراب لن يجلب سوى السراب وإرادة المقاومة والانتصار لن تجلب سوى الفوز والانتصار أليست الحياة هي مجموعة الوظائف المقاومة للموت بالنسبة للفرد والاندثار بالنسبة للشعب،فليستغل كل عربي كل يوم حياة يعيشه من أجل الإستثبات وصنع المزيد من الحياة عوض الانسياق وراء الهدم والتخريب.

لكن إذا كانت الحياة بائسة فانه يصعب تحملها وان كانت سعيدة فانه يصعب فراقه ولذلك فإن يجد العرب أنفسهم اليوم أمام خيارين لا ثالث لهما: إذا أرادوا أن ينهضوا فلابد أن تكون حياتهم مليئة بالعذاب وإذا أرادوا أن تكون حياتهم خالية من العذاب

[14] أبو القاسم الشابي، **الأعمال الكاملة**، ديوان أغاني الحياة، ص 37.

فإنهم لن يتطوروا لأن غاية الحياة ليس التطور بل الرقي بالحياة وفي هذا يقول ديكارت:"لا يزيد الفرق بين إنسان حي وإنسان ميت على الفرق بين ساعة معبأة وساعة نفذت عبوتها" ، فمتى يسارع العرب إلى تعبئة ساعاتهم حتى يعود إليها نبض الحياة ويكفون عن الانتحار وارادة العدم؟

لكن الإشكال الذي يظل قائما هو كيف نستعيد روح الشابي وفكره زمن الثورة العربية دون السقوط في التصور المومياني المحنط للشخصيات ودون البقاء حيث بارح موضعه فتيا؟ وكيف نجمع بين الولاء للوطن دون افراط والوفاء للأمة دون تفريط؟ وأليس ما حدث في الثورة العربية هو تقمص قصائد الشابي شعريا؟ وما هي المكاسب التي حققها الفرد خاصة والشعب عامة من هذا الواقعة التاريخية؟

الفصل الرابع

الحرية للأفراد والسيادة للشعوب[1]

---

[1] هذا العمل مهدى الى **المرأة العربية** الثائرة التي شاركت على قدم المساواة الرجل في خروجه عن المألوف

"إن الإنسان لا يولد مواطنا بل هو يتربى على المواطنة"[1]

ليس من الصعب أن نلاحظ في هذا الخضم أن زمننا هو زمن تشكل حقبة تاريخية مختلفة عن سابقتها في المنطقة العربية، وهو عصر الانتقال إلى علاقة جديدة بين أفراد الشعب فيما بينهم من جهة تتميز بالحرية والمقدرة الذاتية وبين الشعب ومن يسيره من جهة ثانية يغلب عليها السيادة والاستقلالية الموضوعية.

لقد تخلى الناس عن العالم الذين كانوا يعيشون فيه ويفعلون ويتألمون وهم عاقدون العزم على السماح له بالغرق والتلاشي والقذف به في مزبلة التاريخ واعتباره في عِدَاد الماضي ونراهم اليوم منشغلون بالحلم بعالم أفضل ومنخرطون في صناعة المستقبل وتشكيل معالم مجتمع جديد يتحرك باطراد نحو الأمام.

ما يحصل للعالم القديم هو نوع من التفتيت التدريجي والتفكك الذاتي وذلك عن طريق جملة من الأعمال الطائشة التي يقوم بها الأفراد والشعور الجماعي بالضجر وعدم الرضا الشعبي بالحالة الحالية والرغبة الجماعية في التقويض وإحداث الطفرة والتخوف من حصول شيء مجهول يأتي من بقايا النظام القديم والاستبشار بطلوع النهار وولادة عالم جديد وانقشاع الظلام وبزوغ النور والشروع في التغيير القادم.

إن هذا الطلوع الرائع للشمس هو دليل على بلوغ مرحلة أخيرة من تاريخ الاستبداد في دائرة الضاد وحصول الاعتراف الكامل بالحرية وانعتاق الذات الآدمية من كل أشكال الامتهان والذل والاغتراب والإنهاء التام لكل الرؤى الفكرية المضطربة والنزعات المدرسية وإقامة الفكر بالقرب من ذاته واعتبار الأخلاقية هي التأسيس القانوني لإرادة الإنسان والإطار الذي يستمد منه الشعب مشروعيته في السيادة.

إن المجتمع الجديد الذي هو بصدد التشكل ليس نسقا تراتبيا توجهه جملة من القيم المثالية والمعايير الثقافية الصارمة وإنما هو مفرد جمعي وكلي متعين ونتاج تاريخي

---

[1] اسبينوزا، **كتاب السياسة**، ترجمة جلال الدين سعيد، دار الجنوب للنشر، تونس، الطبعة الأولى، 1999. ص. 58.

للنشاط البشري ومسطح محايثة يتحرك فوقه الأفراد بحرية وأفقية، وان الإنسان الجديد ليس الفرد الأناني الذي ينتمي بطريقة قسرية غير واعية مثل غيره إلى الحشود المتشابهة ولا السيد البرجوازي الذي يملك وسائل الإنتاج ويحرص على زيادة الربح والثروة وإنما هو الإنسان الاجتماعي والذات الفاعلة والمواطن المسؤول الذي يندفع بالعقل نحو الطبيعة وبالتقدم نحو النظام وبالحق نحو القوة وينتصر إلى النقد والحركة والثورة على المصلحة والمناشدة والتأييد.

كما يفضي تدمير النمط القديم من الوجود في العالم إلى بلوغ الأفراد درجة عالية من الحرية وامتلاك الشعوب للقدرة الكاملة على التحكم في ذاتها وتقرير مصيرها بنفسها والى نزع القداسة عن الأشخاص الاعتباريين والحكام والرجوع إلى فضيلة الحياة بلا هالات بشرط أن تتوفر فيها شروط المساواة والتفوق.

إن المطلوب هو أن يماط اللثام عن وضع النخبة المثقفة والإطارات والكوادر في المجتمع وتكف الطبقة الحاكمة والمالكة للوسائل الإنتاج عن اعتبار رجال القانون والثقافة والعلم والإدارة مجرد أجراء يخدمونها وتفكيك هذه العلاقة الهرمية والنزعة الصنمية والتعامل مع الفعل الإبداعي أمرا ممكنا خارجا عن فلك النسق.

لقد دعتنا كل الثورات المجيدة إلى نزع هالة القداسة عن الأشخاص مهما كان المصدر الذين يستمدون منه تعاليهم لأن الزعماء التاريخيين لم ينتجوا الثورة بل الثورة هي التي تنجب من رحمها زعماء تاريخيين يحافظون على قيمها ويصون مبادئها.

إن قيام النظام الديمقراطي يساعد الشعب للقضاء على أسباب الفتن وأشكال التمرد ويكفل للأفراد التمتع بحقوق المواطنة والمشاركة الفعلية في الشأن العام وذلك لأن "أفضل دولة هي تلك التي يقضي فيها الناس حياتهم في وئام وتبقى فيها القوانين محفوظة من كل تجاوز. فلاشك أن الفتن والحروب والاستهانة بالقوانين أو خرقها إنما هي أمور تعزى إلى النظام السياسي الفاسد لا إلى لؤم الرعية."[2]

[2] اسبينوزا، **كتاب السياسة**، ص. 58.

تنتفض الشعوب بحثا عن سيادتها الكاملة ضد السلطة الأبوية والأنظمة الاستبدادية وتضحي بالسلامة والسكينة والحياة وتعرض نفسها للحاجة والموت والتراجع من أجل أن تتخلص من العبودية والاهانة والتعسف والظلم وما تجنيه من وراء ذلك هو السؤدد والمجد والحرية ولكي تصنع أنظمة شعبية تسير بطريقة ديمقراطية وعن طريق الانتخاب النزيه والاختيار الحر ضمن مؤسسات عادلة.

إن الديمقراطية تسمح بإعطاء السيادة للشعب وتمكينه من حكم نفسه بنفسه ولذلك كانت نظاما استثنائيا ومطلبا من قبل الجميع وربما حظيت بالإجماع لكونها مرتبطة بالحقيقة السياسية والقاعدة التشاورية والقوانين المؤسسة للنظام والاستقرار. من هذا المنطلق: "إن المواطنين يمتلكون في الديمقراطية هذا الامتياز الفريد في إنتاج هذا النظام نفسه الذي يسوسهم بشكل واع وإراديا عبر التشريع لأنفسهم بأنفسهم، ومن حيث هم أبناء القوانين فهم أيضا آباؤها إنهم ليسوا رعايا إلا كأسياد أنهم أسياد خاضعون لسلطتهم."[3]

من جهة أخرى تمثل الحرية في الواقع مجموعة من الحريات وتقتضي تحويل القوة إلى فعل والموقف إلى التزام حتى لا تكون مطية لتبرير الوحشية، كما ترتفع الحرية من درجة النسبية إلى درجة الإطلاق عندما تتنزل في المجال السياسي وترافق الوضع الإنساني وتضع نفسها في خدمة مشروع إبداعي يتراوح بين المثال والممكن وتتيح للتفاعل بين الحلم الخيالي والتعين المادي وبين الثقافة الهادفة والسياسة الحيوية أن يتحقق.

إن الفضاء السياسي يساعد على انتقال الحرية من مجال الفرد بوصفها قدرة على التعين الذاتي وإعادة تملك الذات إلى مجال الجماعة بوصفها تموضعات مجسدة لها وأفعال إرادية ناتجة عن طاعة القوانين السياسية وتحويل الحرية المجردة إلى حريات ملموسة عن طريق تمفصل وإقامة توازن بين السلطات.

---

[3] لويس ألتوسير، **مونتسكيو، السياسة والتاريخ**، ترجمة نادر ذكرى، دار التنوير، بيروت، الطبعة الأولى، 2006، ص.60.

على هذا النحو يتحول الإنسان إلى مواطن وإن "مقولة المواطن هذه تحقق في الإنسان نفسه مركب الدولة. المواطن هو الدولة في الإنسان الفرد. لهذا السبب تشغل التربية مكانا هاما في اقتصاد هذا النظام."[4]

إن الغاية من بناء مؤسسات مستقلة تابعة للمجتمع المدني ليس تقويض ركائز الدولة وإفشال دعائم حكمها وخرق القوانين وإشعال النزاعات وإنما بلوغ حالة من السلم الاجتماعية والحياة الآمنة والتمدن المتحضر. كما أن الحرية المطلوبة بالنسبة للأفراد لا تعني حق التسلح والقدرة على ممارسة العنف ولا تتمثل في إقامة حكومة تلائم عداتهم وأهوائهم وإنما تحتاج إلى حدود وتقوم على القدرة على فعل ما يجب وعلى عدم الإكراه على فعل ما لا يريد وبعبارة أخرى تكون الحرية السياسية هي حق فعل كل ما تبيحه القوانين.

لكن أليس من المشروع من الآن فصاعدا بالنسبة للأفراد أن ينهضوا الآن وغدا من أجل الكرامة والحرية وأن تهب الشعوب للدفاع عن سيادة أوطانها وتصنع بنفسها نمط وجودها في المعمورة؟ وألم يجانب مونتسكيو صاحب الفصل بين السلط الصواب حينما قال:" لا تستفلح البلدان تبعا لخصوبتها بل لحريتها"[5]؟ وما الذي تغير في الشعب على المستوي النفسي والعقلاني حتى يخرج من حالة السبات والسلبية إلى حالة الهيجان والرفض؟ وهل بالفعل كانت الثورة حركة عفوية حصلت بالصدفة أم يوجد عقل مدبر لها؟

---

[4] لويس ألتوسير، **مونتسكيو، السياسة والتاريخ**، ص.60.
[5] مونتسكيو، **روح الشرائع**، الكتاب الثامن عشر، الفصل الثالث، ترجمة عادل زعيتر، دار المعارف القاهرة، 1953.

الفصل الخامس

سيكولوجيا الشعوب والعقل الجمهوري[1]

---

[1] هذا المقال مهدى الى **العقل العربي** الذي قام بتحريك البنية بعد أن دأب الطغاة على تثبيتها.

55

"كل ما يهز الجماهير هو ما يظهر في شكل صورة لافتة وجلية ،لا تشوبها توضيحات إضافية أو لا تصاحبها إلا أشياء عجائبية: انتصار كبير، معجزة كبيرة، جريمة كبيرة، وأمل كبير."[1]

ينعت البعض من السوفسطائيين والمثقفين الزائفين والكتبة الأرستقراطيين الجماهير بأنها حشود قطيعية ورعية جاهلة وكثرة من الرعاع والدهماء القاصرة ومجموعة من الأرهاط العاجزة عن الحركة في الواقع والفعل في التاريخ ويطلقون عليها عبارات مذمومة مثل الأغلبية الصامتة والسوقة والغوغاء ويتهمونهم بالانفعال والشعوبية وسبب الفوضى والهرج وترويج الإشاعات والقلاقل وبث البلبلة والتخريب والنهب. زد على ذلك يصف بعض الباحثين المرتبطين بدوائر السلطان الناس بأنهم يميلون بطبعهم إلى الاستعباد والاستغلال وتستهويهم الدعاية ويصبغون طابع القداسة على الأشخاص والوثوقية على الأفكار ويعبدون القادة وتسيطر عليهم أخلاق العبيد وخاصة رذائل الخوف من الحرية والطاعة العمياء والخضوع المطلق لمشيئة القدر وقوانين التاريخ والجنوح إلى جلد الذات وقبول الهزيمة والعزوف عن رفع لواء التحدي والمغامرة والارتحال إلى المجهول وذلك لانتشار واقع الإحباط والفشل وتحولهم إلى طابور خامس معرقل لقوى التجديد ومانع لكل تغيير وممانع لكل التجارب الثورية الأممية التي تعمل على تحريك السواكن وتحفيز النفوس وشحذ الهمم نحو المساهمة في التحضر والتمدن والقضاء على الهمجية.

كما تعتبر الثورة في عرف هؤلاء مجرد فعل هستيري وسلوك عدواني تنخرط فيه جماعة من البشر تفجر مكبوتاتها الدفينة وعقدها المرضية التي سببها القمع الأبوي والذكوري والسلطوي وتتميز بالعنف الشديد وممارسة الانقلاب وبث الفوضى التي تسري في النظام مثل النار في الهشيم والتي لا تنتهي إلا ببروز القائد الثوري وخضوع الناس لأوامره والشروع في الإقصاء والتمييز ومحاسبة الموالين للعهد السابق.

---

[1] غوستاف لوبون، **سيكولوجيا الجماهير**، ترجمة هاشم صالح، دار الساقي للنشر، بيروت، الطبعة الثانية، 1997.

غير أن مثل هذه الأقوال هي مجرد أراجيف وآراء لا أساس لها من الصحة فقد أثبت الثورة المندلعة الآن في تونس ومصر كذب هذه الدعوى العنصرية وبطلان مثل هذه الأحكام المغشوشة الصادرة عن ذهنية اقصائية وثقافة بائسة والتي تبررها إيديولوجيا مغلقة تتبنى نظرة هرمية للمجتمع ومعيار تراتبي للقيم. والحق أن الأمور في الواقع على خلاف ذلك تماما، إذ نرى الشعب الكريم هو الذي أنجز الثورة عندما رفض حياة الخنوع وأسلوب التوجيه القسري والإكراه المادي والتطويع القانوني وانتفض في سنفونية مبهرة وبشكل منظم ومتدرج تعجز أفضل أشكال السرد وأحسن اللغات عن وصفه والتعبير عنه[2].

لكن كيف نفهم سلوك الجماهير التي انتقلت فجأة من حالة المسايرة والتأييد إلى وضع النهوض والثورة على كل دوائر السلطان والرموز التي تمثل الأنظمة الفاسدة وشرعت في تحطيم الأصنام وكنس الأوثان؟ ألم تنجح الأنظمة الاستبدادية في السيطرة على المجتمع والتلاعب بالعقول وترويض الأجساد وتطويعها لأجندتها التسلطية والشمولية؟ وألم يرض العباد بتلك الحياة الثكن وانشغلت بتوفير لقمة العيش والتزاحم والتكاثر؟ ولماذا تعطي الشعوب رقابها وتدين بالولاء وتصغي إلى حكام اتصفوا بالكذب والتملق والدجل؟ هل هناك شعوب وجماهير خانعة وخاملة بطبعها وشعوب وجماهير أخرى ثائرة ومتمردة بطبعها؟ وما الذي حصل للناس حتى يتحولوا من السلبية والوعي الزائف والسكون إلى الايجابية والوعي الثاقب والحركية والاجتماع في شكل كتلة تاريخية من أجل الضغط على الحكام ومطالبتهم بالرحيل؟ وكيف تحول العقل الجمهوري إلى طاقة فاقت قدرة العقول الفردية وغير سيكولوجيا الشعوب من الاستسلام إلى الخروج ومن التنازع الداخلي والفرقة المذهبية إلى التوحد الذاتي والتجبيه الموضوعي ضد الفساد والظلم؟

---

[2] يذكر نعوم شموسكي عشر استراتيجيات تعتمدها إمبراطورية العولمة لخداع الجماهير وإنهاك الطاقات التي تغذي الثورات وهي: الالهاء والتسلية، خلق المشاكل ثم تقديم الحلول، التقهقر، المؤجل، مخاطبة الرأي العام كأطفال صغار، اللجوء إلى العاطفة بدل التفكير، الإبقاء على الجمهور/العامة في الجهل والخطيئة، تشجيع الجمهور على استساغة البلادة، تعويض الانتفاضة بالشعور بالذنب، ومعرفة الأفراد أكثر مما يعرفون عن أنفسهم. الرابط:
http://www.lissaniat.net/viewtopic.php?t=2592&sid=cb9f0164691b6210f0dc9182687e5407

لقد بين غوستاف لوبون أن الجماهير ترفض الأفكار ولا تتحمل مناقشتها ويمكن أن تتبناها كلها وذلك لأنها في حالة من اللاوعي ولا تعقل ولا تفكر وإنما تنخفض طاقة الإدراك لديها وتعيش دائما حالة مزاجية متقلبة وتغلب عليها العاطفة الجياشة ولا تكاد تنفر من شيء حتى تسارع إلى كرهه ولا تكاد تحب شخصا حتى تسارع إلى عبادته والخضوع إلى مشيئته وترفض الاختلاف والتميز وتميل إلى التجانس والتماثل.

لكن على خلاف ما يراه غوستاف لوبون اتضح أن الالتحام بالجماهير والاندماج مع الشعب وتبني خياراته والتعبير عن تطلعاته لا يؤدي بالكاتب إلى أن يتخلى عن تعقله وأن ينزل درجات عن سلم الحضارة ويصبح همجيا منفعلا تقوده الغريزة وتسيره الأهواء ويتصرف بعفوية الكائن البدائي وينساق بتلقائية وراء العنف والضراوة ويعمل ضد مصالحه الشخصية ويكون بمثابة حبة من كوم رمل تذريها الرياح كما تشاء، وإنما يمكن أن يسجد موقفا مشرفا ويتموقع إلى جانب مصالح هويته ويكون بحق مثقفا عضويا ومفكرا ملتزما ومنظرا ثوريا يعبر عن انضواء العقل الفردي في العقل الجمهوري ويلبي نداء الذاكرة النضالية ويحترم واجب الضمير الجمعي ويسجد قيم الاندماج والانصهار والتوحد في أرض الواقع ويعمل على تقوية أواصر القربي وعلى تغذية روابط المحبة والتلاحم بين أعضاء المجتمع.

لقد بينت الجماهير للعالم عبقريتها المدهشة وذكاءها العجيب وقدرتها على التحليل والتركيب والاستقراء والاستنباط والتفسير والفهم والتأويل للأحداث والوقائع والمعطيات، بل زادت على ذلك بأن تمثلت المشروع الآتي وقدمت تصورات مستقبلية ورؤى استشرافية وكتبت مقترحات وبدائل للفترة القادمة.

لكن هذا التجانس بين الجموع وهذه الوحدة المباشرة بين الناس تكذب اسطورة العولمة في تقسيم المقسم وتجزئة المجزأ وفي تفكيك الوجود الاجتماعي وتذرية الأفراد إلى كائنات أنانية لا تكترث إلا بالمحافظة على بقائها الشخصي وتبرهن على غلبة قيم الألفة والتقارب والجسد الواحد والبنيان المرصوص والعروة الوثقى والمشاركة الجماعية في انجاز فعل واحد وهو الخلاص الشعبي من حراس الاستبداد وتجار الألم.

صحيح أن الجماهير تتميز بالهدوء والتروي والوداعة وتكون سهلة الانقياد إلى الشعارات والوعود التي يطلقها الزعماء والقادة وصحيح أيضا أنها تنتقل من الحد الأقصى إلى الحد المضاد ومن الرفض التام إلى القبول المطلق ولكنها تكره الكذب وتحتقر المفسدين وتنقم على الظالمين وتمتلك هوية وتتحول إلى قوة هائلة تدفع عجلة التاريخ وتحدث منعرجات في التاريخ وتنتزع القيادة من حكامها وتصبح هي ماسكة زمام أمورها وتحركها عاطفة جياشة نحو التضحية بالنفس والرغبة في تحقيق كينونتها في نفس الوقت.

إن النفسية الثورية لدى الجماهير الغاضبة التي أطاحت بعروش الاستبداد وقطعت الطريق أمام التمديد والتوريث قد كذبت سلوك القطيع التي توحده انطباعات حدية وتأثيرات مشتركة ومتزامنة وحطمت ثقافة الحشد التي غذتها الدعاية الإعلامية والصورة الاستهلاكية والوسائط الرقمية والتهريج السياسوي وزعمت أن الناس في عصر العولمة هم أناس أخيرين متشابهين ومستنسخين وفاقدين السيطرة على ذواتهم وعلى العالم الذي يعيشون فيه ولا يرجى خير منهم وبينت بالكاشف أن هذا الجيل الشاب يتقد حيوية ونشاط وقادر على فعل المعجزات وأن طاقته الإبداعية وتصميمه على التجاوز وحلمه بواقع أفضل لا حدود له.

إن أهم قوة شعبية تدفع الجماهير إلى الثورة هم الشباب والطلاب والعاطلين عن العمل وكل القوى المهمشة وغير المنخرطة في علاقات الإنتاج والمنتفضة على الفكر السلبي والعالم السياسي المغلق والرقابة الصارمة والرافضة للمجتمع ذي البعد الواحد والطامحة إلى القيام بتغيير تاريخي وذلك باستشراف آفاق المستقبل والالتزام بالفكر الايجابي والمجتمع متعدد الأبعاد والإنسان المنتج وكما قال هربارت ماركوز: "لو تحررت الطاقة من العمليات الضرورية للإبقاء على وتيرة الازدهار التدميري لكان هذا معناه إن عبودية الرفاه التي يئن الأفراد تحت نيرها الخفي هي في سبيلها إلى

التلاشي والزوال وإن أولئك الأفراد سيصبحون قادرين على تطوير تلك العقلانية الكفيلة بأن تجعل الوجود المهدأ ممكنا."[3]

إن ثورة الجماهير في تونس ومصر وربما في المنطقة العربية بأسرها كانت نتيجة رد فعل على جريمة كبيرة حصلت للشعب وارتكبها نظام الحكم الفاسد ولكن الذي دفعها إلى الأمام أكثر هو الرغبة الجماعية في تحقيق انتصار حاسم على قوى الردة وبقايا النظام البائد وصنع ملحة عظيمة هي أشبه بالمعجزة وذلك لعدم تكافؤ الموازين وتمكن الحق من لجم العنف والتوجه نحو أمل كبير في الإنعتاق والحلم بواقع أفضل.

هكذا حولت السيكولوجيا الثورية الجماهير من الركون إلى التبسيط والاختزال والتكرار إلى الإشادة بالثراء والتعقيد والتنوع وتتحقق الوثبة الجدلية من الانتظار والتخوف والتخيل إلى المبادرة والجرأة والفاعلية والتقمص ودفعتهم إلى أن يكونوا صانعي التاريخ واللاعبين الرئيسيين على مسرح التغيرات.

اللافت أن الارتقاء من الوجود الفردي والعزلة القاتلة إلى الوجود الاجتماعي والجماعة الحاضنة يوفر لكل كائن فرصة للتخلص من الانفعالات السلبية والتسلح بالقيم البطولية والانخراط في المشروع المشترك.

صفوة القول أن التحاق الكاتب بالجماهير في الشارع قد مكنه من أن يفقد درجات في سلم الحضارة التي تتميز بالرفاه الاستهلاكي والتخمة المادية والفراغ الروحي وجعله يرتقي درجات في سلم حضارة أقرا التي تتميز بالتضحية وفداء الأمة والالتزام والإيثار ويتمتع بالحرية والكرامة والاعتزاز بالوطن.

علاوة على أنه لا توجد شعوب وجماهير خانعة وخاملة بطبعها وأخرى ثائرة ومتمردة بطبعها وإنما تخرج الشعوب والجماهير على حكامها وأنظمتها في زمان ومكان معينين إذا توفرت جملة من العوامل والظروف منها ماهو ذاتي مثل الثقافة والهوية والتقاليد ومنها ماهو موضوعي مثل الأزمات والفساد.

---

[3] هربارتماركوز، **الانسان ذو البعد الواحد**، ترجمة جورج طرابيشي، دار الآداب، بيروت، الطبعة الثالثة، 1988، ص، 253.

على الرغم من أن الجماهير والشعوب تتأثر بعوامل بعيدة مثل العرق والمناخ والتقاليد الثقافية والمخيال السياسي والبعد الديني تجعلها تختار مواقف معينة في لحظات تاريخية معلومة وترفض مواقف أخرى وتتأثر أيضا بعوامل قريبة تجعلها توافق على اختيارات معينة حددتها العوامل البعيدة وخاصة الأحداث العرضية والظروف المستجدة والتحديات الخارجية التي تجعلها مقتنعة بجدوى الثورة ومقاومة الحاضر.

لقد كانت ثورة الشباب لحظة تاريخية إنتظرها الجميع بفارغ الصبر ومنهم من هرم ورحل دون أن يدرك هذا الحدث ومنهم من أنصفه العمر وشاهد ما لم يصدقه قلبه ولم يقبله عقله بسهولة. كما أن هذه الثورة الشبابية قد ساعدت العقل الفردي المبني على معايير الحساب والقانون والنظام والحتمية والاقتصاد والتصرف والمنفعة الخاصة والعلاقة على التحرر من فرديته وأنانيته وشخصانيته الضيقة والانخراط في العقل الجمهوري المبني على الفطنة والتعقل والمداولة وجودة الروية وقوة الشكيمة والتمييز والسعادة الدنيوية والنعيم الأخروي.

لذلك يمكن تسمية هذا الوعي الثوري الذي تسلحت به الجماهير بالعقل الجمهوري وذلك بالرجوع إلى قولة الفارابي: "التعقل هو الذي يسميه الجمهور العقل وهذه القوة إذا كانت في الإنسان تسمى العقل."[4] ويبرر ذلك بأن "التعقل هو الذي يوقف على ما ينبغي أن يفعل حتى تحصل السعادة."[5]

لكن ألا يعبر هذا العقل الجمهوري عن المحاسن المدنية للإجماع التشاوري الذي قال عنه الرسول الأشرف :"لا تجتمع أمتي على ضلالة"؟ ألم يقل المعلم الثاني:" يُحتاج إلى وضع النواميس وتعليم الجمهور ما قد استنبط وفُرغ منه وصُحح بالبراهين من الأمور النظرية وما استُنبط بقوة التعقل من الأمور العملية...وإذا وُضعت النواميس...فقد حصلت الملة التي بها عُلم الجمهور وأُدبوا وأُخذوا بكل ما ينالون به

[4] أبو نصر الفارابي، **فصول منتزعة**، فصل42.
[5] أبو نصر الفارابي، **فصول منتزعة**، فصل52.

السعادة."[6]؟ ثم لماذا لا نعتبر اندلاع الثورة في تونس ومصر دليلا ساطعا على أن الشعوب العربية قادرة فعليا على التخلص من الاستبداد الشرقي وأن نبتة الديمقراطية وحقوق الإنسان يمكن زرعها في الأرض التي تتكلم بلغة الضاد؟ هل تؤرخ اندلاع الثورات هنا وهناك إلى بداية دخول العرب عصر الحداثة السياسية والتنوير الأصيل؟ وما الضامن الذي يمنع هذه الجماهير من الاصطفاف في طابور خامس مضاد للثورة ومساند للقوى الرجعية والمحافظة التي تريد إعادة إنتاج الأنظمة الاستبدادية وتفريخ الشمولية؟ وكيف يمكن الانتقال من الحالة الثورية التي تتميز بالانتصار إلى الحق والحرية إلى الحالة المدنية التي تتميز بتشييد المؤسسات وقيام التسيير الديمقراطي الشعبي للشأن العام؟ وهل ينبغي تفضيل النظام مع الاستبداد أم الفوضى مع الثورة ؟

---

[6] أبو نصر الفارابي، **كتاب الحروف**، تحقيق محسن مهدي، دار المشرق، بيروت، لبنان، طبعة ثانية، 1990. ص. 152.

الفصل السادس

تعاقب النظام والفوضى على المشهد العربي[1]

---

[1] هذا العمل مهدى الى **العراق** العمق الاستراتيجي للعرب والذي ما يزال جرحه لم يندمل

تمر المنطقة العربية زمن الثورة الشعبية العارمة بأحداث هامة ولامتوقعة وفترات حرجة واهتزازات عنيفة ومتعاقبة غيرت نظرت الناس إلى الحياة وموقعهم في العالم وبدلت نظرة العالم إليهم وتمثلت في اللجوء إلى القمع واستخدام القوة الشديدة من طرف الدولة ولجوء الأفراد والجماعات المنتفضة إلى أسلوب الحرق والسلب والتخريب، وإذا كان مبرر الطرف الأول هو الدفاع عن مؤسسات السلطة والمحافظة على الأمن العام فإن مبرر الطرف الثاني هو الاعتراض على الظلم ومقاومة الفساد والتصدي للهيمنة والتعديات واستعادة الحقوق.

غير أن حجر الزاوية في الأمر وأصل المشكلة لا يتعلق بطبيعة العلاقة المتوترة أصلا بين الدولة والمجتمع المدني وانعدام الثقة بينهما وتربص كل منهما بالآخر فحسب بقدر ما يتمثل في سوء فهم للحرية وهروب من تحمل المسؤولية والإفراط في الاستخفاف بالهوية وإرادة احتكار الشرعية والسلطة وسوء التقدير للعلاقة الشرعية بين العام والخاص.

من هذا المنظور يمكن التعبير عن هذه المشكلة بالاحتراز الإشكالي من ثنائية النظام والفوضى في الآن نفسه من طرف قوى الشعب الثائرة ومن الممسكين الجدد بمقاليد الحكم، فالنظام الصارم قد يؤدي من جديد إلى الاستبداد وتشكل المجتمع ذي البعد الواحد، أما الفوضى العارمة فهي تؤدي لا محالة إلى خراب العمران وارتكاب الرذائل وتفكك الدولة.

بيد أن المشكلة تطرح على هذا النحو: إما فرض النظام مع سلطة مطلقة وطاعة تامة واستقرار اقتصادي ورجوع الحياة إلى نسقها العادي وإما التمتع بالحرية والمحافظة على الثورة مع فوضى تدميرية وانفلات أمني وتسيب أخلاقي وتنازع

---

[1] إدغار موران، **الفكر والمستقبل، مدخل الى الفكر المركب**، دار توبقال للنشر، الدار البيضاء، الطبعة الأولى، 2004، ص.103.

اجتماعي واختلال في التوازن وتقلبات اقتصادية وكوارث صحية وانفلات الأفعال من مقاصد الذوات.

كما أن مواصلة الثورة يؤدي إلى انخرام النظام القديم وفقدانه لأسسه وبروز الفراغ والوقوع في الفوضى، أما التحلي بالحكمة والتعقل وترك الأمور تسير كما يريد أولو الأمر فإنها قد تؤدي إلى فتور الثورة وشروع بقايا النظام في توحيد صفوفهم وإعادة إنتاج نفس المنظومة وعودة الأساليب القديمة في القمع والدفاع عن مصالح الطبقة الحاكمة بالردع والقانون.

فما نعني بالنظام؟ وكيف يتسبب في تشكل سلطة شمولية؟ وما المقصود بالفوضى؟ وما هي النتائج التي تترتب عن اندلاعها في الفضاء العمومي؟ وما العمل للخروج من هذه الأمية المقلقة؟ ومتى نحصل على نظام بلا استبداد وحرية بلا فوضى؟ وهل توجد شروط معقولة لتأمين الانتقال العقلاني من حالة الثورة إلى وضع الدولة؟ ولماذا يؤدي هاجس الخوف من سرقة الثورة لعودة إلى الاحتجاجات والعصيان المدني؟ وكيف يمكن المرور من النزعة الأحادية البعد التي تميز البيروقراطية إلى نزعة متعددة الأبعاد التي تميز الديمقراطية ونقيم علاقات تكاملية بين القوى المتصارعة ونحسن التعامل مع التضامنات المعيشة؟

أننا دخلنا منذ مدة وبشكل غير مسبوق إلى الحقبة الحقيقية للثورة الرقمية العميقة ربما أكثر جذرية من الثورات السابقة في التاريخ البشري وأننا نعيش اليوم داخل هذه الثورة الشعبية المتفجرة في صراعات صعبة جدا لا يمكن أن تتوقف إلا حينما يلتهم الجديد القديم ويأتي النظام ما بعد الثوري بالمؤسسات العادلة والحياة الكريمة للمواطنين.

لكن ماهو النظام الذي تسبب في قيام الثورة الشعبية؟

النظام هو إيجاد روابط وتصنيفات بين عدة عناصر وإحداث ترتيب بين عدة حدود وقضايا وأشياء وقيم في الزمان والمكان والعقل ويأتي في شكل قوانين ودرجات ومعايير وسلاسل وأسباب وغايات وأنواع وأجناس ولذلك احتوى العقل على ترتيب

وتسير الطبيعة وفق نظام ويخضع المجتمع لجملة من النواميس.لقد جاء في السياسة أن النظام الاجتماعي هو مجموع القواعد التي ينبغي أن يتطابق معها المواطنين ليصبحوا أحرارا وسعداء وفي هذا قال أوغست كونت : "إن التقدم هو تنمية النظام"، ولكن النظام الأخلاقي يظل هو النظام الحقيقي والثابت لأنه يعبر عن علاقات الكمال ويدفع الجماعة السياسية إلى الانصهار والتوحد. من جهة ثانية ماهي الفوضى التي فككت النظام وكانت من النتائج الخلافية المنبثقة من الثورة ؟

أما الفوضى فهي ترمز أوليا إلى الكاوس الأصلي والعماء الذي كان عليه الكون قبل الخلق وتشكل الحياة ووجود الموجودات وبعبارة أخرى تشير إلى الفراغ الغامض والذي لا حدود له الذي سبق حالة الكون الراهنة.

لكن الفوضى يمكن أن تعني الخلط بين العناصر المتنافرة والتلفيق بين المبادئ المتغايرة بغية خلع النظام الاستبدادي القديم وإحداث الصدمة والذهول بالنسبة إلى الرأي السائد وقد تقوم ببناء مغالطات وحيل لغوية وقوة تنظيمية تؤثر في المتلقين وتفرض عليهم السيطرة وتعمل على توجيههم نحو تحقيق أغراض لا تخصهم وتنفع غيرهم من أمراء الثورات الجدد.

المعنى الثالث يبرز حينما يكون المجموع غير منظم ومختل التوازن ويعاني من قصور ذاتي ومهدد بالعطالة والتفكك والاختفاء والانفصال شأن الأجسام المريضة والأنفس الممزقة والمجتمعات المتناحرة والشركات المفلسة والأحزاب التسلطية والنقابات البيروقراطية.

هكذا" تطفو البشرية على فوضى قد تؤدي إلى تحطيمها، وتعني الفوضى هنا الوحدة غير الواضحة بين الخلق والتدمير. لا نعرف ما الذي يحصل، لكننا نعرف أن هناك هدرا ضخما جدا وسيكون على أية حال في المستقبل، في الطاقات ، وفي النوايا الحسنة، والحياة."[2]

---

[2] أدغارموران ، النهج، إنسانية البشرية، الهوية البشرية. ترجمة هناء صبحي، منشورات كلمة، أبو ظبي، الطبعة الأولى، 2009، ص.286.

إن النظام هو الواقع الذي لا يمكن تحمله من طرف المواطنين خاصة إذا ما فرضته إرادة التحكم وكان هرميا فوقيا ولم ينبع من إرادة الشعب ولم يكن محل إجماع وموضع إقناع ويكون قد مارس البطش والعنجهية على المحكومين، لكن تفكك النظام قد يؤدي إلى تخبط الناس في الفوضى والى حدوث صراعات وتناقضات بين الملل والنحل والجهات وتتوسع الشروخ بين الجماعات وتحتدم التضاربات في الأفكار وبين العلمانيين والإيمانيين وبين أهل اليمين وأهل الشمال وأنصار الوسط من الباحثين عن الغنائم وتنتصر قوى الموت على قوى الحياة وإرادة التحطيم على إرادة البناء والرغبة في الافناء على الرغبة في الإبقاء وتنبثق مشاعر الكراهية والحقد والاحتقار في قلوب الناس وتشتعل الحروب المسلحة والنزاعات.

إن فرض النظام بغير حق يتطلب إخضاع الأفراد إلى المراقبة المستمرة والحد من حرياتهم وتحويل المجتمع بأسره إلى آلة سجن نفسية وجعل الحماية والأمن والاستقرار تغطي جميع ميادين الحياة بالنسبة للمجتمع. لذلك يكرس النظام الدكتاتوري آلة ضخمة مستعبدة وشمولية ويحدث تدرجا صارما في الهيمنة والسيطرة ويقوم بإدماج صارم وتعسفي للأفراد والفئات ويراقبهم بطرق وطقوس متعددة ويمارس عليهم ضغوطا كبيرة عن طريق العقلنة والوظيفة والتأديب وينتج عن ذلك ضعف في التواصل وانحسار في الحريات وغياب تام للحقوق.

لكن الغريب أن الفوضى قد تعني الاعتداء والجنون والمبادرة والحرية في نفس الوقت ولذلك "يتوافق مع الغلو في تطبيق النظام الذي يفرضه جهاز الدولة من خلال الحظر والممنوعات ازدياد في الفوضى..."[3] وأن النظام قد يعني الشمولية والانغلاق والاستقرار والازدهار في الآن نفسه وهو ما يجعل الفكر في كماشة ولا يرجح طرف على طرف. لكن كيف السبيل إلى التخلص من هاتين الرذيلتين: النظام والفوضى؟

في الواقع "لا يمكن لمجتمع إنساني أن يخضع تماما لنظام آلي مبرمج"[4]

---

[3] أدغارموران ، **النهج، إنسانية البشرية، الهوية البشرية**.ص.227.

[4] أدغارموران ، **النهج، إنسانية البشرية، الهوية البشرية**. ص. 226.

غني عن البيان أن خلاصنا من الكارثة يظل متوقفا على تجنب الوقوع في الفوضى في الوقت المناسب وتفادي تأبد النظام المغلق وذلك بإحداث تحول حقيقي من الاستقرار إلى الاختلال ومن الاختلال إلى النظام من جديد وتحقيق التقدم في ظل الموت. كما أن "السلطة المطلقة بحاجة إلى ترياق يحد منها ويديمها في الوقت نفسه".[5]

علاوة على تجنب وقوعنا في التنظيم العفوي المشترك وجنون الدولة المهيمنة ووحش الاستبداد وآلتها الدعائية الوقحة والقطع مع تحكم الفرد الشمولي وذلك باحترام النواة القديمة في التنظم وبناء نوع من التآزر الواقعي بين القوى والتحالف مع الشعب والسير نحو مجتمع عادل وهوية إنسانية كوكبية.

إن الدرس الذي يمكن استفادته من الثورة العربية يتمثل في أن الشباب يجب أن يحولوا الفوضى إلى مجال للخلق والإبداع ويبتعدوا بها عن التحطيم والجنون وأنه ينبغي أن يعطلوا النظام الشمولي ويشطبوا الديكتاتورية ولكنهم يجب أن يسرعوا إلى بناء النظام الديمقراطي ويثبتوا القدرة على التنظم الذاتي والتعويل على النفس ويسمحوا بولادات جديدة في المجتمع المدني.

إن الخروج من هذه الأمية المقيتة رهين توافق جميع القوى الفاعلة والأطراف المدنية على ضرورة تشكيل مشروع مجتمعي يمهد الطريق نحو قيام دولة **ديمقراطية الإندماجية** تحكمها مؤسسات مستقلة وعادلة يسيرها مواطنون أحرار خالية من كل تمييز أو تفاوت طبقي أو جهوي أو اثني. إن المطلوب هو ترجمة هذا التوافق في توقيع صحيفة الصداقة السياسية تترجم الكتلة التاريخية والإجماع الشعبي على الانتصار إلى قيم الثورة.

أضف إلى ذلك ينبغي أن تكون الانتقالات على المستوى الإداري والمؤسساتي خالية من العنف وتعمل على إيجاد حلول جذرية لمشاكل الحريات وحقوق الإنسان وأن تشهد العلاقات الإنسانية والاجتماعية تغييرات عميقة تمس الأسس والأفعال والآفاق. لكن هل الدعوة إلى التصافي والتسامح الفعلي هي إنقاذ للنظام البائد من جرثومة

[5] أدغارموران ، **النهج، إنسانية البشرية، الهوية البشرية**. ص.227.

الفوضى وحتمية السقوط؟ والى أي مدى يكون كل النظام سبب الجمود والانغلاق وتكون الفوضى مصدر خلق وتجديد؟

" مع أننا نعلم أن كل الأحداث الهامة في التاريخ العالمي أو في حياتنا هي أحداث لا متوقعة بشكل كلي، إلا أننا نستمر في التصرف كما لو أنه لا شيء لامتوقع بإمكانه أن يحدث."[6]

فهل نبرر جنوح الجموع إلى الفوضى إذا ما كانت تعني حرية ومبادرة وإبداعا أيضا؟ وكيف نعمل على ألا تكون ولادة الدولة من رحم الثورة حدثا فجائيا لامتوقعا؟ ومتى يكون دخول العرب إلى المدنية والتقدم هو الأمر الذي ينبغي أن يحدث؟وما هي الاستحقاقات اللازمة من هذه الأمواج الثورية؟

---

[6] إدغار موران، **الفكر والمستقبل، مدخل الى الفكر المركب**، ص.83.

الفصل السابع

الثورة العربية والمصالحة السياسية:

فلسطين نموذجا[1]

---

[1]هذا العمل مهدى الى **فلسطين** بثوارها ومناضليها جيلا بعد جيل من أجل استكمال مسيرة الانتفاضة والتحرير

"يجب علينا أن نفكر كيف نعطي لأفكارنا أقصى ما يمكن من
فعالية، وأن نعرف الوسائل التي يستخدمها الاستعمار لينقص ما
يمكن من فعالية أفكارنا؟"[2]

تشتعل الثورة العربية يوما بعد يوم ويتصاعد لهيبها من بلد الى آخر وتتداعى تأثيراتها على المنطقة وعلى العالم رويدا رويدا. وينظر المراقبون الى القوى السياسية العربية على مستوى الأداء والحضور والابداعية في البرامج والتكتيكات، ويلاحظ بروز العديد من المفارقات، أولها هو اخفاء الرموز الحزبية أثناء الثورة والاندماج في الفعل الثوري المشترك والانخراط في العمل الجبهوي والمساهمة في قومة الشعب الموحد، ولكن بعد ذلك حصلت الانتعاشة الايديولوجية وظهر مجددا الاصطفاف الحزبي وعاد منطق الاستعداء والتنازع بين المجموعات بعد اسقاط النظم الشمولية وانطلق صراع محموم على المواقع.

المفارقة الثانية تتمثل في مطالبة جميع القوى السياسية بضرورة المحافظة على المد الثوري والاستعداد للتضحية من أجل صيانة قيم الثورة والتصدي الى القوى الرجعية وبقايا الأنظمة البائدة ولكن الغريب أن معظمها يبدي الكثير من المرونة تجاه السلطة الانتقالية والحكومات المؤقتة ويضع يده مع بعض القوى الملتفة على الثورة وتعلل ذلك بضرورة الخروج من الفوضى والمجهول الى النظام والاستقرار.

المفارقة الثالثة أن جل الكيانات السياسية تطمح الى القطع مع الماضي والحسم مع خيارات الاستبداد والرأي الواحد وتنادي بالتعددية والديمقراطية، ولكنها ترفض التقصي عن تجاوزات رموز الفساد والقصاص والثأر والاجتثاث ومحاسبة الظالمين وتجنح الى الصلح والتسامح وتنادي بالعفو والمصالحة.

المفارقة الرابعة أن التيارات السياسية تتبنى خيار التوافق الائتلافي على مستوى الخطاب وتسعى الى بناء الكتلة التاريخية في الظاهر ولكنها أعادت تشكيل نفسها على أسس قديمة وأعادت انتاج نفس الخطاب الاقصائي الوثوقي وأهملت مفاهيم التاريخ

---

[2] مالك بن نبي، الصراع الفكري في البلاد المستعمرة، دار الفكر، دمشق، طبعة 1986، ص.19.

والنقد والانسان والتقدم والحرية وسمحت لبعض القوى الانتهازية المهادنة الى التسلسل الى المشهد وأخذ الريادة وشرعت في بث الفرقة ونشر روح التعصب الى الايديولوجيا وغضت الطرف عن مطالب الشارع وطموحات الشعب وقيم الثورة.

المفارقة الخامسة هي أن القوى الثورية تنتمي في معظمها الى فئات ناشئة ومقصية وقادمة من الأعماق ومن الجهات وتتصدرها فئة الشباب ولكن الذين صاروا يتكلمون باسم الثورة هم الشيوخ وبدرجة أقل الكهول وسكان المركز من الأعيان وتسندهم بعض القيادات الحزبية المقعدة عن كل فعل ثوري والتي عرفت بموالاتها للأنظمة البائدة وتبحث الآن عن الغنائم وتقوم برتق بكارتها السياسية.

ان هذه المفارقات تدعونا الى المزيد من التفكير والتدبير من أجل ضبط أهداف الثورة وتوفير المناخ الملائم من أجل تحصيلها بشكل تدريجي ومرحلي واستشراف مستقبل المدينة العربية في اطار مصالحة سياسية حقيقية بين القوى الثورية المعبرة عن ارادة الشعب والطامحة الى بلورة الحلم الشبابي الواعد.

ان المطلوب هو انجاز المصالحة السياسية الشاملة على أساس مفهوم الصداقة السياسية في اطار العدالة الانتقالية من أجل فك الارتباط مع المنظومة الشمولية التي ترمز الى النمط البائد من الحكم والقطع معها.

غير أن الاستثناء يأتينا كالعادة من فلسطين التي تلقفت جماهيرها دروس الثورة العربية وهضمت الحالة الثورية بسرعة وكانت الثمرة هي عودة حلم التحرير الى الوجود والتفكير في العودة الى الديار والتمسك بالأرض والتمسك بالحقوق والثوابت الوطنية مثل القدس والضفة والقطاع وعرب 48.

لقد أعطت الثورة العربية الى القضية الفلسطينية بريقها وأعادتها الى مركز الاهتمام بعد أن كادت تطمس نقوشها من فرط الركوب عليها وتوظيفها السلطوي ويلقى بها في أرشيف الذاكرة النضالية العربية ويحنطها تقديس الزعامات، كما ساهمت في أحياء الصراع مع الاستعمار والاستيطان وتجديد العهد مع مقاومة العولمة والتناقض مع

الامبريالية بعد أن وقفت سدا منيعا وبالمرصاد لمؤامرات الاستبداد والشمولية والارتداد .

لقد اتخذ احياء نكبة اغتصاب فلسطين سنة 1948 هذه المرة في زمن الثورة طابع الاعصار الشبابي الزاحف والتحدي الاعتصامي الرمزي وقام الثائرون بطرد اليأس ونزع الخوف وشرعوا في محاصرة مدنية سلمية للمعتدين الغاصبين وكثفوا مرابطتهم الاحتجاجية على الحدود في جنوب لبنان والضفة الغربية ورفح.

لقد كانت المصالحة السياسية في فلسطين بين فتح وحماس خير هدية تقدم الى الشباب العربي الثائر من الطبقة السياسية الفلسطينية التي برهنت مرة أخرى على نضجها وقربها من الواقع واستعدادها للتضحية.

كما وقع تفعيل مقولة تحرير فلسطين من جديد وعاد خطاب الرفض ورفعت اللاءات الشهيرة وخاصة مقاومة التطبيع وعدم الاعتراف بالكيان الغاصب، بل هناك من ذهب الى أبعد من ذلك وطالب بالشروع في الانتفاضة الثالثة والاستفادة من الثورة العربية بإطلاق شرارة الثورة الفلسطينية في الداخل والخارج من طرف الناشطين. من هذا المنطلق تدفقت الجماهير العربية الثائرة يوم إحياء الذكرى63 للنكبة من كل حدب وصوب رافعة الأعلام الفلسطينية وزاحفة نحو الحدود من أجل العبور والتجاوز والدخول بعد أن قطعت المسافات والبلدات والكل يمني نفسه بتحرير الأرض المغتصبة واستكمال الفعل الثوري.

إذا كان شباب الثورة ينادي بتحرير فلسطين وإذا كان الشعب العربي يريد العودة إلى الأرض المحتلة وتحقيق الوحدة العربية فإن بيت المقدس يجيب على التو بضرورة القدوم من أجل الحج والصلاة وان الشباب المقاوم يلبي النداء وينزل الى الميدان ويحمل لواء الكفاح ومشعل الثورة إلى قلب الكيان الغاصب.

ان المأمول في المستقبل القريب والعاجل السياسي الذي يجب على القوى السياسية الصاعدة فعله هو أن تنتج المصالحة السياسية الفلسطينية بين التيار الوطني العلماني والتيار الاسلامي مصالحات وتوافقات أخرى في الوطن العربي وأن تتشكل كتلة

تاريخية تضم جبهة عريضة من الأمواج الثورية الضاغطة تخرج الناس من الفراغ والاحباط الى العمل والامتلاء.

فما قيمة هذا الهجوم البشري الفلسطيني على المعابر الحدودية من الشمال والشرق والجنوب والوعد العربي بالمسيرات لنصرة القدس وفك الحصار عن عزة الأبية وتوحيد الوطن الممزق؟ وهل نرى فلسطين حرة بعد اندلاع الثورة العربية أم أن ذلك رهين تركيز نظام عربي ثوري؟ وكيف تكون الثورة العربية البوصلة الهادية الى استعادة الحقوق العربية الضائعة؟ألا ينبغي أن يكون الصراع الشعبي مع الاستعمار والاستيطان هو بنفس القوة التي تدور بها رحى الثورة حول رقاب الشمولية والاستبداد؟ وهل يحتاج إستكمال الثورة العربية وتحرير فلسطين وتوحيد العرب إلى قيام نظرية فلسفية في الثورة؟ وما هي الأسس الفلسفية التي نادت بها الثورة العربية؟

الباب الثاني: فلسفة الثورة

مقدمــة

القصة الفلسفية للثورة

"نستطيع، بالرغم من القطيعة الإبستيمولوجية التي قامت بها العقلانية السردية، ان

نجد بينها وبين الفهم السردي قرابة غير مباشرة تشبه تلك التي أظهرتها...بين عقلانية

الكتابة التاريخية والفهم السردي."[1]

الإشكال الذي يمكن طرحه منذ البداية هو: كيف يمكن لنا تأويل الثورة العربية؟ وما الذي يدفع إلى تأويل هذه الثورة باعتبارها واقعة تاريخية؟ وهل هي موضع احتفاء أم نفور؟ ولماذا يجب الاطلال على الثورة من كوة الفلسفة؟

يقتضي فهم طبيعة الثورة العربية التمكن من أدوات التحليل الخاصة بالتاريخ السياسي والعودة إلى الحدث في حد ذاته بالاستفادة من كل الأحكام المسبقة باعتبارها شروط إمكان التعرف على الظاهرة المدروسة. كما يتطلب الأمر التعامل مع مشكلة الثورة بالمعنى الفلسفي أكثر منه الاكتفاء بالحدث التاريخي والواقعة الأنطولوجية.

إن تأويل هذا الحدث الجلل يقتضي التحرر من المراوحة بين الإدانة والشجب والاستهانة من جهة والتمجيد والاستحسان والمشاركة في صنع الأحداث من جهة أخرى. كما يلزم مؤرخ الأفكار أن يتسلح بالفضول المعرفي والوعي العرفاني[2] حتى يتمكن من اختراق الفجوة بين مقاصد الفاعلين والدور الذي يلعبونه ويدعي التعبير المفهومي عن الواقعة.

---

[1] بول ريكور، **الزمان والسرد، التصوير في السرد القصصي**، الجزء الثاني، ترجمة فلاح رحيم، دار الكتاب الجديد المتحدة، بيروت، الطبعة الأولى 2006، ص.76.

[2] cognitive

81

غير أن المطلوب هو تحرر المتفلسف من الأوهام التي تصنعها الثورات عن ذاتها ومن الضيق في كتابة التاريخ الثوري الذي يبقى محل تجاذب بين الفئات المتصارعة والاحتراس من صرامة التفسير والنجاح في التأويل منذ البداية والاعتصام بالتفكير.

غاية المراد هاهنا ليس إنتاج عمل أدبي أو كتابة ملحمة لكي نخلد ذكرى الثورة العربية نصور أحداثها ونتمثل قيمها على أحسن وجه وإنما القيام بالذهاب من القصص إلى التاريخ ومن التاريخ إلى القصص بحثا عن معناها وظفرا بمغزاها وتدبرا لمقصدها ومنتهاها.

ما يفترض الشروع به هو أن الثورة العربية مثلت قطيعة مع الماضي ونقطة اللاعودة مع المنظومة السياسية البائدة وأصلا للأزمنة الجديدة دون أن ننسى أنها كانت تكملة للمسار الثوري التاريخي والصيرورة النضالية المتراكمة التي أفرزت انحلال القوام الاجتماعي القديم لصالح انبثاق قوى اجتماعية شعبية متحفزة بعد مرور النظام الذي كان سائدا بفترات إيديولوجية حرجة وهيمنة الفاعلين الجدد على مسرح التجربة التاريخية المعيشة.

إن القصص الثوري المزمع حكيه يضع الأشياء الثورية أمام عيوننا ويجعلنا نتكلم بلسانها ويجعلها تنطق بأسرارها ويفك مغالقها ويربط مفاصلها.

إن واقعة الثورة بوصفها عملية جارية في التاريخ السياسي تنتظر تفسيرا وبوصفها منعطفا وجوديا تترقب قراءة تأويلية تنفض الغبار عن الديناميات الخاصة بالفعل الجماعي التي عجلت بقيامها الآن وهنا على مسطح المحايثة العربي وانبلاجها من ظلمة الليل الطويل.

لا ينبغي أن نتسرع في وضع ألف ولام التعريف على الثورة العربية وأن ننعتها بالخصوصية والفرادة في نفس الوقت وذلك لعدم وجود قانون عام يحكم جل الثورات ولكون الثورة لا تمتلك صفتها الثورية إلا بقدر اختلاف دواعيها ومسارها وفاعليها ونتائجها عن نماذج الثورات الأخرى.زد على ذلك أن تأويل الثورة العربية على ما

فيها من تعقيد هو اكتشاف للغزها وجعل حبكاتها مفهومة وتقديم حكاية سردية ومخلص ومختصر عنها.

عندما نبدأ في العودة إلى المشكلة ونمارس التأويل السردي يختفي الحدث بوصفه قطيعة مع الماضي ويبرز بوصفه نبوءة بمرحلة مختلفة صاعدة لكن دون الاعتقاد في أسطورة الأصل.

الغريب أن الأمر الجلل الذي حدث لم يكن نتيجة تطور ونماء بل بعد تفاقم وتدهور، كما أنه لم يتم صدفة وفي غفلة من الناس بل عن طريق الحبكة وبمشاركة واسعة من معظم الشرائح الاجتماعية.

لقد حول الحدث الثوري منذ البداية السير المعتاد للحياة السياسية وأبدع شكلا طريفا من الفعل السياسي وأداء موحدا يثري الوضع التاريخي ويعيد هيكلة المجتمع ويفجر طاقات كامنة في الطبيعة البشرية ويبين بالملموس أن الثورة هي أحد الأشكال الأساسية للوعي التاريخي بالفعل الإنساني.

لقد أنتجت الثورة العربية حساسية سياسية جديدة تبعث الحياة في الكوكب وتستند على الفرد والجماعة في الآن نفسه وتؤلف بين القوة والمساواة وتحول الشعب إلى ناطق وحيد بلسانها.

لا تكون الواقعة ثورة بحق إلا إذا حطمت أوهام الواقعية السياسة وفكت طلاسم التشفير الإيديولوجي الذي يجعلها عسيرة الهضم العقلي وعصفت بالوسائط الرسمية وجعلت المؤامرات والاختلافات والانقلابات مجرد حبكات سردية تروى من قبول الشيوخ والأطفال وذلك بأن تنحل من فرط انعقادها وتجد طريقها إلى الحل في لحظة استعصائها.

هل يمكن الحديث الآن عن نهاية الثورة العربية واستكمالها لمهامها الثورية؟

لا يمكن الحديث عن انطفاء جذوة الثورة وانتهاء الصيرورة الانعطافية إلا إذا انتصرت الشرعية الثورية والإرادة الشعبية على شرعية قوة ويفرض المجتمع الواقعي

نفسه. ما يعتمل داخل الحدث الثوري هو الجدلية بين الماضي والحاضر والمستقبل وما ينكشف هو التنافر بين المجموعات والشرائح والقوى والأجيال والطبقات وتوزعها بين الحياة والموت.

هنا يجب التمييز بين الزمن الذاتي للفلاسفة والزمن الموضوعي للثورات وألا نسقط مقياسنا لزمن الطبيعة على مقياسنا لزمن الإنسان وألا ننظر إلى تتالي الأحداث بكونها تعاقب أشياء.

إن ديمومة الثورة رهين استمرارية الوهج الثوري لدي الشعب الموحد وليس لدى الأفراد وان العمل الرائع الذي يمكن أن يخلد هو سرد فصول الثورة وشخصياتها وانفراج حبكاتها.

إن غاية الثورة العربية هي بناء صلة انتماء المشاركة وإعطاء حق السكنى للجميع وإبداء حسن الضيافة الوجودية وتعريف الفضاء المواطني بوصفه ولاء للعيش المجتمعي المشترك.

لب القول أن الثورة العربية لكي تتجنب الكوارث والاضطرابات تحتاج إلى النقد الجذري والاحتراس العملي واليقظة الفلسفية أكثر مما تحتاج إلى الاحتفاء والتغني والتمجيد والتخليد.

في حالة الثورة تصبح الذات الساردة هي موضوعها الخاص عند الحديث عن نفسها ويبيت السرد والبناء شيئا واحدا وتتطابق الحكاية مع المحكي والقول مع الفعل، لكن ما هو السبيل الذي ينبغي إتباعه حتى يكون القصص السردي للحدث الثوري موفقا ؟ وهل مكنتنا العقلانية السردية من بلوغ عمق الحدث الثوري وفهم طبيعة المنعطفات الفلسفية الحاصلة ؟

الفصل الأول

فلسفة الثورة التونسية

الدوافع والآليات والتداعيات والتحديات[1]

[1] مقال نشر في مجلة **الحياة الثقافية**، فيفري- مارس 2011، عدد220

استهلال

"إن الثورة هي الانتشال الإقليمي المطلق عندما تغدو دعوة إلى أرض جديدة أو شعب جديد."[2]

ما نعترف به منذ الوهلة الأولى أن تجربة الثورة ليست مجرد فكرة طوباوية ولا من خطأ الفلاسفة بل اختصاصهم المميز وشغلهم الشاغل وحلمهم الدائم يزيدون في لهيبها كلما واتت الظروف ويسمحون لها بالانتقال من وضع منكمش الى آخر متفجر على الرغم من أنهم لا يقودونها بصفة ميدانية ولا يقفون وراء اندلاعها بشكل مباشر وإنما يكتفون فقط بالتنظير لها بشكل مسبق والمشاركة فيها بطريقة معينة وعلاوة على ذلك يعتبرون أحداثها ومجريات أمورها ومآلها المادة المفضلة للتفلسف واستخلاص العبر والدروس.

غير أن ما يثير للدهشة ويدعو إلى الاستغراب هو أن القاموس السياسي التونسي تراجع عن مقولة الثورة وأسقطها من حساباته منذ انهيار المعسكر الاشتراكي وانتكاسة المشروع القومي وحالة التخويف من التيار الإسلامي وبعد إلقاء تراث الثورات الفرنسية والأمريكية في الأرشيف والمتحف وتم استبدالها بمفاهيم الإصلاح والتحديث والمقاومة والصمود والممانعة، ولكن ما يلفت النظر مؤخرا هو تزايد التفاؤل لدى البعض من الناشطين والمثقفين المستقلين وتبني بعض التيارات شعارات راديكالية وأفكار قصووية ومطالبتهم بالتعددية ومناداتهم بالتغيير الجذري والعصيان المدني والتمرد السلمي والقطع مع الماضي.

إذا كان العنوان هو "فلسفة الثورة التونسية" فإن صياغته بهذه الكيفية تطرح العديد من المحاذير والصعوبات التي يجب على الفكر الحاذق الانتباه إليها واستنطاقها واستكشاف مسلماتها الضمنية، وأولها هو الحديث عن وجود ثقافة فلسفية للثورة

---

[2] جيل دولوز- فليكس غتاري، **ماهي الفلسفة**، ترجمة مركز الانماء القومي، بيروت، الطبعة الأولى، 1997. ص.113.

التونسية غذتها ورافقتها وأفضت إليها واستناد رجال الانتفاضة على مخزون فكري ثوري ،أما الصعوبة الثانية فتبرز في الدعوى بإمكانية فهمها واستنباطها وتحديد مجموعة أفكارها والقبض على جملة المبادئ التي وجهتها، والصعوبة الثالثة هي الزعم بالاستفادة من هذه الفلسفة الثورية على الصعيد المجتمعي والحقوقي في إحداث القطيعة التامة والعود على بدء.

يمكن هاهنا تذكر ما قاله نجيب محفوظ في روايته ثرثرة فوق النيل من كون الثورة يخطط لها الدهاة وينجزها الشجعان ويغنمها الجبناء، وإذا كان العنصر الثاني من القولة ينطبق على الثورة التونسية وخاصة الشجاعة التي تحلى بها الثوار والإرادة الصلبة التي تسلح بها الشعب في التعامل مع التطورات فإن العنصر الأول الخاص بالتخطيط والدهاء غير متأكد لأنها ثورة مفاجئة ولم يتوقع بها أحد وذلك لقوة القبضة الأمنية وضعف المعارضة وتشتتها، في حين أن القسم الثالث مازال محل أخذ ورد ومن أمور المستقبل ويقتضي الانتظار والتدخل والتدبير وتحقيق الوثبة الجدلية بين النظر والعمل.

عندئذ تطرح ثورة الأحرار الإشكاليات الآتية: كيف اندلعت الثورة في الرقعة الجغرافية المغاربية المسماة في الماضي بإفريقية؟ وأي سر أخفته عن الأنظار وحققت به المفاجأة؟ وما هي العوامل والظروف التي ساهمت في تفجر الثورة؟ ولماذا الآن وليس بالأمس أو غدا؟ وما هي القوى المساهمة والمؤثرة فيها؟ وهل توجد وسائل مميزة وآليات خاصة ساعدت على إنجاحها؟ وما هي الاستتباعات التي سيجنيها الشعب والمجتمع منها؟ وكيف يجوز لنا الحديث عن تداعيات هذه الثورة على المنطقة المجاورة العربية والإسلامية؟ وهل يفترض أن تتعرض للالتفاف من الداخل عن طريق القوى المحافظة؟ وما هي التحديات التي تواجهها من الخارج؟ وهل يمكن التفاؤل بمستقبل لهذه الثورة وبوجه مختلف لتونس الخضراء؟

ما نراهن عليه هو تفادي الحكم المسبق والقراءة المسقطة والمقارنة الخاطئة لهذه الثورة مع غيرها من الثورات التي حدثت في الماضي وفي سياقات اجتماعية مختلفة

وما نعمل على تحقيقه هو محاولة فهم ما حدث من هبة شعبية وانتفاضة اجتماعية وزلزال سياسي أحدث منعطفا في التاريخ سوف يؤرخ لما قبله وما بعده بالنسبة إلى الفضاء الجيو- سياسي للمنطقة وما نحرص عليه هو التفكير في شروط مساهمتها في صناعة مستقبل أفضل للوطن والفكر.

1- دوافع الثورة:

"لا يكمن مفهوم الثورة...في الطريقة التي تنجز بها... وإنما في الحماس الذي تم فيه التفكير فيها على مسطح محايثة مطلق"[3]

من كان يتابع الأوضاع في الوطن خاصة وفي العالم العربي عامة ينتابه الغثيان ويشعر بالحسرة واستحالة نقلة شيء من مكان إلى آخر واستبدال فكرة واحدة بغيرها ولم يكن يدري ما آلت إليه الأمور بسرعة ومباغتة شرارة الثورة للجميع، على الرغم من أن هذه الحقيقة التاريخية مثلت حلم أجيال عديدة منذ الاستقلال ومطلب السياسيين والمثقفين عند حدوث الأزمات الاجتماعية والاقتصادية بل أن هناك من الطبقة السياسية من غادر الدنيا دون أن يرى هذا الحلم يتحقق بعد إيمانه الشديد بأن ذلك ممكن في الديار التونسية وتشبثه بهذه القناعة وذلك لتوفر مناخ ملائم وبيئة ثورية وحراك كثيف.

إن عوامل الثورة وأسبابها كثيرة وتتراوح بين الخصوصي والكوني وبين الذاتي والموضوعي وبين الرمزي والمادي وبين المعرفي والإيديولوجي وهي عوامل موجودة في كل الدول التي تعاني من نير الطغيان وغياب المؤسسات حيث يتم إقصاء الناس من المشاركة الفعلية فيها ويحرمون من التدخل الايجابي في الشأن العام وتتفشي البروباغندا والدعاية المضللة والإشهار الممول للعائلة المالكة.

إن كل ثورة تتطلب الافتراض العقلي والحلم الفردي والتطلع الجماهيري والانتظار على مستوى الخيال والتوق إليها في الوجدان والقيادة السياسية الجاهزة والنخبة الثقافية

---

[3] جيل دولوز- فليكس غتاري، **ماهي الفلسفة**، ص.113.

الملتزمة والقاعدة الاجتماعية اللازمة ولكنها تقتضي الحماس والشجاعة والجسارة والهبة والممارسة والنشاط والدافعية والفاعلية والحركية والبراكسيس والضغط والإصرار واستثمار قوة المجموعة ووحدة الأفراد وعزمهم وإجماعهم وتصميمهم على الانجاز وإرادتهم العامة على التغيير حتى تتحول من عالم الممكن إلى عالم التحقيق.

ليست الظروف الاقتصادية السيئة من فقر وبطالة وتضخم وعجز في الميزانية وارتفاع المديونية وتدهور المقدرة الشرائية وتراجع التغطية الصحية والحماية الاجتماعية واحتكار فئة قليلة للثروة في مقابل بقاء شرائح واسعة على حالة من الإفلاس الدائم هي العوامل الوحيدة التي ساعدت على اندلاع الثورة في تونس على الرغم من أهميتها وإنما هناك عوامل سياسية تتمثل في انغلاق الحياة السياسية واحتكار الحزب الحاكم للشأن العام وهيمنته على دواليب الدولة وسيطرة المجتمع السياسي على مؤسسات المجتمع المدني ومحاصرتها والنمط العائلي في الحكم واحتكار منظومة الاتصالات والمجال الإعلامي.

بيد أن العوامل الحاسمة ليست اقتصادية مادية ولا تتوقف على تحسين الظروف الحياتية من نوع توفير الشغل والغذاء والدواء والمسكن وتطوير البنية التحتية ولا على المعاناة من الأزمة الاقتصادية الخانقة نتيجة إتباع اقتصاد السوق وخوصصة القطاع العام وإنما هي أيضا عوامل روحية أخلاقية وثقافية وتتعلق بقيم الكرامة والعزة والحرية والاعتراف والمساواة والعدالة التي تم تدنيسها واستبدالها بقيم معولمة تستمد من السوق وخاصة بعد انتشار الظلم والغطرسة والتفاوت والفوقية والإذلال الذي تعرضت له فئات شعبية.

كما أن المخيال الاجتماعي قد خضع إلى عملية تعنيف و تعرضت الثقافة الوطنية إلى التخريب من طرف أجهزة الإعلام الرسمية التي نشرت ثقافة مبتذلة يغلب عليها التهريج والتفاهة والضبابية تقدس المتع الدنيوية ومفاهيم التسلية والاستهلاك ووقع الاعتداء على مخزونها الرمزي والتربوي وتم التخطيط لنوع من الميوعة والتسيب أفضت إلى جنوح غريب نحو العنف ورد الفعل من شعب مسالم ومتحضر.

علاوة على ذلك تم إفراغ النظام التعليمي بشكل تدريجي ومبرمج من مضمونه وإجراء إصلاحات تعسفية ومسقطة ركزت على الجانب الشكلي وشوهت المكاسب الحضارية التي تحققت وأرست طرق غير بيداغوجية في العلاقة بين الباث والمتقبل وجنحت نحو سلعنة التربية وذلك بربط الاختصاصات الجامعية بحاجيات سوق الشغل مما ولد شعب وهمية غير ناجعة اقتصاديا والاعتداء على شعب كلاسيكية وتهميش العلوم الإنسانية والآداب والحقوق.

زد على ذلك التعامل البراغماتي الذي انتهجته الدولة مع الدين والتشدد مع المتدينين وإقصائهم من المناصب الحساسة والوظائف المهمة والربط بين الاعتزاز بالإسلام والإرهاب وخلق حالة من التضييق على حرية المعتقد والاستيلاء على تصريف شؤون المقدس بشكل يخدم السائد وكذلك تم توظيف العامل الديني في المحافظة على نظام الحكم وخدمة السائد وذلك بالتشجيع على فهم مسالم وسلبي للدين.

لكن العامل الأبرز هو الاعتداء الصارخ على القيم التربوية وتغذية التناقض التام بين النسق المعياري الذي تروج له الدولة والمنظومة الأخلاقية المتجذرة في الشعب والمنقولة عبر الذاكرة الاجتماعية والمخيال الجمعي والشروع في ترويج نمط من الحياة خال من المعنى يشجع على النجاح الفردي والانتفاع بكل الوسائل والمصلحة الفردية والأنانية وذلك على حساب قيم الكرامة والعفة والقناعة والمصلحة المشتركة وحب الخير للغير والإيثار.

على هذا النحو كان العامل الفكري والثقافي هو المحفز البارز والمنتج لهذه الثورة وذلك لأن "نمو الدماغ وإعادة تنظيمه التي بدأت بالإنسان الفضولي وانتهت بالإنسان المفكر شاهدان على ثورة عقلية تؤثر في جميع أبعاد الثالوث (الفرد- المجتمع- النوع) ولهما دور فيها."[4]

لكن ماهي الوسائل التي استخدمها الشعب من اجل إذكاء نار ثورته وتوسيع لهيبها؟

---

[4] أدغارموران ، **النهج، إنسانية البشرية، الهوية البشرية**. ترجمة هناء صبحي، منشورات كلمة، أبو ظبي، الطبعة الأولى، 2009،. ص.49.

2- آليات الثورة:

" نطرح الثورة كحركة لا متناهية ، كتحليق مطلق، ونعتبر أن هذه الخصائص تترابط مع ماهو واقعي هنا والآن في الصراع ضد الرأسمالية، وتعطي الانطلاقة لصراعات جديدة كلما تمت خيانة الصراع السابق."[5]

إن الثورة تعرف بكونها حركة سياسية تسعى إلى إحداث تغيير جوهري يمس أعماق البنى السياسية والاجتماعية والاقتصادية والثقافية لدولة معينة وتنجزها جماعة من الأفراد بالتمرد على السلطة السائدة. وكل ثورة تندلع وتتواصل لفترة طويلة هي في الحقيقة تشتعل على نار هادئة وتتهيأ لها من جملة من الظروف والوضعيات وتعتمد في ذلك على جملة من الآليات والوسائط وثورة تونس الخضراء التي كانت بلا قيادة مركزية ورأس مدبر ارتكزت بالأساس على العناصر التالية:

- حماس الشعب الشديد وبلوغ حالة الاحتقان والغضب لديه درجة قصوى من الغليان واستعداده الكبير للإتباع كل الوسائل المؤدية للتخلص من الحكم السائد بما في ذلك الوسائل غير المعقولة والانفعالية التي تتنافى مع المحظورات الاجتماعية والدينية.

- يأس الشعب من الزعامات وأخذه زمام المبادرة بنفسه وتمرد الشباب على القيادات الحزبية وتعويلهم على ذواتهم في قيادة الشارع وابتكارهم لأشكال نضالية سلمية راقية ومعايشتهم لحالة إبداعية عجيبة على مستوى الشعار والتنظيم والعطاء والمثابرة والمضي قدما في الاحتجاج.

- تبني ثقافة مستنيرة وتوظيف مخزون ثري من الروافد الفكرية ومواكبة شرائح كبيرة من السكان روح الحداثة والعصرنة عن طريق الإعلام والانخراط في العولمة من جهة الإنتاج والتوزيع والاستهلاك.

[5] جيل دولوز- فليكس غتاري، ماهي الفلسفة، ص.113.

- حدوث الطفرة الديمغرافية وتوفر الموارد البشرية الهائلة ونضج الطبقة الصاعدة وتشكل شريحة شبابية هائلة شكلت الدعامة الرئيسة والعصب الحيوي للانتفاضة.
- الانخراط في منظومة الاتصالات الحديثة واستعمال الوسائط الرقمية باقتدار وخاصة المنتديات الاجتماعية مثل الفايسبوك والتويتر واليوتوب والاحتجاج عن طريق أغاني الراب الملتزمة وتأثيث منظومة من الاتصال الجماعي والإعلام الشعبي الموازي.
- تزايد التطرق إلى الشأن السياسي في الحياة اليومية من طرف شرائح عريضة من السكان وتشكل إيديولوجيا سياسية رافضة للمنظومة الحاكمة وارتقاء الوعي لدى الإنسان العامي إلى درجة عالية من اليقظة والحذر والإقدام.
- الدور التأطيري الكبير للنقابة الجامعية واستعداد الطلاب للتضحية والدور الطليعي للحركة الطلابية واستحضارها الميداني لذاكرتها النضالية وتوظيفها لجملة من الأدبيات السياسية المتوارثة في فعلها الميداني.
- تأثير الحركة النقابية العريضة وانتشارها في كامل الوطن والحالة الراديكالية التي كانت عليها الهياكل الوسطى والأساسية والحزام القاعدي.
- بروز خطاب جاد ورافع للسقف داخل المعارضة السياسية القانونية وهتك أرض المحظور السياسي في العديد من المرات وعدم قدرة القيادات على التعاطي مع الخطاب الجديد وعجزهم عن السيطرة التنظيمية على هذه الجرأة القاعدية.
- ظهور نزعة الاستقلالية في الفضاء الثقافي والنقابي والحقوقي والسياسي وتكريس التعددية الفعلية في الشارع والفضاء الافتراضي وتكاثر الحراك الموازي للهيئات الرسمية ونشأة كيانات جديدة موازية للهيئات القديمة المتكلسة.

- تحالف عجيب بين المتناقضات وهي الحس الوطني والشعور القومي والانتماء الطبقي والالتزام الديني والمطالبة بالحريات الفردية والانعتاق الجماعي وقيم الإنسانية التقدمية والحقوق التنموية الجهوية والمحلية.

- الدور الهام الذي مثله البعد الديني في تغذية روح الثورة لدى الناس وذلك بتشغيل رمزية بعض المفاهيم مثل الشهادة وفارس الإيمان والعروة الوثقى والاعتصام والتكبير والجماعة والأخوة والتعاون على البر والانتصار للحق ومحاربة الباطل والخروج على الظالمين ومحاربة الفاسدين والتوكل على الـلـه والانتصار للكائن الآدمي.

كل هذه العوامل هي العناصر التي ساهمت في إشعال نار الانتفاضة المباركة ومثلت وقود الثورة الشعبية التي جعلت من أهدافها القطع الجذري مع الماضي التعيس وإعادة توزيع القوى المتنافسة على الساحة الاجتماعية وخلق قواعد لعبة سياسية جديدة قد لا يكون للنظام القديم مكانا له فيها وتتميز بحق الاختلاف واحترام التعددية الفعلية ومكنت الشبيبة من إطلاق ملكة التخيل والحلم واستعادة الأمل والعافية وأحدثت تحولا في الضمائر نحو الفضائل الحسنة والقيم الرفيعة وأقامت جسما اجتماعيا جديدا يتميز بالشباب والحيوية والتحفز والانطلاق وشرعت إمكانية إيجاد المشروع المستقبلي الحي بتحطيم القوانين المتحجرة.

هكذا كانت المبادئ الفلسفية التي قامت عليها الثورة التونسية هي الحسم مع القرارات المرتجلة والخيارات المضطربة والتصدي للتضليل والخزعبلات الفارغة وفضح كل أشكال الاغتراب والاستغلال والتدرج في القدرة المطلبية من الاجتماعي التنموي إلى الاقتصادي الحقوقي ولتصل إلى السياسي الديمقراطي.

من هذا المنطلق هل يمكن أن تفيض الثورة التونسية بخيراتها على الشعوب المجاورة وتساهـم فـي دخـول العـرب فعليـا الى عـصر التنويـر والفضاء الديمقراطي التشاوري؟

3- تداعيات الثورة:

" المواطنون ،وهم أناس أحرار، مسؤولون عن مصير الحاضرة التي يتناقشون بشأنها في الساحة العامة من خلال حجج متعارضة، وتمنح الأغلبية سلطاتها إلى المنتخبين".[6]

لقد كان الاعصار الشعبي الذي تفجر في جميع المدن والقرى التونسية نوعا من الحسم التاريخي مع التردد والارتباك وكانت تداعياته قد أفضت إلى انهيار الأجهزة القمعية والنظام الأمني واحداث قطيعة مع الارث الاستبدادي وارجاع الحكم إلى الناس والسيادة إلى الشعب وتمتع الأفراد بنعمة الحرية وتمكينهم من حقوقهم المسلوبة وذلك بإلغاء كل أشكال الوصاية والارتفاع بهم عن حالة القصور والامساك بزمام المبادرة والتعبير عن القدرة الفعلية على الفعل وتفجر المهارات والطاقات الابداعية عند الشباب واطلاق ملكة الحلم والتصور لدى الشعب لامكانيات رحبة من الوجود.

إن المسألة الحاسمة التي طرحت بجدية على طاولة التشريح في خضم الثورة هي محرار المعركة بين الجديد والقديم والطريقة التي سيتم فيها الانتقال من سطوة الاستبداد إلى رحاب الديمقراطية والفرز الذي حصل كان مثيرا إلى درجة انقلاب التحالفات وتحول الأحزاب من المعارضة الكلية للنظام البائد إلى التحالف والدفاع المستميت عن بقاء بعض من وجوهه بغية تأمين الانتقال والمحافظة على مكاسب الثورة ولكن إرادة الشعب ظلت قوية وتصميم الشارع الذي يحتضن الثائرين ظل رافعا للسقف واختار الرحيل والكنس لكل المتواطئين.

لقد كانت للثورة التونسية أصداء مدوية في الجوار العربي ومثلت المحك الذي تقاس عليه حال الشعوب ومدى احترام الأنظمة الغربية لمنظومة حقوق الإنسان واختيار الشعوب لمصيرها وتقريرها لمستقبلها بنفسها ولذلك نشب الخلاف بين هذه الحكومات ومؤسسات المجتمع المدني مما أدى بالبعض إلى التنصل من النظام التونسي السابق

---

[6] أدغارموران ، **النهج، إنسانية البشرية، الهوية البشرية**،ص.215.

ورفض استقباله والحجز على ممتلكاته وأرصدته البنكية والشروع في تقديم مذكرة تحقيق من أجل محاكمته على جرائمه وتتبعه والانتصار لإرادة الجماهير والتفاعل الايجابي مع الثورة الشعبية.

تداعيات الثورة التونسية في المحيط العربي بدأت بتقليد الأيقونة محمد البوعزيزي وشروع الشباب في عدة دول في حرق أنفسهم أمام مقرات السيادة احتجاجا على الأوضاع المزرية وعلى استمرار الاستبداد والانغلاق، ولتفادي ذلك سارعت العديد من الأنظمة بالقيام بجملة من الإجراءات الوقائية حتى لا تنتشر العدوى وخفضت من الأسعار ودعمت بعض القطاعات الحيوية التي تنتفع بها الشرائح الشعبية وبدأت بتخصيص ميزانيات معتبرة للحماية الاجتماعية ومساعدة العاطلين على إيجاد فرص شغل.

لكن كل هذه الترقيعات والاصلاحات العاجلة لم يمنع من الاستبشار والفرح من طرف الطيف السياسي العربي والتعبير عن المساندة وعن النية في تقوية جبهة المعارضة ضد الحكم المطلق والشروع في التظاهر السلمي والعصيان المدني والتصدي لكل مشاريع التطويق والاحتواء. المهم هو أن الثورة قد أدت الى تبني المجتمع لنوع من الديمقراطية الجذرية وسرعت في ارساء قواعد للمراقبة والمحاسبة وميلاد المواطن الحر وفصل السلط وأسست لسلطة نبض الشارع والاحتكام الى الاجماع ومطالب الرأي العام.

فهل يمكن أن تتحول ثورة الصبار بكل ما فيه من صبر وشوك جارح للباطل ومنفعة للصالح الى نموذج في المنطقة العربية؟ والى أي مدى تكون الشرارة التي اندلعت الآن وهنا قادرة على الاشتعال في كل مجتمع مظلوم والانتقال إلى الهناك؟

4- تحديات الثورة:

"انتباه، افتحوا أعينكم، ينبغي أن تكون ثاقبة حتى ترى الأفق. وتلزم الأيادي لتقبض على طوق النجاة. علينا إدارة الظهر إلى الليل، وألا ننتظر الظهيرة لنعتقد في وجود الشمس."[7]

ها قد تحققت الثورة اذن بفضل كبرياء الشعب وشجاعته وها قد تحول الخروج في المسيرات والمظاهرات من أجل الاحتجاج الغذاء الروحي والخبز اليومي للجماهير وكانت الولادة عسيرة وسقط رأس النظام وتزعزعت أركان الحزب الحاكم وبدأت تطوى صفحة مملكة القهر والنهب والجباية والضرائب المشطة وها قد تكاثرت الاستقالات والانسحابات وبدأ فك الارتباط بين العديد من الهيئات والمنظمات التي كانت مترابطة بشكل بنيوي وعضوي في العهد السابق ومؤلفة قلوبهم على الفساد والاستيلاء والافتكاك والباطل، وها قد أنجز الشعب نهوضه المنتظر وقام بقومته الشهيرة وها قد تفجرت الجماهير في الشوارع وعادت للمواطن هيبته وزال الخوف وأصبح للرأي العام كلمة عليا وتأثيرا مباشرا في صناعة القرار وأطلقت الحريات ووقع الاعتراف بجميع الأحزاب والهيئات الحقوقية ورفع الظلم والغبن عن كل المهمشين والمضطهدين وكف النظام الانتقالي التضييق على العديد من الجمعيات والنقابات والاتحادات.

ها نحن نرى أيام الانتفاضة تتحول إلى أيام مقدسة وأعياد دائمة وهاهم الثوار يحولون الشوارع الرئيسية والساحات العامة إلى فضاء للنقاش العمومي حول مستقبل الوطن والتحديات القادمة وهاهي صور الشهداء تتصدر الواجهات والقنوات الفضائية والمجلات والجرائد العالمية وتكتب أسمائهم في كل مكان من التاريخ الحي وتصبح عائلاتهم ومقرات سكناهم عناوين بارزة وقبلة كل منتفض وثائر، وها قد انتشر اسم تونس في أركان المعمورة وانتقلت البلاد من تونس الشهيدة زمن الاستعمار إلى تونس

_____

[7] روجيه غارودي، **كيف نصنع المستقبل؟**، ترجمة منى طلبة وأنور مغيث، دار الشروق، القاهرة، الطبعة الثالثة، 2002، ص.14.

97

السجينة زمن الاستقلال غير التام إلى تونس الحرة بعد الثورة المباركة والانتصار على التبعية والاستبداد .

غير أن التاريخ البشري قد علمنا بأن الثورات تكتب بالدماء ولكنها كثيرا ما تسرق وتغدر من طرف أبنائها وتتعرض للخيانة والمحاصرة والتضييق للتقليل من إشعاعها وإخماد لهيبها وكثيرا ما تأكل الثورة أبنائها وتصفي مناضليها وتستهلك ما تبقى من توهجها وتقضم ذيلها.

من هذا المنطلق تظل الشكوك تساورنا حتى بعد حدوث الثورة خاصة حول الخواتيم وذلك لأن "قولنا بأن الثورة هي بدورها طوباوية المحايثة ألا يعني تماما أنها حلم وأنها شيء ما لا يتحقق الا بخيانة ذاته."[8]

لعل التحديات التي تواجهها هذه الثورة الشعبية هو بروز عدة هواجس وارتدادات على سطح الأحداث وخاصة تلك التي تصدر من الداخل وتخطط لها بعض الشخصيات الانتهازية والقوى الرجعية والمجموعات المحافظة وتحاول عبثا إيقاف تدحرج وتفكك النسيج السابق ومنع النسيج الجديد من التشكل وتحول دون أن تنجب الثورة العديد من المكاسب الشرعية.

ان التخوفات تبرز من امكانية استئثار طرف سياسي أو اثني أو جهوي بثمار الثورة والقفز على المستجدات واحتكار التكلم باسم الشعب وتهميش شرائحه ومكوناته وحساسياته واعادة انتاج المنطق القديم في الاقصاء والاحتكار والتمركز وتسلل جوقة المناشدة والتطبيل للوجوه الصاعدة وركوب الانتهازيين على الأحداث والبحث عن احتلال المواقع. كما أن الخشية تبدو كبيرة من البقاء على حالة الانفعال والغضب والتمرد والفوضى وعدم الانتقال إلى وضعية العقل والرشد والتصويب وما يترتب عن ذلك من ميل إلى الانتقام والاجتثاث واهمال المكاسب الحقيقية للثورة وهي البناء والتعمير والنهوض من جديد.

---

[8] جيل دولوز- فليكس غتاري، **ماهي الفلسفة**، ص.113.

أضف إلى ذلك يبرز التوجس من أن تدفع الثورة مستبدين جدد على سطح الأحداث ويعود الاصطفاف الإيديولوجي المغلق والتصادم بين المجموعات وتظهر الحيطة من تدخل دول الجوار العربي ودوائر الرأسمال العالمي من أجل المحافظة على المصالح الأجنبية في المنطقة ومحاولة البحث عن وسائط من أجل بسط النفوذ وترتيب العلاقة مع عناصر الحكم الجديد وهو ما يفسد فرحة التونسيين بثورتهم ويعيد الأوضاع إلى سالف حالها من المسايرة والرضوخ ويفرط عليهم تمتعهم بالحرية والمساواة والعدل والاعتزاز بالوطن والكرامة والاعتراف بضخامة التضحيات والوفاء للشهداء.

لقد بدأ عصر الثورات في حضارة اقرأ في العقد الأول من القرن الواحد والعشرين بشكل فجائي وافريقية خطت الملحمة الأولى وفتحت بذلك الباب على مصراعيه للشعوب الأخرى كي تنجز ثوراتها ولا أحد بإمكانه إيقاف التيار الجارف ومعاندة مسار الاستئناف الحضاري ومغالبة حركة التاريخ. فكيف يحافظ أبناء تونس على مزايا ثورتهم ويتصدوا لكل المؤامرات؟ وكيف يعمل الشعب على أن يكون صمام أمان الثورة؟ وهل تحدث فلسفة الثورة تحولات عميقة في الإيمان والاقتصاد والتربية والسياسة؟

خاتمة:

"ان التاريخ الإنساني الحق يبدأ بتنمية تضامنية ولا يحقق وحدة امبريالية للعالم يطلق عليها اسم العولمة وانما وحدة سيمفونية يقدم فيها كل شعب مساهمة ثقافته الخاصة وتاريخه وعمله يستبدل اقتصاد السوق باقتصاد تبادلي."[9]

صفوة القول أن الثورة التونسية كانت مغايرة ومختلفة عن بقية الثورات وأكدت مقولة أنه توجد ثورات ولكن لا توجد نظرية واحدة في الثورة وانما هناك عدة إمكانيات وكثيرا ما تأتي الثورة من بعيد وعلى حين غرة. ولذلك مثلت هذه الانتفاضة منطقة مضاءة في كهوف المسلمين الدامسة وبارقة الأمل في صحراء العرب القاحلة

[9] روجيه غارودي، **كيف نصنع المستقبل؟**، ص.50.

وسيشع بريقها على الأمم الأخرى في العاجل والآجل وتعمل على اعادة الثقافة العربية إلى قلب الأحداث ونبض الزمن وحركة التاريخ وتعتمد التنوير الأصيل والديمقراطية الجذرية وتحقق الهوية السردية التي تجمع بين الوحدة والتعدد وتتبنى سياسة حيوية تعتني بتحسين حياة السكان من جهة التعليم والشغل والمسكن وتصون الأرض وتوفر منظومة صحية وغذائية متوازنة وبيئة نظيفة وتجري التنمية العادلة بين الأقاليم.

كما أن الدروس التي يمكن استخلاصها من هذا الحدث الجلل أن التدين ليس عائقا أمام الثورة بل محفزا له وعاملا مساعدا وأنه لا يوجد تناقض بين الاسلام والثورة خاصة اذا ما تغلبت العناصر العقلانية التقدمية على العناصر المحافظة والتقليدية طالما أن الشعب العظيم الذي أنجز ثورة الصبار هو شعب عربي ومسلم ولكنه متجذر في وطنيته وله ذاكرة نضالية عمالية مجيدة وحركة نقابية وسياسية مواكبة للحداثة والثقافة العصرية ومنفتحة على العالم.

من هذا المنطلق تمتلك الثورة جملة من العلامات والاشارات منها الابداع الخالص واختفاء تام للتقليد والاستنساخ وانجاز الاستقلال التام من كل تبعية والتحرر من الضغوطات الخارجية وامتلاك السيادة المطلقة في القرار واحداث عملية انقلاب وجودي ومنعطف معرفي مع الماضي.

في الواقع تحتاج الشعوب إلى الثورات من أجل الاستمرار والتطور مثلما يحتاج الانسان إلى الهواء والغذاء من أجل المحافظة على البقاء والنمو وذلك لأن الانكسارات والقطائع ليست عناصر لإحداث الفوضى في النظام بل كثيرا ما تحرك السواكن وتدفع المياه الآسنة نحو الحركة والتدفق وتسمح بجريان نهر الحياة في عروق الشعب وهبوب رياح الحرية وقدوم مياه صافية وجيدة تساعد على تحقيق الاستفاقة العقلية وصحوة الضمير لدى المواطنين.

هكذا ينتج عن الثورات تغييرا في ترابية المجتمع ويقلل من الفوارق الطبقية والاختلالات بين الفئات ويخضع الشعب لنوع من التطهير الذاتي ويقلب سلم القيم رأسا على عقب وتختفي الأخلاق المغلقة التي تتميز بالانتظار والتواكل والخضوع وتهل

الأخلاق المفتوحة التي تشجع على الخلق والإبداع والفعل والمحبة والصداقة كنمط من العلاقة بين الناس.

ان الثورة تنادي الشعب بالمجيء إلى الرقي والتقدم والمطلوب هو أن تعمر الثورة فوق مسطح المحايثة الخاص به وأن تحافظ على مكتسباتها وأن تنصت لروح العصر وتستثمر منجزاتها في تهيئة مناخا ملائم لاستقبال الزمن القادم بروح التفاؤل والأمل .

ما تلبث الثورة أن تتناسل وتتوالد وتنتقل من الوحدة الصماء الى اغتناء الكثرة وتتحول إلى ثورات ميكروفيزيائية عند المجتمع الذي يعيش الحالة الثورية وتمزق التنظيم الهرمي وتقيم نوع من التنظم الأفقي بين الأفراد والقوى وتحدث نوع من الفعل التواصلي بين المدارات.

ألم يتدبر الناس عندنا ويفعلوا على أحسن وجه هذه الآية الكريمة:" إِنَّ اللهَ لاَ يُغَيِّرُ مَا بِقَوْمٍ حَتَّى يُغَيِّرُوا مَا بِأَنْفُسِهِمْ""[10]؟ وكيف يتم السماح للشعب بأن يشارك في بناء مؤسسات مدنية تمنع من سرقة ثمار الثورة؟ وماهي الآثار القريبة والبعيدة لهذه الثورة الميمونة؟ وهل يكتب التاريخ سردية الثورة التونسية بأمانة وشفافية وصدقية وينصف الثوار والمناضلين؟ وما الضامن من استيلاء المنتصرين على هذا التاريخ وتنضيد فصوله بما يخدم مصالحهم؟ ومتى نرى بالعيان الثورة العربية الكبرى التي توحد الأمة وتعيد الفعل الحضاري على نحو جديد؟ وهل يمكن أن نعتبر ثورة الأحرار في تونس هي حلقتها الأولى ومبادئها الفلسفية وأحد طرقها الممكنة؟ والى أي مدى عكست هذه الأفكار حقيقة فلسفة الثورة التونسية؟ وألا تمثل هذه الورقة مجرد محاولة تقتضي مناقشة معمقة؟وما الفائدة من التسلح بالمنهج الفلسفي للتفكير في الثورة من جهة ما قبلها وما بعدها؟

---

[10] سورة الرعد، الآية 11.

الفصل الثاني

الحذر الفلسفي من سطوة الخطاب القانوني[1]

---

[1] هذا المقال مهدى الى **فلاسفة الثورة** - ان وجدوا- حتى يخرجوا من أنساقهم ويكون لهم دورا عضويا في الشأن العام

تكثفت العودة إلى المدونة القانونية في هذه الأيام التي تأتي بعد ثورة شعبية عربية عمت مختلف الأقطار العربية من المحيط إلى الخليج ومن الغرب إلى الشرق وظهر أساتذة القانون والمحامون وفقهاء القضاء في المشهد وتصاعدت تصريحاتهم وبياناتهم وتعددت اجتماعاتهم ولجانهم وأصبح تدخلهم في الشأن العام حيويا وتأسيسيا بعد أن كان استشاريا واصلاحيا وعوضوا بالتالي رجال السياسة والاقتصاد والثقافة.

غير أن تسليم رقاب الخلق إلى القانونيين بهذه السرعة والسهولة وادعائهم النقاء الأصلي والعفة الأخلاقية والوفاء لقيم الثورة وتحميلهم مسؤولية تسطير المستقبل للأوطان في ظل وضع أصلي يثير الكثير من الريبة ويدعو إلى الاستغراب خاصة في ظل أسلوب العمل الذي يتبعونه وطريقتهم الأحادية في برمجة المرحلة القادمة واعتقادهم في امتلاك الحقيقة المطلقة والتفكير الصواب دون الدخول في نقاش عمومي واسع يتم تشريك فيه العديد من المختصين ودون أن يخضعوا المدونة القانونية إلى النقد والتصويب.

هنا يتدخل المشتغل بالفلسفة والمتسلح بالحذر والتعقل من أن يذكر بعدة حقائق ووقائع:

الأولى هي أن الأنظمة الشمولية التي هي في طور التفكك بفضل الثورة كثيرا ما استعملت رجال القانون من أجل فرض شرعيتها وتأبيد حكمها.

الثانية هي أن السقف الذي تتحرك ضمنه المدونة القانونية هي الأسس الاجرائية والخلفية النظرية والسياق الاجتماعي ولذلك يجدر بنا التمييز بين العلوم القانونية وفلسفة القانون وبين القضاء وفقه القضاء وبين القانون الوضعي والحق الطبيعي وغالبا ما يكون علو الكعب للثانية على الأولى.

---

[1]John Rawls, *La théorie de la justice*. Edition Seuil Tradition Edouard Tuoudor.editionsdu Seuil, Paris, 1987.

الثالثة هي أن المعالجة القانونية تتميز دائما بالنسبية والتاريخية ولا يمكنها أن ترتقي إلى الإطلاقية

والعلوية الا بفضل الاتفاق والاجماع والنجاعة التي تبديها في ايجاد مخرج للوضعية السياسية المأزومة.

الرابعة هي أن القيم التي ينبغي على رجل القانون أن يحترمها ويأخذها بعين الاعتبار هي قيم الثورة

وخاصة الحرية والعدالة والكرامة والشخص والانصاف وأن الأفق هو التعددية والديمقراطية.

الخامسة هي أن رجال القانون الذين وقع تكليفهم بايجاد مسالك قانونية للخروج من وضعية اللادولة إلى

وضعية الدولة يجب أن يكونوا قادرين على الاستعمال العمومي للعقل ومحايدون وينتصروا إلى المصلحة

المشتركة ويكونوا على جهل تام بمصالحهم الشخصية ومآربهم الضيقة وغير متحيزين لشركاء الهوية التي ينتموا

اليها ويضمنوا مشاركة الكل في تسيير الشأن العام وتكافؤ الفرص بين الجميع.

في هذا الصدد تظهر البعض من الترددات والمحاذير بخصوص هذا البروز القوي وهذا الصعود الكاسح

وينتاب الشك في العديد من العقول التي وقفت إلى جانب الثورة حول المصير المجهول والحاضر المتوتر.

من هذا المنطلق يجب أن يخضع رجل القانون عمله التأسيسي لهيئة من الحكماء والمحكمين تضم جملة

من فلاسفة القانون وفقه القضاء والفلسفة السياسية وذلك بغية استنطاق المدونة المزمع الاحتكام اليها

وتحديد رهاناتها والكشف عن مسلماتها الضمنية وقياس مدى ملاءمتها مع الواقع الاجتماعي.

ان الالتزام بالحياد التام في الوضع الأصلي من طرف رجال القانون هو شرط امكان قيام نظام ديمقراطي

وان العدالة التي ينبغي أن تفرض ليست في العمل أن تكون مصلحة الأقوى أكثر امتيازا بل في الأخذ بعين

الاعتبار وتحقيق مصلحة الفئات أقل حظا والأكثر ضعفا. كما ينبغي الايمان بمبدأ التعاون بين القوى المتعددة

والمختلفة بنيويا كعنصر تكويني للجسم السياسي وكشرط استراتيجي لقيام الجماعة المدنية.

على هذا النحو ينبغي أن يوجد الناس في وضع أصلي يكون منصفا بالنسبة إلى الجميع ويضمن لهم حقوقهم بشكل متساو ومتوازن ويقطع السبيل أمام امكانية عودة الأمور إلى ما كانت عليه وتشكل نظام شمولي تسلطي جديد.

كما يجب تسوية مشكل التفاوتات الاجتماعية والاقتصادية خاصة حول الملكية بحيث تكون لصالح الفئات الفقيرة وغير المحظوظة وتحقيق الترابط بين الحرية المتساوية والمساواة المنصفة في الفرص.

المشكلة التي تطرح دائما هي أن الخطاب القانوني قد لا يعكس الخطاب الثوري وذلك لاستناد الأول إلى العقلانية والواقعية ولاحتكام الثاني إلى الحماسة والحلم والمثالية. كما أن المدونة القانونية تظل عاجزة عن ترجمة القوى الثورية الفاعلة والعقل الجمهوري والارادة الشعبية التي هي سر نجاح الثورات العربية.

فماذا لو لم يقدر رجال القانون على وضع مدونة انتخابية ودستورية تحدد ملامح المرحلة القادمة؟ وأليس من الأجدى استشارة الفلاسفة وتشريكهم في صناعة القرار وبلورة مفاتيح الفهم للواقع الاجتماعي المعقد ولاستشراف الزمن الآتي؟

الفصل الثالث

ثورة الفهم على النزعة الشمولية

استهلال:

" لكي نحارب الشمولية ينبغي أن نفهمها على أنها تمثل النفي الأكثر اطلاقا للحرية"[1]

اذا كانت حركات التحرر العربي في القرن الماضي قد تشكلت من أجل التصدي للاستعمار ومشروعه الامبريالي وفشلت نسبيا في القضاء عليه بشكل تام، بسبب نجاح الدول المستعمرة في تركيز أشكال سلطة موالية لها تحكمها نخب تربت في بيئتها الثقافية وساهمت هي في تأطيرها وتوجيهها قصد المحافظة على مصالحها والابقاء على حالة التبعية تجاهها، فإن الثورة العربية الحالية قد اندلعت قصد التخلص نهائيا من هذه التركة الثقيلة والاجهاز على الاستبداد والأنظمة الشمولية التي تعاني من نقص في السيادة أمام التعديات الخارجية وتمارس التغول الأمني في الداخل وتعامل أفراد الشعب كرعايا خاضعين.

اذا كانت الامبريالية تشير إلى الشر السياسي القادم من الخارج والتي تداهم الأوطان عن طريق حروب استعمارية ووحشية رأسمال فإن الشمولية هي شر سياسي يحكم الداخل بالقوة ويتميز بالتعطش إلى السلطة وارادة الهيمنة وممارسة الارهاب ويشكل بنية قهرية للدولة تمنع الناس من ادراك طبيعة الحقبة التاريخية التي يعيشون فيها وتحول دون تصورهم لشكل المجتمع في المستقبل الذي يطمحون اليه.

ان ما حصل في الآونة الأخيرة هو صحوة ضمير ويقظة عقلية وثورة في الفهم وان المبتغى هو اسقاط الشمولية ولذلك ليس ثمة هدف أخر للثورة العربية سوى تأسيس الدولة الشعبية التي تستمد سيادتها من المشروعية الثورية وتحلم بالوحدة والاندماج وتنوير العقل والبصيرة وتحرير الأرض والعرض واعادة الاعتبار لحضارة اقرأ على صعيد المعمورة والانبعاث العلمي والثقافي والاشعاع الحضاري.

---

[1] Hannah Arendt, *la nature du totalitarisme*, éditions Payot& Rivages, Paris ,2006, p.55.

ان هذه الأهداف لن تتحقق الا بالتحرر من الامبريالية والشمولية ولن يكتب للعرب انجاح ثورتهم والعودة إلى التاريخ مجددا وبشكل ريادي وامساك زمام المبادرة والتأثير في مسار الأحداث العالمية والمشاركة في صناعة الكونية الا بفهم الظاهرة السياسية الشمولية فهما معمقا وتأصيل العلاقة بين الدين والسياسة تأصيلا فلسفيا والانتقال من الكذب السياسي إلى شهادة الحق و مقاومة العنف والبحث عن المشترك.

لكن ما المقصود بالظاهرة السياسية؟ وكيف يمثل الفهم المفتاح الهرمينوطيقي للولوج إلى عالم السياسة؟ وهل يكون هذا المفتاح هو الحجل السحري الذي يمكن العرب من تخطي الأزمات والتعثرات التي عانوا منها في السابق؟ وكيفت مثل الخلط بين الدين والسياسة مصدرا للفرقة والانقسام بين القوى والفاعلين؟ وهل يمكن للفلسفة أن تلعب دورا استراتيجيا في توضيح الملتبس وفتح المغلق وتيسير المستعصي؟ وماهي بالتالي العلاقة الفلسفية الأنسب حتى لا يلغي الدين السياسة وحتى لا تستبد السياسة باسم الدين؟ وألا ينبغي أن نعيد ترتيب العلاقة بين الأقلية والأقلية من أجل تأسيس مواطنية مشتركة وحكم صالح؟

ما نراهن عليه هو تفادي الأحكام الايديولوجية المغلقة والنظرة المثالية الطوباوية للشأن السياسي وما نسعى إلى انجازه هو الانصات إلى اللغة السياسية التي يتكلم بها الناس والتدبير الميداني لحياتهم واتاحة الفرصة لهم من أجل العناية بذواتهم وتفجير طاقتهم الابداعية وقدراتهم عن التنظيم الذاتي والترقي.

1- فهم الظاهرة الشمولية:

" ان الفهم هو خالق المعنى الذي ننتجه في مسار الحياة نفسها بالنظر إلى أننا نبذل الجهد من أجل التصالح مع أفعالنا وآلامنا"[2]

ما هو بديهي في العلوم الانسانية هو أن الفهم يختلف عن التفسير العلمي الذي يتبع طريق البرهنة الرياضية والتثبت التجريبي ويبحث عن تطابق المعلومة مع الواقع

[2]Hannah Arendt, *la nature du totalitarisme*, p.35.

ويشير إلى الانخراط في فعالية متواصلة دون غاية معدة سلفا. كما يعتبر الفهم مسارا معقدا لا يصل البتة إلى نتائج متماثلة ونهائية بل يسمح بالاجتماع بالحقيقة بالاعتماد على تغييرات وضوابط متواصلة ويندرج ضمن المجتمع ويدفع المرء إلى الشعور بكونه يحقق ذاته بالوجود في العالم. واذا كان الفهم يفضي إلى المصالحة مع الواقع والفعل فيه فإنه يرتكز أيضا على الصفح في علاقة بأفعال غير مقبولة صدرت عن الآخر ويؤسس لبدء جديد خاصة وأن كل فهم هو صفح عن الكل وتفهم للأخطاء وتجاوز للتعديات وتخلص من الابتذال.

ان الفهم هو الطريقة الخاصة التي يحيا بها الانسان في مجتمع معين يراه مختلفا مع قناعاته الفكرية ومخزونه الثقافي ويشعره بالغربة وسوء الفهم ويولد صعوبة تفاهم مع أفراده، ولذلك يكون الفهم هو النبراس الذي يهتدي به هذا الكائن الآدمي الغريب منذ لحظة الميلاد إلى لحظة الوفاة حتى يتفادى الضياع في العالم والتصادم مع الغير والتصدع الذاتي وتطليق المطلق وتصحير الوجود واعدام القيم والغايات.

ان البعض يعتقد بإمكانية التصرف في مسارات الفهم حتى يربي الآخرين ويساهم في تنوير الحشود وتشييد الرأي العام ويرى ضرورة استخدام الكتب كأسلحة والمواجهة بالكلمات.

بيد أن استخدام سلاح الكلام هو عنف صامت يبدأ حينما يتوقف الخطاب وان الكلمات التي تستخدم في الخصومات تكف عن طبيعتها اللغوية وتتحول الى مقولات فارغة من المعنى وأصوات مدوية و مؤذية. كما أن فاعلية الفهم تغادر حقل المعارف والوقائع والأرقام والمعلومات التي يتحرك فيها التفسير وتتميز بالتطابق والصرامة والاطلاقية وتطأ أرض التجاوز والتناهي والحوار وتنتج المعنى والدلالة.

ان الأنظمة الشمولية تعمد إلى التعمية وانتاج الضبابية وتصارع الفهم وتتصدى للنقد وحرية التفكير والذوق الجمالي وذلك عندما تحاول ادخال عنصر العنف في مجموع

الحقل الاجتماعي عن طريق الدعاية السياسية والبروباغاندا والتعليم الموجه والثقافة التجارية والفن الهابط والفكر الدوغمائي والتدين المرضي.

من هذا المنطلق لا يمكن ادراك طبيعة الشمولية وأصولها عن طريق الحس المشترك والمعرفة المتداولة بل ينبغي الاعتماد على فن الفهم والانطلاق من التقاليد والأحكام المسبقة والمعايشة الوجدانية للظاهرة.

اذا كان فن الفهم هو الدواء الفتاك بسموم الشمولية الفتاكة وأمراضها العابثة بآدمية الانسان ومستقبل الحياة على الأرض والتعايش بين الناس فإن المرء يتمكن من مواجهة هذا الداء العضال عندما يمتلك فهما معمقا بهذه الظاهرة السياسية والتاريخية وينتبه إلى حقيقتها البشعة والضارة والى طابعها الزائل والعرضي.

ان ما يرتبط بالشمولية هو الشر السياسي الأقصى وكذلك الرعب الذي لا يمكن تصوره ولا نجد له نظير في التاريخ البشري وذلك لأن هذه الظاهرة لا تستند إلى نظرية معروفة ولا إلى فكرة قبلية وانما هي تطبيق أهوج وممارسة عمياء في قطيعة تامة مع التقاليد الأخلاقية والعادات والشيم الموروثة ويترتب عنها الكوارث والمخاطر على الجميع. لكن هل يكون الفهم هو السلاح الذي نتغلب به على الشمولية؟

"نحن لا يمكننا أن نعيد توجيه الصراع ضد الشمولية في اللحظة التي نتمكن عندها من فهم هذه الظاهرة، بما أننا لن ننتظر ولن نقدر على الانتظار حتى نفهمها بشكل نهائي مادام لم يقع التغلب عليها بشكل تام"[3].

ان مسار فهم السياسة الشمولية هو مسار فهم الطبيعة البشرية نفسها والتعرف على شروط الانحراف بها نحو التدمير والمجهول وسبل الترقي بها نحو الرشاد والصلاح وتقوية امكانيات التفكير والفعل لديها. كما أن فعالية الفهم ضرورية لكي تعطي معنى للمواجهة مع الشمولية ولكي تسمح بانبثاق ابداعية للفكر وتبصر للقلب وثورة اتيقية تسمو بالنشاط البشري بعيدا عن أشكال الفساد وضروب النقصان والتحريف.

[3]Hannah Arendt, *la nature du totalitarisme*.p.35.

" ان هذا النوع من الفهم يرفض الشمولية من حيث هي مكونة للطغيان ويفترض ضمنيا بأن صراعنا ضد الشمولية يمثل معركة من أجل الحرية"[4]، وبالتالي تصادر الشمولية حرية الانسان بطريقة جذرية وتامة.

ان نفي الحرية يحول دون قيام تجربة فهم معمقة لظاهرة الشمولية في ظل حضور التعتيم والمراوغة والحجب والتستر وبالتالي يجب التمييز بين المعرفة التي تقوم على الوصف التاريخي والتحليل السياسي وتحاول البرهنة على وجود طبيعة أو ماهية للنظام الشمولي وبين الفهم الأولي وما قبل الفهم الذي يسمح بتجلي آثار هذه الشمولية على الفكر والجسد ويكتفي بالتعبير عنها من خلال تجاربه معها وتأثيراتها عليه. كما أن الفهم الحقيقي هو الذي يتمكن من الصعود إلى الأحكام الخفية والمسلمات الضمنية التي تسند السياسة وان الأمر يتحقق عندما يقع استثمار الفهم المسبق والقبلي والفهم العادي الذي يتشكل في الحياة اليومية بعيدا عن تنظيرات السياسيين وتحليلات العلماء ويشق طريقه رغم المصاعب والمتاهات ويمهد الطريق نحو الفهم المستنير والمتزن الذي يقطع مع التجريد المحض والتجارب المشتتة. ان الفهم هو البوصلة الداخلية التي نمتلكها وتجعلنا معاصرين لما نجحنا في الحصول عليه من مكاسب ورهانات ثورية.

" ان الشمولية هي ظاهرة جديدة جاءت لتعوض الامبريالية بوصفها مشكل سياسي جوهري للعصر"[5] واذا كانت الامبريالية تتصف بالهمجية والتعطش إلى الغزو ومرحلة متقدمة من الرأسمالية والنيوكلونيالية فإن الشمولية هي ظاهرة سياسية استحدثتها ايديولوجيا داروينية وتوصف بالإرهاب والرغبة في السلطة.

الغريب هو أن الشمولية تشجع على الانتفاع المادي والسلوك الأناني وحب الثروة والمال والتمتع بمباهج الحياة عبر الاستهلاك والاشهار والدعاية وتربط بين ملكية وسائل الانتاج والتحكم في القرار السياسي.

---

[4]Hannah Arendt, *la nature du totalitarisme*,p.37.

[5]Hannah Arendt, *la nature du totalitarisme*,p.39.

والحق أن ما وقع المراهنة عليه من طرف السياسات الشمولية في التجارب الفاشلة التي شهدها العالم في القرن المنصرم ليس فقط "فقدان القدرة على الفعل سياسيا والذي هو الشرط الجوهري للطغيان ولا الهيمنة المتنامية للامعنى وتحطيم الحس المشترك...وانما أيضا ضياع البحث عن المعنى والحاجة للفهم"[6].

لقد قاد الفكر الشمولي الناس إلى العبثية والشعور بالغثيان والسبب هو التلاعب بالتفكير المنطقي وفقدان أهمية الانتباه إلى الواقع والانغماس في تلبية التفاهات والابتعاد عن جواهر الأشياء والمواقف الجدية. كما تم التقليل من أهمية التحولات المجتمعية والاستخفاف بقدرة الطبقة الصاعدة من الشباب على التأثير في الشأن العام ووقع الصمت تجاه امكانية توظيف الثورة الرقمية في احداث تغيير جذري في نمط الحياة.

ان الفهم هو الوجه المقابل للفعل وان رفض قبول الواقع كماهو موروث عن الماضي ناتج عن فهم دقيق له وتصميم على تغييره والبحث عن واقع أحسن يتيح للناس الاندماج في الحياة المدنية وحكم أنفسهم بأنفسهم.

ان الفهم الحقيقي لا يترك أي التباس وأي سوء فهم ويتفادى الحلقات المفرقة والدوائر المغلقة والمصادرة على المطلوب وتحصيل الحاصل ويتخذ مسافة نقدية من الواقع المبتذل ويعوض اشكالية البحث عن الطبائع والماهيات بالحوار مع العالم والتخيل والافتراض والحلم من أجل انتاج المعنى واستشراف الآتي.

لكن ألا تصبح مهمة الفهم دون أمل وممتنعة اذا كان صحيحا أن الشمولية تحاصر الملكات البشرية وتفسد مقولات الفكر وخصائص الحكم؟ اذ كيف يمكن للمرء أن يقيس ويميز دون معيار ودون ذوق سليم؟ ألا يمكن للفهم والحكم أن يكونا متشابكين مثل انضواء بعد جزئي تحت قاعدة عامة ؟

[6] Hannah Arendt, *la nature du totalitarisme*.p.45.

2- التمفصل السياسي والديني :

" لا يمكن للسجل السياسي أن يظهر ويستمر الا داخل القوانين ولكن لا يتكون ولا ينمو هذا السجل الا عندما تتقابل شعوب مختلفة"[7]

ان المُشرّع السياسي في الزمن ما بعد الثوري ليس الفقيه الملتفت إلى نصوص الماضي ولا رجل العلم الذي يربط المسببات بالأسباب والذي يستنتج حصول الأحداث من المقدمات المنطقية والقواعد الكبرى وانما هو المدبر المتعقل الذي يستخدم فن الفهم من أجل التمعن في مجريات الأمور والاصغاء إلى غبار المعارك والمنعطفات واستخلاص العبر والدروس من التحولات العنيفة والهزات بعد اقتلاع قصور الشمولية.

على هذا النحو من الضروري أن ينهمك المفكر اليوم في البحث عن المعنى عن طريق فهم عميق للوضع البشري والأحداث السياسية وتحديد مساهمة الدين وحضوره وتأثيره في الأحداث وفي الفعل السياسي.

هناك نقاط مشتركة بين المجال السياسي والمجال الديني وتتمثل في التجربة التأسيسية واشكالية البدء والانطلاق وأيضا اشكالية النهايات والخواتيم وتجربة الأهداف الكلية والغايات الكبرى التي يسعى الفاعلون إلى انجازها واتمامها، من هذا المنطلق "ان الابتداء يشكل من وجهة نظر علم السياسة ماهية الحرية الانسانية في حد ذاتها"[8].

من عيوب علم السياسة هو الاعتقاد في كون تجربة التأسيس في زمن البدايات تستوجب اللجوء إلى القوة التي تتعدي الحق وتشرع العنف التكويني من أجل التخلص من مرحلة سابقة وتدشين مرحلة أخرى مختلفة. كما يغيب عنها أن ماهية الفعل السياسي هو تدشين بدء جديد وأن الانسان يمتلك قدرة على الابتداء ويشكل البدء

---

[7]Hannah Arendt, *Qu'est-ce que la politique* ?, éditions du Seuil, Paris, 1995, p.119.

[8]Hannah Arendt, *la nature du totalitarisme*,p.50.

الماهية التي تخصه بل ان خلق الانسان ارتبط مع بداية الكون وتجلى أصله في ميلاد الفرد الحر.

ان الصراع مع الأنظمة الشمولية قد انعكس على العلاقة بين الدين والسياسة وأدى إلى توظيف مقولات دينية من أجل اقامة أنظمة شمولية وتبريرها واطالة مدة بقائها في الحكم وهيمنتها على العباد والخيرات.

لكن ينبغي أن نميز بين النسق الديني المتعالي الذي يدور حول وحي منزل والدين العلماني الوضعي الذي شكلته جماعة سياسية واعتقدت في صدقية مبادئه وقواعده وأهدافه، ثم يجب الإنتباه أيضا إلى أن الشيوعية قد كونت دينا علمانيا جديدا وسمحت بإدخال القداسة إلى حقل الشؤون العمومية بعد أن قامت بالفصل بين الكنيسة والدولة وجعلت مشكل العلاقات بين الدين والسياسة طي الكتمان وأدخلته إلى غياهب النسيان.

كما يمكن معاملة الايديولوجيات الحديثة بأنها ديانات ذات طابع سياسي معلمن بعيدا عن الفهم الماركسي للدين بوصفه ايديولوجيا بسيطة ومحضة تستعملها الطبقة الحاكمة من أجل الهيمنة والمحافظة على مصلحتها. في نفس السياق يمكن التعامل مع الالحاد على أنه العقيدة الأولى التي نظر اليها بوصفها دينا جديدا.

ان الحجج التي تدل على وجاهة اعتبار الالحاد دين جديد كثيرة وتعود إلنيتشه القائل بموت الاله والى دوستوفسكي الذي عبر عن ثورة الانسان المعاصر ضد الآلهة بعد أن فشلت كل الحجج في اثبات عدم وجوده. زد على ذلك يمكن ذكر قيام الثورة العلمية وتشكل خطاب في علوم الطبيعة يعتقد في اللااعتقاد وينهل من انزعاج باسكال من الفضاءات اللامتناهية ومن تجربة الشك الديكارتي التي طالت كل شيء تقريبا ومن النقد الكانطي للعقل ومن الارتياب النيتشوي حول أوهام الميتافيزيقا.

من هذا المنطلق:" ان عالمنا هو عالم معلمن من وهجة نظر الروح وذلك لكونه بالتحديد عالم الشك"[9] وان الطابع الديني الذي يحلم به الشك الحديث كان حاضرا في

---

[9] Hannah Arendt, *la nature du totalitarisme*, p.119.

تجربة الارتياب الديكارتي التي كشفت عن الحاجة إلى الضمان الالهي من أجل التخلي عن فرضية الشيطان الماكر واكتشاف الكوجيتو كيقين أول.

ان الاعتقاد الديني الحديث يختلف عن الايمان التقليدي بما أنه يتشكل من اعتقاد في المعرفة ويسمح بحرية التفكير والفعل ويقبل المرور بتجارب الشك والحيرة والارتياب قبل بلوغ الاقرار والشهادة. ان الانسان الديني المعاصر ينتمي إلى نفس العالم المعلن تماما مثل خصمه الملحد الذي يؤمن بالنسبية والصيرورة.

على هذا النحو يمكن معاملة الايديولوجيا والدين بوصفهما نفس الظاهرة وذلك لكونهما يؤديان نفس الوظيفة وهي تمتين اللحمة الاجتماعية بين الأفراد وتوجيههم نحو نفس الأهداف والمصير المشترك.

هناك خلط يقع فيه المنظور التاريخي بين طبيعة العلمنة والعالم المعلمن[10]، نظرا إلى أن العلمنة هي مسار سياسي يتعلق بالمضامين الروحية غير المتطابقة وتفضي إلى نفي وجود سلطة تمارسها المعتقدات والمؤسسات الدينية على الحقل العمومي ورفض امتلاك الحياة السياسية لسقف ديني متعال عنها يحد من حريتها وتعدديتها وقانونيتها.

ان السلطة لا يجب أن تكون مستمدة من خلفية دينية وذات مصدر مقدس حتى وان كانت تشير الى التقاليد والتراث والقيم الروحية وتتأسس على الماضي والهوية الثقافية للشعب بل هي سلطة دنيوية قانونية. كما أن مفهوم الحرية ينبغي ألا يكون مستمدا من أصل ديني لأن الصراع من أجل الحرية لا يبدو متطابقا ومتفقا مع النسق الديني العادي بل يمكن لنظام سياسي قائما على الحرية أن يسمح بالحرية الدينية والمعتقد.

ان الحرية التي يتطلع اليها الناس هي حرية بالمقارنة مع الوجود السياسي وحرية الوجود وتسعى إلى أن يكون المجتمع معلمنا وتسمح للأفراد بأن يكونوا مواطنين أحرار وبأن يختاروا عقائدهم ويغيروها متى شاءوا دون وصاية أو محاسبة. ان

[10] Monde secularisé

الأديان تربح الكثير عندما تتأسس الدولة على سيادة الشعب والحرية السياسية والقانون وخاصة عندما تضمن حرية الضمير واقامة الشعائر في كنف السلم والتسامح.

ان محاربة الأنظمة الشيوعية للدين واضطهادها للحريات الدينية وتضييقها على المؤسسات الدينية كان على حساب الحريات المدنية والسياسية وليس على حساب قيم التسامح والاختلاف والنسبية فقط. كما أن نفي الأنظمة الشيوعية للدين قد أفضى إلى الوقوع في أسوء دين وهو تقديس الزعامات وشخصنة الأفكار وتبني الدين السياسي المعلمن الذي يعاني هو بدوره من تحريفات الشمولية والايديولوجيا الوضعية البائسة المتعارضة مع الأبعاد الروحية للطبيعة البشرية والتي نادت بالقيم المادية الجافة ودخلت في مواجهة مع كل دين حر وكل فن حر وكل فلسفة حرة وثقافة منتجة ترتبط بالإنسان المنتج والخصوصيات الرمزية للشعوب.

على هذا النحو لا يمكن أن نأخذ بجدية ما يقوله الناس على أنه حقيقة وينبغي العودة إلى الكائن البشري الفاعل والواقعي طالما أن الأفكار والأقوال هي مجرد ردود أفعال وانعكاسات عن معاناة يومية ويجب أن ننظر إلى الظاهرة الدينية على أنها أكثر من مجرد اعتقاد وأوهام وايديولوجيا تنويمية كما هو الشأن عند ماركس ، بل يلزم الانتباه إلى الوظائف العديدة التي تؤديها سواء على الصعيد النفسي (شقاء الانسان دون اله على حد عبارة باسكال) أو على الصعيد الاجتماعي (الدين أساس التماسك الاجتماعي عند دوركايم) أو على الصعيد الاقتصادي (الرأسمال الروحي يمكن أن يتحول الى رأسمال مادي عند بيير بورديو).

اذا قام الكاتب بغض النظر عن السياق التاريخي والأساس الفلسفي فيمكنه اذن أن يعتبر الشيوعية دينا جديدا دون أن يحتاج إلى تعريف مفهوم الدين ودون البحث عن ازالة التناقض بينهما طالما أنه يقصد بالشيوعية الدين العلماني الذي لا يكترث بالبرهنة على وجود الـلـه. لكن من جهة نظر أخرى ينبغي الغاء كل ارتباط بين الدين والحرب طالما أن الحرب الدينية تحول الدين إلى خطر ايديولوجي يبرر العنف عن طريق

احتكار تصريف شؤون المقدس والانتقال به من دائرة المجال الخاص إلى دائرة أوسع هي دائرة المجال العام.

غير أن المأزق الذي تقع فيه الشيوعية أنها أكدت على الطابع العنيف للفعل السياسي تحت عنوان تحريك التاريخ وصناعة المجتمع وبالتالي تكون قد اختزلت الانسان التاريخي في الانسان الصانع وأهملت الانسان العارف والانسان المتدين والانسان المبدع والانسان الراغب والانسان الرامز والانسان اللاعب.

ان الدين ليس أفيون الشعوب طالما أنه يساعد على ولادة الفرد الحر وخلاص الروح من القيود الغرائزية ويدفع الناس نحو الاحتجاج على أوضاعهم الاجتماعية البائسة ويغذي لديهم ملكة الحلم بعالم عادل وخير.

علاوة على ذلك يوجد عنصر قوي في الديانات التقليدية يمكن أن يكون صالحا في تنظيم شؤون الحكم ومصدره غير ديني وهو تفادي الذهاب إلى الجحيم والتصميم على الفوز بالجنة وتحقيق النعيم الأبدي وتجنب الشقاء الأخروي.

كما أن النتيجة السياسية عن علمنة العصر الحديث هي حذف العنصر السياسي الظاهر في الديانات التقليدية من الحياة العمومية ومن الدين بصفة والتي يمكن تلخيصها في مبدأ واحد هو الخشية من الذهاب إلى الجحيم.

ان هذا الحذف قد ترتب عنه على الصعيد السياسي تغييب البعد الروحي وتبخر الايمان الأصيل من القلوب وتدنيس القيم الأخلاقية القابعة في العمق.

عندما وقع الرجوع الي القاعدة الدينية "لا تقتل نفس بغير حق" فإنها مثلت صفعة شديدة في وجه القوانين الجزرية والممارسات العنصرية التي ارتكبتها الأنظمة الشمولية في وجه المعارضين والأقليات وأثبتت أن الدين يتضمن على أبعاد ثورية وقيم انسانية يمكن التعويل عليها لمقاومة الامبريالية والاستبداد.

لقد اثبت التاريخ أن التحالف بين السلطة والمقدس وبين الدين والسياسة لا يكون في صالح الطرفين وآيتنا في ذلك أن السياسة اذا وظفت الدين أفقدته روحانيته وسموه

وتعاليه وبعده التربوي والأخلاقي والدين اذا فرض شريعته على السياسة قيدها ونزع عنها مرونتها وطابعها الاجرائي والوظيفي.

ان الحل الذي ينبغي أن يختاره الفاعلين من الطرفين هو فقدان الدين لمكونه السياسي الأساسي وفتح باب الاجتهاد والتأويل على مصراعيه ودون حدود وكذلك فقدان السياسة لسلطتها المتعالية وطابع القداسة الذي تضفيه على قرارات الحكام واستشارة الشعب في كل أمر يخص تنظيم الشأن العام.

ان الخطر هو أن يتحول الدين إلى مجرد سياق في خدمة القرار السياسي الشمولي وأن تصبح الحياة السياسية مجالا للعاطفة الدينية ويتم استعمال الدين لإحداث التفاوت والتفرقة بين أعضاء المجتمع الواحد وحرمان البعض من حق المواطنة وتحويله الى ايديولوجيا تتصف بالتعصب وتبرر الشمولية الغريبة عن جوهر الحرية الانسانية. ولكن الأخطر هو أن توظف السياسة الدين وتستولي على دور العبادة وتنشر نزعة محافظة وتفسيرا يمينيا للنصوص المقدسة يغلب جانب العبادات على المعاملات ويشوه الدين.

ان الخروج من هذه الورطة هو علمنة العالم المعاصر بشكل متبصر وغير عنيف وذلك بالتمييز بين السجل الديني والسجل السياسي للوجود البشري واعطاء حقوق المواطنة كاملة للإنسان الديني ولغيره المختلف عنه سواء بسواء والحرص على أن تسهر القوانين والمؤسسات على احترام وحماية ذلك.

غير أن السياسة لا تفعل في التاريخ بطريقة هادفة ولا تقطع مع النهج الشمولي ومخلفاته الكارثية بشكل تام الا اذا تخلصت من تفسير التحولات المجتمعية عن طريق الصراع الطبقي وما يؤدي ذلك الى شرعنة العنف واعتماد قانون البقاء للأقوى، والا استبدلت ذلك بقانون التحدي والاجابة عند توينبي أو نظرية الأنماط المثالية عند ماكس فيبر أو الصراع من أجل الاعتراف عند كوجيف قارئا هيجل وفك الارتباط بين الدين والتوظيف الشمولي. فما العمل اذا ما كانت السياسة الشمولية تفضي عادة إلى ترويج الكذب وتعميم العنف؟

3- مقاومة العنف السياسي:

" ان العنف هو شكل الفعل الانساني الوحيد الذي يظل صامتا من حيث التعريف، انه غير متوسط ولا يتم الاعتناء به بواسطة الألفاظ"[11]

اذا تكاثرت في الزمن الذي يحيا فيه الناس الحروب والانتفاضات والثورات فإن العامل المشترك بينها جميعا هو العنف على مستوى الفيزيائي المتمثل في القوة والقتل المؤسس وكذلك الكذب على المستوى النفسي والرمزي والصوتي والمتمثل في الحكم السياسي الفاسد وما يترتب عنه من ترهيب وتخويف عن طريق الصور والبيانات والدعاية والبروباغاندا.

على هذا النحو" ان أدوات العنف قد بلغت من الآن فصاعدا نقطة من الاكتمال التقني بحيث أصبح من المستحيل تصور هدف سياسي يمكن أن يقبل التطابق مع قوته التحطيمية أو يمكن أن يبرر استعماله أثناء نزاع مسلح".[12] بل ان أشد الأنواع فتكا هو العنف القانوني لأنه يصيب بالعمي كل القرارات التي تعود بالمنفعة على الصالح العام ويؤدي تفشيه إلى انغلاق العالم السياسي برمته وخلع الكرامة الانسانية.

لكن من مميزات الثورة العربية التي اندلعت شرارتها الأولى في الوسط الغربي التونسي وبالتحديد في الأطلس الصغير أنها كانت ثورة سلمية وتحلت بالفعل غير العنيف والطابع المدني والاحتجاج المتحضر والمطالبة العقلانية والعلنية بالحقوق والكشف العياني عن التجاوزات والمظالم والاعتصام المسؤول.

ماهو العنف السياسي؟ وما الفرق بين العنف والكذب؟ ولماذا تلجأ الأنظمة السياسية والحركات المعارضة اليهما؟ وكيف يمكن مقاومة العنف السياسي الذي تمارسه الأنظمة الشمولية العربية على شعوبها وتحولهم الى ضحايا وترديهم قتلى؟

[11]Hannah Arendt, *la nature du totalitarisme*, éditions Calmann-Lévy, 1972.p.128.
[12]Hannah Arendt, *Du mensonge à la violence*, éditions Calmann-Lévy, 1972,p.105.

وكيف السبيل الى ابداع سياسة خالية من العنف والكذب؟ وهل يمكن أن يكون الحكم الرشيد هو هذه السياسة التعقلية المنشودة؟

ان ماهو موضع نظر هاهنا هو تفادي السياسي اللاانساني وغير الشرعي وغير الشعبي والبحث عن وسائل لتركيز الانساني والشرعي من اخلاص في القول وصدق في العمل ورجاحة في التفكير. وبالتالي "ان ميزان القوى يبقى قائما، بهذا الخصوص علينا أن نحاذر من أن نجعل من تاريخ القوة محكمة عالمية"[13]

يكون العنف في البداية مجرد "فعل مضاد للرفق، ومرادف للشدة والقسوة. والشخص العنيف هو المتصف بالعنف. فكل فعل يخالف طبيعة الشيء، ويكون مفروضاً عليه، من خارج فهو، بمعنى ما، فعل عنيف. لكن في مستوى ثان هو القوي الذي يشتد عناده وتزداد صلابته وتدوي قومته بازدياد الموانع وكثرة العراقيل التي تعترض سبيله كالعاصفة الهوجاء، والثورة الجارفة. لهذا يمكن أن نميز بين العنف الرمزي المعنوي والعنف المادي التكويني وبين اللجوء الى القوة من أجل اخضاع أحد أو مجموعة ضد ارادته وبمخالفة القانون أو الحق وبين لجوء مجموعة الى العنف من أجل الدفاع عن قناعاتها وأفكارها ونشرها في المجتمع بالإكراه والتخويف. لذلك تمثل القوة وسطا بين الجبن والعنف وتكون السلطة مبثوثة في كل مكان من الجسم السياسي.

غني عن البيان أن العنف يختلف عن السلطة والقوة والقدرة ويستوجب دائما الوسيلة ولهذا السبب لا تنفصل الحركة العنيفة عن تعقد العلاقة بين الوسائل والغايات مع اعطاء أهمية للصنف الأول الأداتي على الصنف الثاني الغائي، ويفسر ذلك بأن العنف تنامى في عصر العولمة بسبب الثورة التكنولوجية التي حملت معها ثورة في صناعة الوسائل التي تستخدم في المجال العسكري والتي لم يعد بالإمكان مراقبتها والحد من قدرتها التدميرية.

---

[13] بول ريكور، **الذاكرة، التاريخ، النسيان**، ترجمة جورج زيناتي، دار الكتاب الجديد المتحدة، ليبيا ، الطبعة أولى 2009، ص، ص.684.685.

ان استعمال السلاح النووي وما خلفه من ضحايا بشرية وكوارث بيئية لم يؤثر فقط على الشعب المتضرر ولا على الاقليم المستهدف وانما غير العالم الذي يسكنه النوع البشري وفي نفس الوقت طريقته في سكنى العالم وذلك بأن نشر التخوف من الجحيم النووي والشروع في البحث عن طرق لتفادي تصحر الوجود.

ان تحطيم العالم وتجفيف منابع الحياة منه بواسطة الوسائل العنيفة ليست ممارسات جديدة بل هي قديمة ومرتبطة بظهور النار والصناعة والطاقة والتقنية وتضاعفت عندما توجهت ارادة البشر نحو غزو العالم والسيطرة على الطبيعة وحصول توازن بين القدرة على التحطيم والقدرة على البناء. ان أدوات العنف الضرورية للتحطيم تم ابتكارها على صورة أدوات الانتاج. غير" أن القوة التي تحطم والتي ترتكب العنف هي دائما نفس قوة أيادينا التي قامت بالعنف تجاه الطبيعة والتي حطمت شيئا طبيعيا.[14]"

اذا أدى تدخل رجال السياسة المرتبك في الشأن العام الى انخرام التوازن بين وسائل التحطيم ووسائل البناء فإن العنف يظهر ويتحول الى عامل للتخريب ويهدد مستقبل الحياة البشرية على الأرض وتتفاقم المخاطر والكوارث عندما يتسلح بالأدوات التقنية والأسلحة العسكرية المتطورة وتتفجر النزاعات والحروب بين المجموعات ويترك النظام والسلم مكانهما للفوضى وتتصاعد موجات التصادم.

ان الحرب تظل المكون القديم للسياسة بواسطة وسائل عنيفة وتعيد ترتيب العلاقات الدولية بين المنتصرين الذين يمسكون بيدهم القوة والنفوذ على المعمورة والمنهزمين الذي خسروا السيادة وفقدوا السيطرة على أراضيهم وثرواتهم. ان الخطر المتأتي من العنف أنه يشل الحركة ويرفض التفكير ويرضى بالجنون ويخترق جميع المجالات ويتحرك بشكل مجهري وخفي ويمنع الاستقرار الاجتماعي والنمو الاقتصادي.

---

[14]Hannah Arendt, *Qu'est-ce que la politique ?*, p.92.

ان استعمال العنف من طرف دولة معينة أثناء عدوانها على شعبها ومواطنيها أو على دولة أخرى لا يعبر عن حجم قوتها الحقيقي وانما هو تأكيد لضعفها وبرهنة على عجزها عن حلحلة الخلافات بالطرق السلمية المناسبة وفشلها في الحوار مع الداخل والتواصل مع المجتمع المدني وعجزها عن الاحتكام الى الارادة الشعبية والعودة الى سلطة الاجماع والتشاور مع القوى المكونة للدولة والفاعلين الاجتماعيين.

يمكن التمييز بين العنف الثوري الذي يهدف الى التخلص من الشمولية والاستبداد ومحاربة الفساد والتخلف والعنف الاجرامي الذي تمارسه الأنظمة الشمولية تجاه شعوبها وتجبرهم على الخضوع بالقوة. غير أن اللاعنف يظل على المستوى المدني السياسي أكثر فاعلية وقدرة على التغيير من العنف المباشر.

غير أن التعبير عن الحراك الاجتماعي والطفرة الوجودية يمكن القيام به عن طريق فعل مدني وتظاهرة فنية ابداعية تطلق الحلم وتجعل الخيال يكسر الحدود ويكشف للمعنيين النقائص ويبين للآخر المنشود. ان الربط بين اللجوء الى العنف وتحقيق التقدم هو تحالف مع اللامعقول وحرمان السياسي من معينه الأخلاقي، اضافة الى أن التقدم مسار معقد تساهم فيه العديد من العوامل ويكون تقدما حقيقيا اذا كان على صعيد المعرفة والحكمة والقيم ودون ذلك انحدر بالإنسانية الى هاوية الاستهلاك والرفاه المادي. علاوة على ذلك ان انزال النظريات المعدة سلفا على الواقع الميداني واسقاط التجارب الثورية على واقع اجتماعي مختلف يمتلك خصوصية ثقافية مغايرة يمكن أن يسمى عنفا ايديولوجيا ويسبب جراحات حضارية واهانات رمزية تفقد الشعب كبريائه واعتزازه بنفسه وتطمس هويته وتعود به الى الوراء وتشعره بالعجز والضياع في العالم بدل أن تساعده على اللحاق بركب الأمم المتقدمة علميا وتكنولوجيا وثقافيا.

في هذا السياق يقول **ماركس** :"إن الناس يدخلون إلى العالم السياسي وهم محكومون بفروقات عميقة في قوتهم السياسية أو بتعبير آخر إنهم يأتون إلى العالم وفق ظروف مسبقة ليست من اختيارهم، تحكم حياتهم وتستعبدهم" لكن هل من حقهم أن يستعملوا العنف من أجل تغيير أوضاعهم والانتصار على ظروفهم؟

ان هيمنة الانسان على غيره لا يمكن أن تسمى بالعنف الشرعي بأي شكل بما أن كل عنف هو أمر غير مشروع بما في ذلك العنف التكويني والمحرك للتاريخ. ربما يجب استعمال القوة التي تتطابق مع الحق حتى نعطي صورة جديدة للعلاقات بين البشر وتكف القوة نفسها أن تكون هيمنة وتصبح فضيلة وقدرة.

هكذا يمكن مقاومة عنف الدولة الشمولية بالعصيان المدني والتحلي باللاعنف ويمكن التصدي للحرب التوسعية الظالمة بما هي قتل مؤسس بالجنوح الى السلم والتسامح والايمان بالتعايش والحوار بين المجموعات والاحتكام الى قيم المدنية ومبادئ العقل.

لكن عندما يختفي العنف من العلاقات بين الدول ومن ممارسات الأفراد ألا يشير ذلك الى توقف حركة التاريخ وتجمد الابداع والدخول في حالة عطالة؟ وهل من المشروع أن يلجأ الأفراد الى العنف المشروع من أجل محاربة الشمولية؟ ألا يكفي استخدام اللاعنف للتخلص من الكذب والتجاء الى التزييف والمراوغة والوعود الفارغة؟ وما سبب اللجوء الى الكذب في السياسة؟ وهل من الممكن بلورة سياسية تتبع الصدق في القول والاخلاص في العمل؟

4- **فن السياسة وانتاج الكذب:**

" تستعمل أسرار السلطة - الخداع والتضليل المختار والكذب المحض والمجرد- كأدوات مشروعة للوصول الى تحقيق أغراض سياسية وتشكل جزءا من التاريخ البعيد الذي يعود بنا الى عمق الماضي"[15]

تمارس السياسة الشمولية العربية، مملوكية كانت أو جمهورية، الكذب وذلك عندما تعمد الى التضليل والخداع حول التقارير والأخبار التي تسوق لها وتروجها عبر قنواتها الاعلامية، ولعل أكبر كذبة هي أنها تتدعى الديمقراطية والمحافظة على مصالح شعوبها ودفاعها عن الهوية واحترام حقوق الانسان. وهذا ما يولد أزمة ثقة بين

---

[15]Hannah Arendt, *Du mensonge à la violence*,.p.p.8.9.

الحكومة والشعب وبين الدول ويسمح بانتشار الكذب في كل الخدمات الرسمية للدولة وذلك قصد خلق حالة من عدم الوفاء وغياب الشفافية والصدق والبحث عن تحطيم العدو والتآمر عليه.

ان السر الذي يقف وراء استعمال الأنظمة الشمولية سياسة التعتيم والتحريف والتشويه هو توخي كل الطرق المتاحة بما في ذلك غير الأخلاقية من أجل المحافظة على أسرار الدولة والتكتم عليها والتغلب على الأعداء واعتبار الكذب والتضليل والتضخيم والتقزيم أدوات شرعية لتحقيق أغراض سياسية للدولة.

من هذا المنطلق "ان الصدق لم يشكل البتة واحدا من الفضائل السياسية والكذب وقع اعتباره دائما وسيلة مبررة بشكل مطلق في الشؤون السياسية."[16] ومعنى ذلك أن الفكر الفلسفي المثالي كان يركز انتباهه على تمثيل الواقعة الحقيقية بوضوح وشفافية ويبتعد عن المبالغة والاختزال والانتقاء ولم ينتبه الى أهمية الخطأ والوهم في التلاعب بالمشاعر والتركيز على اللغة في التأثير واستمالة المستمعين والتأثير على أهوائهم.

ان هذه المقدرة العجيبة على التزييف والمغالطة تختلف كثيرا عن اختلالات الذاكرة وتقلبات الأهواء والميل الجارف نحو الخطأ وتنتج عن نقائص ميكانيزمات التفكير والاحساس وعن الجهل والاعتقاد الزائف. وتربط القدرة على الكذب بالقدرة على انتاج العدم والتخيل وكذلك باستعمال سيء للحرية والتوهم بالإبداع والاتيان بالمبتكر المفبرك والترويج للحيواني على أنه انساني وللإنساني على أنه حيواني.

ان الكذب عملة رائجة في المجال السياسي الشمولي وان الحكام كثيرا ما يصرفون هذه العملة في أقوالهم من أجل الدعاية لأنفسهم وترويج بضاعتهم الكاسدة والسبب هو تميز فن السياسة بالمكر والخديعة وارتباطه بالظرفي والآني والطارئ والاستثنائي وخضوعه للصدفة والاتفاق والحدوث وغياب الضرورة والقواعد والقوانين الثابتة والسببية واستحالة النظر الى السياسة على أنها علم بالمعنى الوضعي للكلمة.

---

[16] Hannah Arendt, *Du mensonge à la violence*, p.9.

من هذا المنطلق ينبغي أن ننظر الى كل اعلان أو بيان أو قرار يصدر عن السياسي بعيون الترقب والحذر وألا نسارع الى التصديق والتسليم بصحته لأنه قد يتراجع عنه أو يغير مضمونه أو مقصده، وهذه الهشاشة التي تظهر على الخطاب السياسي مردها دخول عناصر جديدة خارجية أو داخلية في كل لحظة وتأثيرها في مجرى الأحداث ولذلك عرفت السياسة بأنها فن الممكن ومواصلة للنزاعات بين القوى بطرق سلمية.

اللافت للنظر أن التضليل والمراوغة واتقان فن الدسيسة والمؤامرة لا يعتبرها رجل السياسة الامبريالي ممارسات متناقضة مع العقل السياسي المتحالف مع دوائر رأس المال المعولم وخدامه ووكلائه المحليين بل ينظر اليها على أنها تندرج في صميم الحكمة العملية ذاتها وضمن مهارة استعمال أنجع الوسائل الممكنة لتحقيق أفضل الأهداف في أسرع الأوقات وبأقل التكاليف والمجهودات.

ان الكذب السياسي عند المحافظين الجدد والماكيافيليين من دعاة الواقعية السياسية مثل برنارد لويس وليو ستراوس وفوكوياما وصاموال هتغنتون يمتلك الأولوية على العقل الأخلاقي في معرفة أمنيات الناس وتطلعات الشعب، ولكنه أيضا يعد تصريفا لهذه الأحلام وضحكا على الذقون وهروبا الى الأمام والقيام بترقيعات جزئية والتنصل من مسؤولية الاصلاح ومن الالتزام بفضائل العدل والمساواة بغية المحافظة على الحكم والاستمرار فيه.

هكذا تلجئ الأنظمة الشمولية الى اعادة كتابة تاريخ البلدان وتقوم بتحريفه وطمس العديد من الحقائق وتدخل فيه عناصر خرافية وتنتقي جملة من المسائل وتقلل من أحداث أخرى وذلك لخدمة مصالحها بإظهار فضل النخب والريادة واستنقاص جهود الاخرين ومساهماتهم ومصادرة الذاكرة وتدجينها. كما أن العديد من الآراء والمعتقدات التي توجه الناس مبنية على الكذب وليس على الحقيقة ولا يقع التحري منها الا بعد أن يترتب عنها نتائج ضارة وتثبت التجربة التاريخية الأسس الباطلة التي كانت تستند اليها.

اذا كان الكذب ضروريا من أجل تحقيق النجاعة في العمل السياسي، فهل تحول القيم الأخلاقية دون دخول الأشخاص الطيبين الى هذا العالم المليء بالمكائد والخداع والأيادي غير البريئة والعقول الماكرة؟

ان فن الكذب هو آلية يقع استخدامها بكثرة من طرف مسؤولي العلاقات العامة في الادارة وقد تم تصديره الى المجال الاقتصادي عن طريق فنون الاشهار والدعاية قصد صناعة مجتمع الرفاه والاستهلاك وترويج المنتوج وتحقيق الربح السريع ومراكمة الثروة ولو كان ذلك على حساب الحاجات الحقيقية للناس.

"ان المختصين في حل المشاكل وقع تقديمهم على أنهم أناس واثقين جدا من أنفسهم والذين نادرا ما يبدون شكا في مقدرتهم على الفعل"[17] ، ولذلك فإنهم سرعان ما يعمدوا الى المغالطة والكذب ونشر الوعود البعيدة من أجل التستر على عيوبهم وضعفهم وتقديم حلول وهمية مفبركة تعبر عن مجانبتهم للصواب وفقدانهم للجدارة وضرورة تقديمهم للمحاسبة والمساءلة النقدية والدعوة الى التحلي بالتواضع والنزاهة.

ان النظرية السياسية المعاصرة تعتمد على نظرية الألعاب وتحليل الأنساق وتعد بشكل مسبق كل السناريوهات الممكنة الحدوث في المستقبل وتحاول حذف العرضي والتعاطي مع المفاجئ وعقلنة المستقبل عن طريق التخمين والافتراض والتخيل والتوقع والتنبؤ وتتفادى الحلول القصوى وغير المرغوب فيها وتسلك المسار المنطقي وتتبع الطريق الوسط وتتماهى مع مقررات الرأي العام.

على هذا النحو" يمتلك أخصائيو حل المشاكل شيئا مشتركا مع الكاذبين بشكل محض وبسيط اذ هم يبذلون الجهد للتخلص من الوقائع ويصدقون أن الشيء ممكن طالما أن الأمر يتعلق بحقائق جائزة"[18].

كما يقوم الساسة الشموليون باتباع نظرية التحطيم الكلي وارتكاب جرائم حرب في حق شعوبهم والدول المجاورة ولكنهم لكي يهربون من المحاسبة يخفون معالم

---

[17]Hannah Arendt, *Du mensonge à la violence*, p.14.

[18]Hannah Arendt, *Du mensonge à la violence*, p.17.

مجازرهم وتعدياتهم ويمحون كل الشهادات التي تدون ضدهم ويرون أنه لكي تنتفي آثار الحقيقة يكفي أن يحصل اجماع بين الناس على عدم وجودها.

ان الجوهري في سياسة الكذب ليس استهداف العدو وارباكه واضعافه واحباطه نفسيا والانتصار عليه دون حرب ولا اتخاذ القرارات المناسبة بعد الاحاطة اللازمة بالمعلومات والوقائع وبلوغ الأغراض المشتركة بل يقصد الاستهلاك الداخلي والتأثير في الجموع وتحقيق غايات البروباغاندا[19] وجني الغنائم.

ماهو مدهش أن ينخرط الكتاب والمثقفون في سياسة الكذب التي تتبعها الأنظمة الشمولية وذلك بأن بتجميلها وتقديم مساعدة حماسية لها رغم الدراية بأنها تصدرعن الواهمة والخيال ولا علاقة لها بالعقل.

ان الخطأ الأساسي الذي يرتكبه النظام الشمولي هو استعمال لغة حربية في الحياة اليومية وتحويل الكلمات الى أسلحة ترهب الناس واصدار قرارات عسكرية في المنظور السياسي وتمس العلاقات بين الأفراد.

عندئذ يشجع النظام الشمولي البيروقراطية على ممارسة الكذب ويجبرها على التعاون معه بغية الهيمنة وتفكيك كل رابط قائم بين الوقائع والقرارات المتخذة وبين الخدمات الرسمية وخدمات التعليم والترفيه. زد على ذلك يجعل الحكم الشمولي من منظومة التعليم والتربية المناخ الملائم على مستوى البرامج والأهداف البيداغوجية لتفريخ ديماغوجيين كبار وحيوانات كاذبة ويتم تدريبهم على بث الاشاعة والترويج للتفاهات.

لقد جعلت السياسة لكي تقوم بخطوات الى الأمام ودون انقطاع من النقطة التي فشل عندها الحل الأمني واستحال مواصلة التدخل العسكري في تنظيم الشأن العام ، غير أن سياسة الكذب تفسد هذا الدور الهام والإستصلاحي وتجعل من مهمة السياسي شبيهة

[19] propagande

بمن يطفئ الحرائق ويعطي مسكنات بينما الأمراض تهدد الحياة البشرية والجسم الاجتماعي في تماسكه واستقراره وتمنعه من النهوض والنمو والارتقاء.

ان الدجل السياسي يسرق الثورات ويجعل المنتصرين في المعارك مهزومين ويحرمهم من تجسيم مبادئهم على أرض الواقع ويحول المهزومين الى نزهاء وكفاءات يعول على خدماتهم والاستفادة من خبراتهم. ان الكذب في السياسة الشمولية يرتكز على التفويض الذاتي وصناعة الصور واللعب بالإيديولوجيات وحجب الحقائق وتضخيم الوقائع والنفخ في المعدلات والأرقام وتقليل الخسائر وتزوير الوثائق والتقارير وهدم الصحافة الحرة ومصادرة حرية التعبير والحيلولة دون قيام نظام ديمقراطي. فما المطلوب لتجاوز مثل هذه الأمراض والرذائل؟

" أما اليوم فإننا نقول: أمام السلطات الممثلة لمصالح الضحايا وحقوقهم، وأمام السلطات الجديدة لدولة ديمقراطية، غير أن الأمر يتعلق دوما بعلاقة سلطة وهيمنة، حتى وان لم تكن سوى سيطرة الأكثرية على الأقلية. "[20]

اذا كان الكذب على الذات انتحارا أخلاقيا ووقوعا في سوء النية والنفاق فإن ممارسته في السياسة العمومية ينتج عنه بث المغالطات وافراغ الوجود المشترك من الثقة المتبادلة وتحطيم جسور التواصل بين القوى المتصارعة وتوتير العلاقات بين الأفراد المتنافسين.واذا كان العنف ضعف وجنون ويؤدي الى تخريب المكتسبات المدنية ويعطل مسيرة التحديث ويخلف الكوارث والدمار الشامل فإن اللاعنف جبن وهروب من المسؤولية ومسايرة للسائد وتجميد الحراك وبالتالي يكون من الأجدى البحث عن الافعال الخالية من العنف التي تؤثر في الواقع وتغير التاريخ.

ان الخطر الأكبر الذي يهدد الثورة العربية هو اعادة انتاج الأنظمة التسلطية في الداخل والاستنجاد بالقوى الاستعمارية المتربصة بثروات الأمة في الخارج، وان الحل الشافي هو الاستقلالية الذاتية للأشخاص من الاستبداد والاستقلالية الموضوعية

---

[20] بول ريكور، الذاكرة، التاريخ، النسيان، ص.684.

للأوطان من الاستعمار وتجسيد ذلك في مفهومي المواطنة والسيادة. ان الحكم الرشيد هو الذي ينهض من أجل مقاومة العنف وان السياسة التعقلية تتصدى الى الكذب والدجل وتعتمد على الصدق والاخلاص وتجعل من الحكمة والفضيلة والاستقامة الوسائل الشرعية للفعل السياسي.

لكن ألا يؤدي هذا الكذب السياسي الى شرعنة العنف؟ وألم تتشكل الديمقراطية من أجل احداث القطيعة مع هذا التراث الاستبدادي ثم أكدت ذاتها وأعادت تعريف نفسها من خلال تفكيكها للكذب السياسي والنزعة الشمولية؟ وهل من سبيل الى نظام غير شمولي يقوم على الصدق والفعل الخال من العنف؟

خاتمة:

" الكثير من الناس يؤكدون أنهم لا يقدرون على محاربة الشمولية دون أن يفهموها. وبالنظر الى البنية المعقد للظاهرة الشمولية خلصوا الى أن البحث المتأسس- أي المجهودات الجامعة للعلوم التاريخية والاقتصادية والاجتماعية والنفسية- قادر وحده على تكوين فهم معين."[21]

ان تركيز الأنظمة الشمولية بالنظر الى بناها وتقنياتها غير المسبوقة يمثل الحدث البارز في عصرنا وان فهم هذه الظاهرة يتطلب التعرف على ماهيتها وخفاياها وبلوغ جوهر العصر الذي نعيش فيه وخصائصه.

ان محاربة الشمولية يتطلب فهم التناقض الجذري بينها ومطلب الحرية وفهم الاختلاف مع الأشكال الأخرى من الطغيان والاستبداد واعتداءاتها المتكررة على هذا المطلب والانتباه الى أن مجرد الاحتجاجات على هذه الاعتداءات لا تكفي من الناحية الأخلاقية لكي يقع احترام الحرية وضمانها.

[21] Hannah Arendt, *la nature du totalitarisme*, p.55.

ان وجود أنظمة شمولية في العالم هو سبب مصادرة العديد من الحقوق والقيم وخاصة العدالة والمساواة ومداهمة للبنية الأخلاقية للمجتمعات والثقافات وزرع لرؤية جديدة للكون تقوم على الأنانية والعنف.

ان المطلوب هو تحقيق التوازن بين القوى المتنافسة داخل المجتمع من أجل استبعاد فرضية الصراع وتحقيق التوازن بين القوى العظمى على مستوى العلاقات الدولية من أجل تجنب نشوب الحروب.

اعطاء أولية مطلقة الى الحرية والعدالة في توجيه الرأي العام والاحتكام الى الحق والقانون من أجل رسم حدود للقوة وجعل المرجعية الأخلاقية هي مصدر المشروعية التي تضبط الأداء السياسي، "ان الحرية هي ماهية الوضع البشري وان العدالة هي ماهية الوضع الاجتماعي للإنسان أو بعبارة أخرى ان الحرية هي ماهية الفرد وان العدالة هي ماهية حياة الناس في الجماعة وهذا المبدآن لا يمكنهما أن يختفيا من سطح الكوكب الا عند الاختفاء الفيزيائي للنوع البشري."[22]

ان الصراع ضد الشمولية لا يتوقف عند اصدار البيانات والخطابة الشعرية وترديد شعارات الحرية والعدالة وانما يقتضي تجميع الناس وانتزاع الخوف من الصدور والاقبال على الوجود بجرأة وممارسة الضغط المتواصل وبعث الهيئات الحقوقية المعارضة وتشكيل رأي عام مضاد متعدد ومختلف جذريا عن الثقافة السائدة ويحمل في داخله بدايات ممكنة على جميع أصعدة الحياة.

"ان الانسان ليس له القدرة على الابتداء بل هو نفسه هذا الابتداء"[23] كما أنه مصدر ظهور كل شيء جديد على مسرح التاريخ واذا بلغنا نهاية نظام سياسي مترهل واستنفذ كل امكانياته وبات عبء ثقيلا على الأفراد فإنه من الطبيعي أن يشرع الناس في تشييد نظاما آخر يقوم على ضمان واحترام الحرية والعدالة.

---

[22]Hannah Arendt, *la nature du totalitarisme*, p.59.
[23]Hannah Arendt, *la nature du totalitarisme*, p.61.

المطلوب أيضا هو التوافق على المشترك والاجماع على ضرورة انبثاق السلطة من ارادة العيش المشترك وليس من التمييز الهرمي بين الحاكمين والمحكومين وذلك بالتمييز بين المجال العام والمجال الخاص، لكن اذا كان المجال الخاص يرتبط بالملكية والفردانية والحقوق الشخصية فإن المجال العام "يدل على كل ما يظهر الى العموم ويمكن أن يرى ويسمع من الكل ويوظف في أكبر نطاق ممكن من الشعبية"[24].

هكذا يرتبط ميلاد كائن بشري جديد بظهور ابتداء جديد في العالم والفعل السياسي الخالي من الكذب والعنف والقادر على التمييز بين الديني والسياسي والذي ينهل من بنية أخلاقية متجددة هو خير تعبير عنه.

غير أن "الديمقراطية المحكومة بقرارات الأغلبية وحيث القانون لا يعادل الكفة هي أيضا استبدادية أكثر من حكم الفرد المطلق"[25]. فكيف يتم التوفيق بين حكم الأغلبية وحقوق الأقلية؟ وألا يجب التفريق بين الإنسان بما هو عضو في نظام عمومي أي مواطن والإنسان بما هو فرد حر؟ وماذا يترتب عن التمييز بين المجال العام والمجال الخاص وبين الحقل السياسي والحقل الاجتماعي؟ وهل من الجائز قراءة واقعة الثورة تأويليا؟

---

[24]Hannah Arendt, *Condition de l'homme moderne* , éditions Calmann- lévy , 1983, p.60.
[25]Hannah Arendt, *la nature du totalitarisme*, p.71.

الفصل الرابع

الثورة العربية: الواقعة والتأويلات[1]

[1] بحث أنجز لنادي **الدراسات والبحوث** بحامة قابس بمناسبة تنظيمها لملتقى **ثورة الشباب العربي هل هي فرصة للقطع مع الماضي؟**أيام 20 – 21- مارس 2011. وهو مهدى الى أرض الكنانة ومصر المحروسة التي تلقفت الشرار وجعلت منها ثورة عربية كبرى تقسم ظهور الطغاة.

استهـلال:

"تكمن مهمة الثورة في استبدال هيمنة الإنسان على الإنسان بإرادة الشعب وفي وضع حد للهيمنة عبر فرض إرادة الشعب"[2]

لعل الحديث عن الثورة هذه الأيام هو حديث تنشد إليه الأنفس وتطرب له الآذان خصوصا عندما ينبع من الوجدان ويلهج به لسان عايش الثورة عن قرب وردد أهازيجها وتجادل كثيرا مع شبابها، وخاصة حينما يتكلم أمام ثلة من الفاعلين فيها والقائمين بها والذين قدموا الغالي والنفيس من أجلها، ولعل أيضا فهم أحداثها وتذكر أيامها والتوقف عند محطاتها يتطلب تأويلا لامتناهيا لوقائعها وآلياتها واستشرافا لمستقبلها وغاياتها.

غير أن موضوع :"**الثورة عند العرب**" يستحق تحليلا عميقا يعتمد على كل ما يوفره الحس السليم[3] من آراء واعتقادات وما تتلفظ به الجماهير من تصريحات حماسية وأقوال عفوية تحاول الوصول الى نتائج فورية اما عن طريق الغريزة أو عبر نوع من الحدس الذي تغذيه التجربة المشتركة، ولكنه أيضا يستثمر مقاربات العقل الأداتي[4] الذي بذل جهودا كبيرة عن طريق وسائل الاتصال الحديثة من أجل توطيد العلاقة بين الأسباب والنتائج وربط سلسلة من الظواهر الطبيعيـة والنفسيـة والاجتماعيـة والاقتصادية بالحجـج المنطقية والقواعد الكلية التي تفسرها.

بيد أن أهمية الموضوع والفيض الديمقراطي الذي أفرزه واشعاعه على المنطقة العربية يستوجب التسلح بالعقل الفلسفي التواصلي[5] والاستراتيجيات التأويلية من أجل فهم عميق لواقعة الثورة قصد تخليص المعطيات التي توفرها التجربة الانسانية العامة

[2]Paul Ricoeur, *pouvoir et violence*, in politique et pensée , colloque Hannah Arendt, éditions Payot & Rivages, 1989, p.161.
[3]bon sens
[4]Raison instrumentale
[5]Raison philosophique communicationnelle

في طابعها التلقائي المشتت وفهم الركائز المقولية[6]التي تشتغل وفقها التقنيات الاتصالية والتجارب الميدانية وإعادة بنائها في لوحة نظرية واحدة وفق جملة مفهومية شاملة تعبر عن معرفة ناظمة تعكس تدفق الأحداث ونبل المقاصد وشرعية الوسائل وحيوية الأفعال ونضالية الحركات وتألق الفاعلين.

عندئذ يكون الحديث الفلسفي هو الحديث الأصيل لأن" الفلسفة هي اتخاذ موقع معقول بالمقارنة مع كلية الواقع"[7]،وإنها تنشد هدفين: هدف معرفي هو توحيد مكتمل لمختلف الأنساق وهدف عملي يتمثل في تحقيق التساوق بين القيم. إن ما يضيفه العقل الفلسفي التأويلي هو التعرف على مستويات جديدة من التفكير تشملها الثوار بشكل صامت وعفوي قبل الثورة وكانت المحددات الشرطية للسلوك الثوري والسماح لها بأن تعبر عن نفسها من خلال التفكير المقولي والمجهود النظري وشغل النص الفلسفي.

إن الأمر يتعلق بالبحث عن الطبقة المقولية التي يخفيها الخطاب الثوري وتكتنزها الثقافة الثورية واستخراج المشترك العملي والتصور النظري عند جميع الناس لحظة الثورة وتبين مدى الانخراط في جملة من الأسس المعرفية والمبادئ التوجيهية للفعل يمكن تسميتها بالعقل الجمهوري العامل الذي يتميز بتحويل الحدث الافتراضي إلى تجربة ملموسة وحقيقة معاشة.

إن العنوان بهذه الصيغة: "ثورة الشباب العربي هل هي فرصة للقطع مع الماضي؟" يتضمن فرضية قبلية تشير إلى أن الشباب دون غيرهم كانوا القلب النابض للثورة وأنهم منحوا الشعب فرصة للقطع مع الماضي. إن المسلمات الضمنية لمثل هذا الادعاء هي مساهمة فئات أخرى في الثورة مثل الأطفال والكهول والعاطلين والنساء والشيوخ والعمال والمثقفين وبالتالي رفع شعار ثورة الشباب على أهميته فيه كثير من التعميم وعدم الإنصاف.

[6]Bases categorielles
[7]jean Piaget, *sagesse et illusions de la philosophie*, éditions PUF, 1965, p.57.

من جهة ثانية إن التمعن في لفظة فرصة المذكورة في العنوان يحيل مباشرة إلى المخاطر التي تتهدد الثورة وتحول الفعل الثوري إلى ظرف طارئ واستثناء وليس قاعدة ووضع مستقر وإمكانية ضياع المكاسب وظهور عوائق وقوى مضادة للثورة تعيد إنتاج النظام البائد وتواصل نفس السياسة الارتجالية وتبقى على المنظومة الشمولية وتمنهج الفساد والاستغلال.

كما يثير العنوان مفارقة تتمثل في التأكيد على ضرورة القطع مع الماضي والقيام بمراجعات نقدية لمضامين الفكر وشروط العمل وكيفية اشتغال المؤسسات وفي الآن نفسه يفترض أن يحرص الجميع على بناء الكتلة التاريخية ويدخل الكلّ في التحالف والعمل الجبهوي قصد تخطي منطق الإقصاء والتهميش وبلوغ درجة من التفاهم بين مختلف القوى المتعددة والرؤى المتباينة من أجل صناعة المشترك الديمقراطي وبناء الفضاء المواطني مستقبلا .

إن ما يخفيه مثل هذا القول أن الثورة منذ انطلاقتها قد سعت إلى تحطيم رواسب الماضي والإجهاز على البنى التقليدية وكنس قلاع الاستبداد ربما قد يحصل كل ذلك دون أن يقوم أي طرف بمراجعات نقدية من جهة نظرية وبتحرير الممارسة العملية على الرغم من تفشي منطق الإقصاء والتهميش والتنازع بين الحساسيات والمجموعات.

إن هذا المعطى يفسر بافتراض أول وهو أن الثورة حصلت دون التعويل على الثقافة المعارضة السائدة ودون حدوث تقريب بين وجهات النظر المتباينة وإن قوى الشعب الثائرة قد عولت على نفسها ورفضت الدعم الأجنبي.

أما الافتراض الثاني فيتمثل في أن الثورة أسست لنوع جديد من التواصل مع الذاكرة النضالية وأنها استمرت في مراكمة الاحتجاجات وتكثيف موجات الغضب وحولت التذمر إلى لغة الحياة اليومية وبذلك عوض أن تقوم على منطق القطع

والانكسار والفصل ارتكزت على منطق المصالحة والانغراس في التربة الوطنية والترسب والمراكمة.

غني عن البيان أن خطة البحث في هذا الانشغال الفردي والجماعي يتوزع إلى مقامات:

- كيف يمكن أن نفهم وقوع الثورة في هذا الزمن بالذات وليس قبله أو بعده؟

- هل أحدثت الثورة قطيعة جذرية مع الماضي أم أنها حافظت على نفس الهيكلية العامة التي تنظم قواعد تصريف الشأن العام ؟

- هل جاءت الثورة التونسية نتيجة تشكل فكر ثوري تغلغل في الجماهير وغذى انتفاضتهم المباركة ضد الظلم والتعسف والتمييز؟

- من هم الفاعلون الحقيقيون في الثورة؟ والى من يمكن إسناد الفعل الثوري؟ ومن هو الثوري الحقيقي حسب المشهد العربي ؟

- هل يجوز اعتبار ما حصل عند العرب ثورة ديمقراطية أم هبة من أجل الديمقراطية ؟ وكيف يمكن منع تحول واقعة الثورة إلى وقيعة بين قوى الشعب الموحدة؟

إن رهان النظر هاهنا يكمن في التخلي عن الانتقاد والتشكيك في المسيرة الثورية للشعب نحو دولة الديمقراطية والمؤسسات العادلة والابتعاد عن الفهم الفوضوي للحرية والتركيز على البنائية وتحمل المسؤولية التاريخية تجاه مستقبل الحياة في هذا الوطن العزيز والاعتقاد في وجاهة القيم التي نهضت إليها همم الثوار وضحوا بأنفسهم من أجلها.

1- تأويلات الواقعة:

قال اللـه تعالى:" **إِذَا وَقَعَتِ الوَاقِعَةُ، لَيْسَ لِوَقْعَتِهَا كَاذِبَةٌ، خَافِضَةٌ رَّافِعَةٌ**"[8].

فما الذي وقع الآن وهنا في العمق الترابي الناطق بلغة الضاد؟ ولماذا وقع الذي وقع؟ وكيف كان هذا الوقوع ممكنا؟ وما المقصود بالوقوع الثوري؟ والى أين ستؤدي هذه الواقعة؟

لقد مثلت الثورة العربية واقعة هبطت بردا وسلاما على المظلومين والمضطهدين وثبتت عزائمهم وأثلجت صدورهم وجعلتهم يضربون في الأرض وينقحون الأفق، ولكنها نزلت نارا وجحيما على الظالمين والفاسدين وزلزلت القصور والعروش ودفعت المذعورين إلى الفرار بجلودهم والسارقين إلى إخفاء معالم جرائمهم. لقد كانت الثورة العربية واقعة قرعت الحق ودمغت الباطل ومثلت الحقيقة التاريخية التي لا مجمجة فيها والواقع الفعلي الذي لا يقبل تجميلا لبشاعته ولا ركوبا على أحداثه.

علاوة على ذلك كان للثورة وقوعا مزلزلا على قلوب الناس وأصداء في الآفاق وكانت وقعتها عظمى عصفت بالزيف والكذب والمنكر وثبتت القسط والمعروف ونزعت الحكم في وقت كان معلوما.

إن تأويل الواقعة في هذه النقطة بالذات يضيع في الأحداث المتعاقبة بسرعة وفي تعدد التأويلات وعلى هذا النحو يمكن تفسيرها على أنحاء ثلاث:

- حدث عفوي وفجائي واستثنائي انفلت من كل الحسابات والتوقعات مثلما عبر عن ذلك الفيلسوف الفرنسي أدغارموران[9] بلفظاللامتوقع[10].

---

[8] القرآن الكريم، سورة الواقعة، الآيات 1-2-3

[9] "أعتقد أن ما جرى في تونس وفي مصر قابل للانقلاب، ومن الممكن أن ينحرف مجراه ويمكن خنقه ونسيانه، لكن ضوء الديموقراطية الخافت هو نور كما قال هيغل ودرّس أيضاً، فالكثيرون في أوروبا يعتقدون أن لا بدائل للنظام الديكتاتوري والبوليسي العسكري والنظام الثيوقراطي الديني في العالم العربي. ونكتشف أن كل هذه الحركة أطلقها شباب عربي وبعفوية لنشدان الحرية، وهذه الشعوب على الرغم من اختلافها عنا فهي مثلنا ونحن مثلهم ... ولكن ما يجب أن نفكر به هو أن تبقى هذه الثورات على عفويتها الأولى وعلى سلميتها وانطلاقتها الأولى وتفادي الغموض المرتبط بكلمة « ثورة »، وأنا انتقدت الثورة بمفهومها الشامل والتي تقوم بمسح كامل للماضي وخلق عالم جديد بوسائل عنيفة ودامية: « نحن مثل العرب، والعرب مثلنا رغم اختلافنا الثقافي، لدينا نفس الطموح للحرية وهذا عنصر مهم ولا يخدم الدكتاتوريات الفاسدة، وهذا عمل رسالة ذات بعد إنساني حول ما جرى ». هذا هو البعد العفوي للثورات ولجمالية اللحظة التي يجب أن لا تنحرف ولا تغش، ويجب أن تنتهي بشكل ما." ادغار موران، إعداد وترجمة: يقظان التقي، **المستقبل** - الاثنين 11 أبريل 2011 - العدد 3966 - ثقافة و فنون - صفحة 20.

[10] Imprévisible

- أمر عادي ومتداول يعبر عن حركة التاريخ وانتقال الأحداث من مرحلة إلى أخرى ونتيجة منطقية لانغلاق العالم السياسي ومآل منتظر لنظام أصيب بالتآكل البطيء منذ تشكله.
- همزة وصل بين عالم الشهادة وعالم الغيب وبرزخ بين خط الناسوت وخط اللاهوت واستجابة انسية على نداء وجودي ولطف الهي بالعباد المستغيثة وتعبير عن غلبة قوى الخير على قوى الشر وانتصار الحق واندحار الباطل.

لكن كيف يمكن تأويل وقوع الواقعة وحدوث الثورة؟

ما نلاحظه أنه توجد ثلاث تأويلات حول واقعة الثورة العربية:

- ثورة برجوازية ساهم فيها شباب الفايسبوك وحولت السخرية والنقد والتمرد في العالم الافتراضي إلى الواقع العيني وسميت بثورة الياسمين وكانت مطالبها ليبرالية متمثلة في الحريات والحقوق .
- ثورة اجتماعية قادها العمال والناشطون والنقابيون وفجرت تطاحنا طبقيا وأظهرت تصميم الفئات الشعبية على التخلص من الحكم المركزي وفرض أرادة الشعب[11].
- ثورة أخلاقية ثقافية ذات أرضية دينية صلبة وظفت الرموز الإيمانية ضد الفساد والاستبداد وواجهت العولمة المتوحشة بقيم روحية وتقاليد نيرة.

---

[11] ثورة حتى النصر: "تعتبر الثورة العربية مصدر إلهام للعمال والشباب في كل مكان. لقد هزت كل بلدان الشرق الأوسط من أساساتها ويمكن الشعور بارتداداتها في جميع أنحاء العالم. تمثل هذه الأحداث الملحمية نقطة تحول حاسمة في تاريخ البشرية. وليست هذه الأحداث ظواهر معزولة عن السيرورة العامة للثورة العالمية.إن ما نشهده أمامنا هو افتتاح المراحل الأولى للثورة الاشتراكية العالمية. وسوف تنطلق نفس السيرورة العامة في جميع أنحاء العالم وإن بإيقاعات مختلفة. ستكون هناك حتما فترات صعود وهبوط، وكذلك هزائم وانتصارات، وخيبات أمل، وكذا نجاحات. يجب علينا أن نكون مستعدين لذلك. لكن الاتجاه العام سيكون في اتجاه تسارع أعظم للصراع الطبقي على النطاق العالمي.إن الحركة الرائعة للجماهير في تونس ومصر ليست سوى البداية. لقد صارت التطورات الثورية على رأس جدول الأعمال ولا يمكن لأي بلد أن يعتبر نفسه في مأمن من السيرورة العامة. إن الثورات في العالم العربي هي تعبير عن أزمة الرأسمالية على الصعيد العالمي. وتظهر لنا الأحداث في تونس ومصر مستقبل البلدان الرأسمالية المتقدمة كما تظهر الصورة في المرآة....".
الرابط:

http://www.marxist.com/imt-manifesto-on-arab-revolution-ar-1.htm

غير أن ما نقترحه هو تأويل تعددي يتفهم واقعة الثورة في سياقها الاجتماعي الواسع ويضم المركز إلى الأطراف ضمن منهج مركب ومضمون متنوع الأبعاد يربط بين المصالحة مع الهوية والانتصار للكرامة ويستثمر القيم الكونية ويتفاعل مع الغيرية الجذرية ويبحث عن تأصيل للقيم والمبادئ بالاعتماد على فلسفة الضاد.

اللافت للنظر أن الثورة لم تقتصر على جهة بعينها أو بلد واحد وإنما اشتعلت لهيبها في القلب وازدادت نيرانها بمرور الأيام في كل مكان وربما كان التناقض بين أصحاب رؤوس المال والأجراء أحد عوامل تفجرها وربما أيضا مثلت التجارب الإصلاحية تقريبا خطوات تمهيدية نحو تفجر الأوضاع بل تصاعدت لتشمل عدة بلدان وتأخذ أشكال أخرى وتتبدل وسائلها وصار بالإمكان الحديث عن الثورة الدائمة ولكن ليس بالمعنى التروتسكيو إنما ثورة الفهم من أجل تفكيك المنظومة الشمولية وتمرد العقل الجمهوري على التفكير ذي البعد الواحد.

من هذا المنطلق يمكن أن نسميها ثورة عربية في تونس ذات توجه وطني ألفت بين قلوب قوى الشعب الناهضة وجعلت الجماهير تتوحد في صورة جسد واحد الذي قام ضد الفساد.

كما يمكن أن نتتبع العلاقة بين الثورة والإسلام ونفهم الإسلام على أنه ثورة على الظلم والفساد ومحاولة لإرساء العدل والصلاح في الأرض أو على الأقل نعتبر القيم الروحية الصافية لهذا الدين قد مثلت أحد العوامل التي غذت الثورة وخاصة النهي عن المنكر والجهر بالحق.

إن الفهم الاجتهادي التأويلي للإسلام عامة وللقرآن والحديث خاصة قد يوفر للناس نموذجا في الحياة لا يجدونه في الواقع ولا يمكنهم التخلي عنه وتجاوزه على مستوى الحلم والذهن. لكن لا نستطيع أن نطلب من الناس أن يكونوا مؤمنين بشكل مطلق ولكنهم يوجدون في الواقع ويعيشون الإسلام بجوارحهم وعقولهم وقلوبهم على نحو

جزئي ولذلك هم عندما يقارنون بين الوقائع والمثل وبين المنشود والموجود يشعرون بالهوة وينهضون نحو التدارك والكدح.

غير أن تضمن الإسلام لقيم المحبة والتوادد بالنسبة للجماعة الإنسانية وتأكيده على صلة الرحم ونصرة المظلوم وإغاثة الملهوف في علاقة بالغير قد مثلت المحرك الروحي والأخلاقي للثورة وساهمت في تحفيزها وتنضيجها ودفعها إلى الأمام لتستكمل مسيرتها.[12]

كما أن الفقهاء ينقسمون والى صنفين: الصنف الأول هم فقهاء السلاطين الذين يدعون إلى طاعة أولي الأمر في كل حالة ويحرمون الخروج على الحكام ويستندون إلى مبدأ شهير هو: "سلطان غشوم ولا فتنة تدوم". أما الصنف الثاني فهم فقهاء الأمة ويمرون من العقيدة إلى الثورة ويرون بضرورة الخروج على الحكام المستبدين بغية الأمر بالمعروف والنهي عن المنكر وإظهار العدل ويستندون إلى مبدأ شهير هو "لا طاعة لمخلوق في معصية الخالق".

من هذا المنظور يمكن أن نعتبر الثورة واقعة ونتدبر تأويليا واقعة الثورة بأنها حدث تاريخي استثنائي في التاريخ المعاصر سيكون له ما قبله وما بعده قامت بتكذيب كل التوقعات والتقارير المحبطة للعزائم والمتشائمة والتي تساند التوريث وتناشد من أجل التمديد.

زد على ذلك يمكن أن نقر بأن الثورة رفعت رايات الحق والعدل والحرية والكرامة وخفضت ألواح السيطرة والهيمنة والاحتكار والتفويض وفعلت مقولات العقل الجمهوري عند الفارابي والعدل عند ابن خلدون والحرية عند ابن رشد والإنصاف كما جاء في المدونة الفقهية.

---

[12] صحيح أن لفظ ثورة غير موجود في القرآن الكريم ولكن توجد دلالاته مثل الواقعة والقارعة والقيامة والحاقة والتاريخ الاسلامي شهد قيام العديد من الثورات مثل القرامطة والزنج وعرف خروج العديد من الثوار مثل أبي ذر الغفاري والحسين الأهوازي وعلى ابن أبي طالب وابنه الحسين وحمدان قرمط وصاحب الحمار بافريقية وغيرها كثير في مختلف الأصقاع العربية والاسلامية... كما تشكل فقه الثورات عند الخوارج والمعتزلة والشيعة ويعتبر الاسلام دينا ثوريا ويحدث تحررا إجتماعيا خاصة عندما ألغى الرق وأعتق الانسان وثار على الظلم والشرك والجهل.

بين إذن أن المقصود هو أن واقعة الثورة هو حقيقة مطلقة وحدث غير قابل للتكذيب وأنها خفضت المستبدين المفسدين ورفعت الأحرار والصالحين والمناضلين درجات في سلم الوجود. لكن هل احتاجت الثورة لكي تقع إلى ميلاد ثقافة ثورية؟ والى مدى قطعت ثورة الشباب مع الماضي وأحدثت ثورة ثقافية؟ وما العمل حتى لا تتحول الواقعة إلى وقيعة؟

2- الثورة الثقافية والقطيعة الابستيمولوجية :

" كان ثمة بالأمس من بين الشعب عبيدا واليوم أصبح للشعب أعداء"[13]

من طبيعة الثورات أنها تمثل نقطة اللاعودة مع الماضي وتمثل منعطفا وتحدث تحولا وتقوم بمنعرج حاسم على جميع الأصعدة السياسية أولا والاجتماعية والاقتصادية والثقافية ثانيا. وهذه المجريات تحدث بفضل حسم الجديد معركته مع القديم والتمكن من هدمه وتحطيمه والإجهاز عليه. وتسمى هذه العملية قطيعة[14]، ويدل هذا اللفظ المشتق من الجذر اللاتيني Rumpere على الانكسار في معناه الفيزيائي وعلى إلغاء الاتفاق والتنصل من كل علاقة والانقطاع واللااستمرار والانفصال والتعارض بين حالة حاضرة والحالة التي سبقتها مباشرة.

كما يمكن الحديث عن قطيعة ابستيمولوجية عند غاستون باشلار بمعنى الانفصال التام وفك الارتباط الجذري بين التصور غير العلمي السابق والتصور العلمي اللاحق للواقع. من هذا المنطلق تمنع القطيعة الابستيمولوجية العقل العلمي من التفكير في اللاعلمي بوصفه ما قبل علمي. وعلى نفس المنوال لا يجوز لنا أن نعتبر كل التاريخ الذي سبق الثورة على أنه خال من الفعل الثوري بل يجب أن نفهم ذلك على أنه مراكمة له وإعداد بطريقة مخملية صامتة.

إذا كان للثورة أن تكون انكسارا في مسار التاريخ فإنه يجب أن يكون في صورة قطع مع الماضي الشمولي والاقصائي والنخبوي ولكن في نفس الوقت يظل التواصل

---

[13] Blandine Kriegel, *l'Etat et les esclaves*, éditions Payot& Rivages, 2003, p.283.
[14] Rupture

مستمرا مع الماضي المجيد والجانب النير من التراث والقيم الأصيلة وتعمل التحولات الثورة على إعادة إظهارها وبنائها وتعزيزها وتطويرها. لقد قامت الثورة بشطب الديكتاتور وهي الآن بصدد تفكيك المنظومة الشمولية والتخلص من العقلية الجهوية والفئوية في سياسة الناس.

إن النضالات التي قام بها الثوار كانت تراهن على تجسيم العروة الوثقى بين المرجعيات الفكرية والوحدة بين القوى الاجتماعية على أرض الواقع وتفتش عن اتيقا التحرر وتعتني بمطلب المعنى وتعمل على إرضاء الرغبة في الاعتراف والانتصار إلى الكرامة.

إن التفكير الفلسفي في الثورة لا يتمثل في التبشير بها والدعاية لها فقط ولا يتوقف عن وصف أحداثها وانتقاء جملة من الدروس والعبر منها بطريقة غير منهجية وإنما يجب أن يكون تفكيرا ثائرا ولابد أن ينخرط في تجاربها ويحاول قدر الإمكان إعادة بناء ما جرى من جهة المنطق والأخلاق والميتافيزيقا ضمن فلسفة شاملة للتاريخ البشري والعقل الكوني.إن كرامة الشخص الإنساني هي قيمته التامة والعليا من حيث هو شخص وهذا يؤسس نوعا من المطالبة العميقة من طرف كائن بشري بأن يعترف به كإنسان من طرف كائن بشري آخر مهما كانت الفوارق في الرتبة أو القدرة أو الرأي أو الدين أو الانتماء الاثني.

إن الأمر يتعلق بمطالبة تامة بحق الاحترام وببلوغ درجة من شفافية المجتمع الواعي بذاته وتثمين جوهري للنوعية الإنسانية المغروسة في كل إنسان ضد كل أشكال الاستخفاف أو الاحتقار أو التنقيص أو الاستغلال أو الاستعباد أو السلب أو العنف الجسدي والمعنوي.

لقد فتحت الثورة الطريق نحو وضع التوازي بين العدالة والصداقة مع الاعتراف المتبادل. كما أصبح الحلم العربي بالوحدة والدولة العصرية والنظام الديمقراطي حقيقة معاشة ومحايثة للواقع اليومي وبزغ إلى الوجود عالم جديد وجسم سياسي مختلف في طور الظهور والتشكل.

إن الثورة العربية هي حدث له أهمية كبيرة في التاريخ المعاصر ويدشن لمرحلة تاريخية جديدة مليئة بالتحولات والتغيرات وحملت معها موجات إيديولوجية ضاغطة نتج عنها ارتدادات كبيرة في تاريخ الفكر السياسي وتحمل العديد من المكاسب والمزايا بالنسبة إلى الشعوب. كما جاءت الثورة لتكذب قول سقراط: "التعرض إلى اللاعدالة أحسن من ارتكابها". لكن ماهي العلاقة بين الثورة الفعلية والفعل الثوري؟

3- الثورة الاجتماعية والنزاع من أجل الاعتراف:

" لا يستقيم التفوق إلا إذا تم الاعتراف به "[15]

الإشكالية التي تعالج هنا تقليدية إلى أبعد حد وتمثل علاقة الفكر بالمجتمع وتطرح كما يلي: هل الفكر الثوري هو الذي أثمر الثورة الاجتماعية التي غيرت الواقع وقلبت المشهد السياسي رأسا على عقب؟ ولماذا لا تكون الثورة هي نفسها التي زلزلت بنية الفكر التقليدية وحررت الإرادة من الانفعالات السلبية وأنتجت قيمة مضافة وفائض في المعنى وتجديدا في الأخلاق؟

لا أحد من الناشطين والتوجهات في الساحة العربية يستطيع أن يدعي أنه قد مثل الثورة الشعبية بمفرده ووقف وحده وراء تفجرها ولا أحد يزعم أن فكره الثوري هو المنهج المتكامل للتغيير الاجتماعي بل يمكن القول أنه لا أحد من التيارات أبدى جاهزية واقتدر على اقتراح وسائل معلومة للامساك بالسلطة وملء الفراغ والقدرة على إدارة البلاد.

كما أن تأثير الفلاسفة والكتاب والمثقفين في الجماهير كان ضعيفا وذلك لانطوائهم على ذاتهم واتصافهم بالنخبوية، بينما التحم الناس بثقافتهم الوطنية وخصوصيتهم اليومية.إن الشعب ظل منذ وقت طويل وتحت تأثير الآراء السياسية الشمولية مرتبطا هيكليا بالمؤسسات الرسمية القائمة ويرى وجودها أمرا ضروريا من أجل المحافظة على معاشه.

---

[15] بول ريكور ، **الانتقاد والاعتقاد**، ترجمة حسن العمراني، دار توبقال، الدار البيضاء، الطبعة الأولى، 2011، ص.14.

إن الثورة العربية تتحقق تدريجيا حاملة معها العديد من المفاجئات وتتبلور تحت ضغط الأحداث المباغتة ولم تعرف مراكمة طويلة من العمل السياسي المنظم والذي مثل تحديا إيديولوجيا للنظام السائد مثل الثورات الفرنسية والروسية والإيرانية.

هذا المعطى هو في العمق يدعو إلى التفكير والحيرة ويطرح الإشكال التالي: هل كانت الثورة العربية دون نظريات سابقة ودون نقاط مرجعيات وقبلات توجه ودون أفكار؟ وكيف مر الثوار مباشرة إلى العمل والفعل والممارسة دون الاستناد إلى تجارب يحاكونها ومعارف يطبقونها؟ وهل تكون الثورة العربية هي الثورة الأولى التي نجحت دون تنظير مسبق والنموذج الوحيد الذي اشتغل فيه الناس بالالتزام التام والبراكسيس [16] الفردي والجماعي؟

والحق أن الثورة العربية جاءت نتيجة السياسة الخاطئة التي اتبعت اقتصاد السوق والخوصصة ومن أجل مواجهة النزعة النفعية والليبرالية الجديدة والتيار المحافظ الجديد في الفكر العربي. كما أن العنوان الأول هو أحقية الشغل ورفض الفساد باسم الاحتكام إلى المصلحة المشتركة ورفض التملك الفردي المشط وكل أشكال التمييز والحرمان.

إن السياسة الثورية هي سياسة شعبية تعتمد على المخزون النضالي للجماهير الذي مازال نبض بالحياة ويوجه سلوك الناس وان الثورة تحولت إلى الأداة الشرعية التي أعادة مصالحة الشعب مع نفسه ووحدته و"إن المبادئ الأساسية في كل سياسة هي الحرية والعدالة" [17].

لقد أحدث الإنسان المتمرد جرحا غير قابل للاندمال في العالم بين طموحه نحو السعادة والعدالة والظروف الحدية التي تتصف بالتوتر والحرمان وتراوح رده على هذا التحدي بين الصمت والتعجب ولكن الإنسان الثائر حول هذه الدهشة إلى تساؤلات وهذا التمرد إلى ثورة.

---

[16] Praxis

[17] Hann Arendt, *Penser l'événement*, éditions Belin, 1989, p.116.

"إن العبث تأثر والتمرد إرادة وان العبد الذي ينتفض على سيده لا ينفي سيده فحسب بل يثبت أنه على حق"[18] غير أن الثائر ينفي سيده ويعلن أنه كان ولايزال على باطل.

لكن كيف حازت الثورة على الاعتراف الدولي والشعبي بهذه السرعة؟ وهل ستحافظ عليه؟

" إن الاعتراف لا يأتي بالغصب ولا ينال بالتخويف بالتهديد والإغراء أي في النهاية عبر التوسل بالسفسطة. إن الاعتراف لا يحصل إلاإذا كان مقبولا بصورة نقدية."[19]

لقد حازت الثورة العربية على الاعتراف لأنها كانت معقولة ومنطقية ولأن الأدوات التي استخدمتها كانت مدنية وسلمية والمطالب كانت شرعية وشعبية والقيم التي ناضلت من أجلها حضارية وكونية ولكن الاعتراف بالحقوق بشكل تام لا يحصل الا عندما يتركز حكم راشد.

ان تفوق الثوار لا ينتظر من أحد أن يعترف به بل هم قد انتزعوا الاعتراف بفضل سموهم ورفعتهم ونبل مقاصدهم وتحولوا إلى مرجع المشروعية وأصبح الآخرون يستجدون منهم الاعتراف.

لقد استندت الثورة العربية إلى عدة مصادر اقتصادية وسياسية ودينية وفكرية ومثلت قيم الديمقراطية ومنظومة حقوق الإنسان والثقافة القانونية وسيادة الدولة المرجعية التي استلهم منها الثوار رؤيتهم الانتفاضية واستراتيجياتهم الميدانية والأهداف التي يسعون إلى تحصيلها. كما أن حالة الإحباط التي عانى منها الشعب بسبب ديمقراطية الواجهات والشعارات التجميلية الفارغة دفعته إلى الاحتكام إلى الوعود القانونية ونصوص الدساتير الموضوعة نفسها من أجل التنصيص على اللاديمقراطية المتبعة في العهد البائد وحاجتهم إلى ديمقراطية ناجعة وملموسة والمطالبة بالتمتع الفوري والمباشر بالحقوق الأساسية والطبيعية. لكن ماذا صنعت التجربة الثورية مع النظام السائد والثقافة الماضية؟

[18]Paul Ricoeur, Lectures 2, La contrée des philosophes, éditions du Seuil, 1992 , p.p. 122.123.

[19] بول ريكور ، **الانتقاد والاعتقاد**، ص.14.

4- الثورة الرقمية والفعل الافتراضي:

" إن الفعل من وجهة نظر فلسفية يمثل إجابةالإنسان عن حقيقة أن يولد"[20]

إذا حاولنا فهم الأحداث الثورية ومجريات الأمور يتبين لنا تشكل نوع من التحالف الجدلي بين الافتراضي والواقعي وبين التخييلي الحالم والتجريبي المعيش وبروز نوع من العقل الجمهوري أفرز هو بدوره قدرة على التحرك الأفقي والانتشار الميداني وذلك بالتسلح بنوع من الذكاء الاجتماعي والقدرة على الفعل المدني حيث تتحول مطالب الحريات الفردية والحقوق الأساسية والمشاعر الوطنية الصادقة إلى مجال حقوقي تتجمع فيه الإرادة الشعبية وتتكثف رغبة جماعية من أجل انتزاع الاعتراف وتنتصر إلى قيم الكرامة واثبات الذات.

لقد لعب الفضاء الافتراضي وثقافة الصورة ووسائل الاتصال دورا مركزيا في اندلاع الثورة وتصاعدها والمساهمة في تغذيته وترشيدها من أجل أن تحقق مقاصدها وذلك عبر نقل المعلومة وتبادل الخبر والاحتكام إلى الفعل المشترك واعتماد الصورة الحية لفضح الممارسات اللاانسانية التي تعمد إليها الأنظمة الشمولية لطمس الحقائق وتأبيد الوضع.

ماهو بديهي أن الوضعيات الحياتية والمستلزمات الأساسية للوجود هي نفسها بالنسبة إلى جميع الناس الذي تحولوا في ما بعد إلى منتفضين ومحركين للثورة: فهم قد تعلموا منذ لحظة الميلاد وفوق مسطح المحايثة الخاص بهم كيف يمشون ويتحركون والتوجه منظوريا داخل المكان وذهنيا ووجدانيا داخل الزمان وأولوا عنايتهم بالمواد والتقنيات وجعلوا من الجسد بوابة العبور نحو العالم وتدربوا على إقامة علاقات بيذاتية ترتكز على معطيات بيولوجية ثابتة.

غير أن الأمر الحاسم هو أن الثوار قد شكلوا في لحظة حاسمة موقفا وجوديا موحدا انبثق عنه منعطف تاريخي واستند إلى نفس الرؤية إلى الكون. إن المقولات الأساسية

---

[20] Hannah Arendt, *Condition de l'homme moderne* , éditions Calmann- lévy , 1983, p.163.

التي أرفدت رؤيتهم للعالم هي متطابقة عند جميع الفئات العمرية وتم تعميمها بشكل سريع وتبادل المعلومات والمعطيات حولها والاقتناع بها والعزم على ممارستها وتنفيذها في الواقع الحي.

لقد كان سلاح الثوار غير حربي ومتحضر ولذلك أثبت تفوقه على الحلول الأمنية والخيارات العسكرية والحروب العنيفة والمدمرة ويتمثل في العصيان المدني والاحتجاج السلمي والاعتصام المتحضر والإمضاء على العرائض وتجنيد الناس عن طريق الفضاءات والمنتديات الافتراضية والضغط عن طريق الرأي العام ونبض الشارع وسلطة الإجماع.

لقد قيل عن وسائل الاتصال أنها تعيق التواصل وعن الصورة بأنها تعمي وتنتقي وتحولت إلى صنم جديد ولكن الثورة العربية بينت عكس ذلك ورأينا كيف تنقل الصورة الحقيقة وتؤثر ايجابيا في الواقع وتتحول إلى بؤرة ثورية ورأينا وسائل الاتصال ذات وظيفة ايجابية وتؤمن سرعة التواصل بين الشباب وتعمل على التعبئة والاستنفار وتحولت إلى قوة ثورية هائلة.

هكذا كانت النتائج السياسية للثورة تتمحور حول انجاز مصالحة بين السياسة والأخلاق وتأسيس السياسة على الحق والابتعاد على قدر الإمكان عن استخدام القوة والعمل على اختيار الوسائل الشرعية التي تتطابق مع الغايات الإنسانية مثل اللاعنف والصفح والفعل المدني. لكن ماهي القيم التي جادت بها قريحة الثوار؟ وكيف كانت الثورة تفكيكا للديمقراطية الجوفاء وترسيخا للديمقراطية الصارمة والجذرية؟

5- الثورة السياسية والمكاسب الديمقراطية:

" تمتلك الصين والهند والإسلام منذ زمن بعيد تراثا سياسيا وجسم أفكار وعقائد سياسية مستقلة عن أفكار وعقائد الغرب. لكن تأثير هذه التقاليد لم يمتحن البتة في الغرب ما عدى البعض من المفكرين المعزولين."[21]

[21] Jean Touchard, *Histoire des idées politiques*, Tomes2, éditions PUF, 1958. p. 770.

إن أحد أهم ثمار الثورة هو حرية المعتقد والضمير والتمتع بحق ممارسة الشعائر الدينية في كنف التسامح والسلم ورفض كل أشكال التعصب والتكفير والتمذهب واللاتسامح بين الفرق.

"إن الحرية الدينية هي من الأهمية بحيث تمتلك نفس قيمة الحرية بصفة عامة ويجب أن يكون الناس أحرارا في الحياة بطريقة مستقلة وفي اختيار وإتباع القيم الخاصة بهم. ووفق هذا التصور يجب على الحكومة أن تحمي الحرية الدينية بغية احترام الأشخاص من حيث هم نفوس حرة ومستقلة قادرة على اختيار إقراراتها الدينية الخاصة."[22]

المكسب الثاني من الثورة العربية هو حرية التعبير وتحرير الإعلام وفك الارتباط بين المؤسسات الإعلامية وسلطة الدولة واعتبار الصحافة سلطة رابعة تابعة للمجتمع المدني تمارس دور الرقيب والمحاسب وتعمل على مساندة السلطة القضائية في حراسة القوانين.

" إذا توقف تسويغ الحق في حرية التعبير على حكم أخلاقي عميق حول أهمية الخطاب المحمول على المخاطر التي يحدثها فإن ذلك لا يترتب عنه فرض على القضاة السعي إلى تقييم بأنفسهم ،في كل حالة معينة، مكاسب مختلف الخطابات."[23]

المكسب الثالث الذي تسعى الثورة العربية إلى استخلاصه وتعميمه على الفرد والمجتمع وغرسه في الثقافة والفنون ونظم التربية والتعليم هو المشترك الديمقراطي الآتي الذي يرتكز على سياسات الصداقة والمحبة ويجعل المصارحة دربا مؤديا الى المصالحة والشهادة التزاما بالوعد والإنصاف حلا للتناقض الصارخ بين قيمة الحرية ومبدأ العدل.

إن المطلوب من هذه الديمقراطية المستقبلية التي أنتجتها الثورة العربية هو إعادة إنتاج المبادئ الرمزية التي تتضمنها مفاهيم Polisالإغريقية وCivitas الرومانية

---

[22]Michael Sandel, *le libéralisme et les limites de la justice*, éditions du seuil, 1999. p.15.
[23]Michael Sandel, *le libéralisme et les limites de la justice*, p.20.

و"المدينة" العربية الإسلامية وإذا كان مفهوم Polis قد ارتبط بالعقل والخطاب وحصر المجال السياسي في المساحة الجغرافية المتوسطية التي غزاها المحاربين اليونانيين وإذا كان مفهوم Civitas يشير إلى الامبراطورية الرومانية والعقل الكوني الذي ضم الأقاليم المجاورة عن طريق القوة فإن مفهوم المدينة العربية الإسلامية ينهل من "الصحيفة" التي كتبها الرسول محمد صلى الله عليه وسلم وتجعل الانتماء السياسي يعلو على الانتماء الديني وتجدل العلاقة بين الجماعة الصغرى والجماعة الوسطى والجماعة الكبرى وهي المعمورة على حد عبارة المعلم الثاني أبي نصر الفارابي. إن مفهوم المعمورة هو الفضاء الكوكبي الذي تتعارف فوقها الشعوب والأمم وتتدافع لكي تحافظ على مناهجها وشرائعها وتساهم في تدبير معاشها وتعمير الكوكب.

"أن الشعوب التي استعبدت خلال آلاف السنين لمبدأ سيطرة أعلى من إرادتها العيش- معا، لا تدري أنها سيدة نفسها بفضل عقد متخيل، ولكن بحسب إرادة -عيش - معا قد نسيتها."[24]

انه من الضروري أن لا يترك الناشطون والقوى الفاعلة المجال للمشرع لصياغة الكليات القانونية والمدونة الدستورية وأن يأخذوا بعين الاعتبار أحكام القرآن والأعراف وأن تتاح الفرصة للسياسي لكي يهتم بالجزئيات والتفاصيل ومتطلبات الحياة اليومية وأن يشارك الفلاسفة في تدبير شؤون السكان على مستوى الغذاء والصحة والتعليم والسكن والبيئة.

إن الصالح العام المشترك للجماعة السياسية هو :

- غرس فكرة العدالة في الحقل المؤسساتي من خلال تصور إجرائي تعاقدي يفصل العادل عن الجيد الخير ويعتبر المساواة القوة الأخلاقية للعدالة.

---

[24] بول ريكور، **الذات عينها كآخر**، ترجمة جورج زيناتي، المنظمة العربية للترجمة، بيروت، الطبعة الأولى، 2005، ص.455-456.

- احترام الأشخاص في علاقتهم بعضهم ببعض ومنحهم الاستقلالية الكاملة في الحوار أثناء تجارب التأسيس لأخلاقيات الواجب والقيام بإجراء منصف من أجل تنظيم عادل للمؤسسات.
- فهم الحرية الإنسانية بكونها متحررة من شوائب الميول وتعطي لنفسها درجة التطابق مع القانون وتصبح وعيا بالضرورة والكف عن شرعنة استراتيجية كبش الفداء.
- توفير الحد الأقصى للخير للعدد الأكبر من الناس وتمكين الفئات أقل حظا من نفس الفرص والامتيازات التي تمنح إلى غيرهم والتوقف عن التضحية بهم في سبيل المصلحة الوطنية وتحقيق الرخاء للفئات المحظوظة.
- وظيفة النقاش العمومي هو بلوغ اتفاق متبادل بين جميع الأطراف يبقي على التعددية والاختلاف ويضبط قواعد التنافس النزيه على تنظيم الشأن العام والتداول السلمي على المناصب والسلطات في كنف السلم والتسامح والتعايش.
- هنا لابد من المساواة بين العقد الاجتماعي والاستقلال الذاتي ومبدأ الشخص غاية في حد ذاته. من هذا المنطلق: "أن كل تصور للعدالة يتطلب تماسكا لا يستدعي فقط المحافظة عليه ولكن بناءه أيضا"[25]
- تطوير مفهوم الكتلة التاريخية والعمل الجبهوي بين القوى المؤثرة والاعتماد على فضيلة الصداقة السياسية بما هي مؤسسة للتعددية والتنوع والفعل المشترك[26].

لكن السؤال الذي يطرح هاهنا هو: هل يكفي اللجوء غالى المشرع القانوني لكي تخرج الجماعة من متاهة السياسي؟ والى مدى لازالت الجماعة السياسية في حاجة إلى القوة لاستعادة هيبتها وفرض سلطتها على الأفراد؟ وما الضامن الذي يجب توفيره كي لا يلتف هذا المشرع ويخدم فئة متبقية من النظام السابق؟ وكيف نتفادى منطق العنف ونؤسس للصفح كعلاقة بين الأفراد ونعتمد خيار المصالحة والصداقة كوسيط بين المجموعات؟

---

[25] بول ريكور، **الذات عينها كآخر**، ص، 521.

[26] Agir en commun

خاتمة:

"لا يريد الثوريون أن يؤمنوا بأن قوتهم الحقيقية تتمثل في وضع العيش السوي الجديد الذي يقوم بالإمساك بهم جميعا قيد الاختبار".[27]

صفوة القول أن الحديث عن الثورة مستمر إلى حين يبعث الناس لأنها سنة الكون ومنطق التاريخ، ولقد كانت الثورة من قبل الحلم الجميل للشعراء والكتاب وستظل بعدها قبلة المضطهدين وحيلة المستضعفين،بل إن الثوار يولدون من رحم الشعب كل يوم وفي كل مكان وأن الناس الأحرار يتخذون الثورة منهجا في الحياة ويجعلون منها سلاحا ضد كل سلطة جائرة وأحيانا ضد أنفسهم من أجل التجاوز والخلق والارتقاء إلى الأعالي.

لقد أعادت الثورة العربية من جديد طرح مشكل العلاقة بين السلطة والعنف وبان لها بالكاشف أن التمييز المفهومي بينهما هو أمر ضروري من أجل محاربة كل أشكال الخلط في الخطاب والممارسة بين الشغل والصناعة والفعل من جهة وبين القوة والقدرة من جهة أخرى وبين النظام تسلطي ونظام شمولي.

إن العنف يستطيع أن يحطم السلطة ولكنه لا يقدر على تأسيسها وان السلطة هي استعداد الإنسان للفعل بطريقة ملموسة وبنائية بينما العنف هو استعداده للتحطيم بطريقة عديمة وجنونية. إن السلطة التي تتأسس على الحق والفعل غير العنيف هي وحدها القادرة على تعويض مقولة العنف المشروع كمحرك للتاريخ وآلية بنائية.

كما كذبت الثورة العربية أسطورة الحاجة إلى العنف من أجل إنجاح الاحتجاجات أو منعها وتحويل الانتفاضات العفوية إلى ثورة حقيقية بعد ما وقع التشكيك في ايجابية الحرب كوسيلة لضبط العلاقات بين الدول والمجموعات وتم الاعتماد على قيم السلم والتعايش والتعددية والصداقة. على هذا النحو كان السلاح الوحيد هو الفعل غير العنيف والعصيان المدني وكانت استتباعاته تأسيسية من جهة الحق ومن جهة الواقع على السواء.

اذا كانت الثورة الفرنسية قد أنجبت مبادئ الحرية والاخاء والمساواة واذا كانت الثورة الأمريكية قد أفرزت اعلان حقوق الانسان والمواطن وفكرة الديمقراطية

[27] Paul Ricoeur, *pouvoir et violence*, in politique et pensée , colloque Hannah Arendt, éditions Payot & Rivages, 1989, p.168.

الليبرالية واذا كانت الثورة الروسية قد رفعت شعار يا عمال العالم اتحدوا وجسمت خيار ديكتاتورية البروليتاريا واذا كانت الثورة الايرانية قد جعلت من مبدأ ولاية الفقيه أرضية لقيام جمهورية اسلامية فإن الاشكال المطروح على النخب العربية هو صياغة مبادئ الثورة العربية واستخلاص نمط القيم السياسية التي نادت بها والعالم الخالي من الشمولية الذي حلمت به.

ان الأمر المقضي بالنسبة للشباب العربي هو انجاز ثورة سياسية تجدد لغة ومفاهيم الحياة السياسية وتتخلى عن كل المقولات المتكلسة التي ساهمت في انغلاق العالم السياسي وتحالفت مع قوى الاستبداد وقلاع الشمولية وتقطع مع تقليد السياسة الغربية وتبدع من رحم الثورة ومن التربة الفلسفية الخاصة بحضارة اقرأ البديل المجتمعي الملائم في مرحلة ما بعد الثورة.

في نهاية المطاف ينبغي التأكيد على التواصل بدل القطيعة، اذ أن كل ثورة تستند على تراث ثورة وتفرزها مراكمة التجارب الثورية وتتجذر في التاريخ وتترسب في الوجدان واللاشعور الجماعي والمخيال السياسي للشعب. ان المطلوب اليوم بالنسبة للقوى السياسية هو اعتماد التعقل بوصفه الحد الأوسط من الفضيلة والالتزام بالصداقة السياسية. وآيتنا في ذلك "ان الصداقة السياسية هي الرد الأكثر اكتمالا في الحقل الاتيقي لمطلب الاعتراف." [28].

أنتهي بهذه القولة المتفائلة:" اذا كان القريب منسيا فإنه توجد ظروف حدية حيث يصبح المنسي قريبا"[29]. والمنسي هنا هو الثورة والقريب هو ماذا ستغيره فينا بعد أن أصبحت نتيجة ظروف حدية تسكننا وتتكلم باسمنا ونتكلم بلسان حالها فلننطلق جميعنا الى هذا المستقبل الذي ستحمل اليه الثورة ونكون في نفس الوقت قد افترضنا وقوعه وأمليناه عليها. فماذا سيقع بعد الثورة غير الوقوع ذاته؟ وماهو الفعل المعبر عن وقعتها غير واقعيتها؟وألا يجب أن تساهم الثورة في تطوير اللغة السياسية وتجديد القاموس السياسي؟

[28] Adrien LentiampaShenge, *Paul Ricoeur, la justice selon l'espérance*, éditions Lessius, 2009. p.400.
[29] Paul Ricoeur, *pouvoir et violence*, in politique et pensée , colloque Hannah Arendt, éditions Payot & Rivages, 1989, p.167.

الفصل الخامس

الثورة وتحيين القاموس السياسي[1]

[1] بحث قدم في اليوم الدراسي الذي نظمته **الجمعية التونسية للدراسات الفلسفية** بالعاصمة حول "الفلاسفة والثورة" يوم غرة ماي 2011، وهو مهدى الى الأستاذ**حاتم بالطاهر** شهيد الجامعة وأيقونة الثورة. وهذا العمل هو موجه الى نقد الخطاب السياسوي ويعكس بالأساس النضج السياسي لدى الشرائح الشابة التي قامت بالثورة.

استهــلال:

"أن يكون شيء معين قد حدث فهذا هو الاعتقاد السابق لكل سردية...انها تحتج

في أنها كانت وبهذه الصفة تطالب بأن تقال وبأن ترى وبأن تفهم."²

المكان هو الساحات والشوارع والطرقات والأنهج في القرى والمدن على السواء حيث تتصاعد الأصوات منادية برحيل رموز الاستبداد والفساد وتدعو الى فك الحصار عن الأعماق وتخليص القلب النابض للبلاد من العنف المؤسس وفك الاقصاء عن الأطراف من قبل المركز. أما **الزمان** فقد كانت سنة الحدث الثوري بامتياز 2011 حيث تسارعت وتيرة الاحتجاجات في الصباح والمساء وفي الليل والنهار وقت الأشهر الحرم للانتفاضات حيث يصل الموسم السياسي الى أوجه وتتعدد المحطات النضالية الحاسمة حيث تعود بنا الذاكرة الى صراع النقابة ضد الحكومة من أجل الاستقلالية وتأكيد المطلب الاجتماعي حضوره الى جانب الرهان السياسي وحيث يثور الشعب من أجل الخبز وتؤكد الحركة الطلابية تواجدها من أجل تعليم عصري وشغل محترم ودور فاعل للجامعة في المجتمع. في حين أن **الأشخاص** هم مجموعة من الفتية والشباب الذين مازالوا في مقتبل العمر وحملوا الارهاصات الثورية الخاصة بالبدء المطلق وقد نزعوا الخوف من قلوبهم وتجمهروا وقاموا قومة واحدة منددين بالتهميش والبطالة والظلم ومطالبين بالعدالة والشغل والكرامة. يساندهم مجموعة من الناشطين المضطهدين الذين ارغمهم البطش على السير بطرق بطيئة ورفع السقف حينما تتوفر لهم الفرص والضغط على نظام الحكم من أجل القيام بالاصلاحات.

الحدث هو تفجر ثورة الحرية والكرامة في تونس بعد أن "فعل القوي ما بوسعه من البطش والتغطرس وقاسى الضعيف ما يقدر عليه من ثبات وصمود" وكانت الشرارة

---

² بول ريكور، **الذاكرة، التاريخ، النسيان**، ترجمة جورج زيناتي، دار الكتاب الجديد المتحدة، ليبيا، الطبعة أولى 2009. ص.719.

161

من الأطلس الصغير ولتنتشر نارها في كامل المستطيل الأخضر والنتيجة هي شطب الديكتاتور وسقوط نظام فاشي وفرار التنين الذي اعتمد طيلة 23 سنة على التخويف والقبضة الحديدية والمراقبة الاستخباراتية للمحكومين وقايض الأمن بالحرية. ان الثورة كانت قد ابتدأت في صورة اصلاحات وتجديدات ولكن التوجه الثوري ما لبث أن حمل لواء البدء المطلق ودشن نهاية الاضطراب السياسي واللجوء الى العنف من أجل التصرف في سلوك الناس.

في البدء كانت هذه الأسئلة المنقدحة لكل ذهن ثائر ونفس حائرة مستمعنة: ما الذي حدث؟ ولماذا حدث في هذا الظرف ؟ وكيف كان حدوث ذلك ممكنا؟ والى أين يقودنا مثل هذا الحدوث؟ وهل ينتمي ما حدث الى نظام الحقيقة أم الى نظام السلطة[3]؟ وألم يبدل هذا الحدث الجلل طريقة حكم الانسان لنفسه وتصرفه مع الآخرين؟ والى أي مدى مازالت هذه الواقعة ممكنة الحدوث في المستقبل؟ وكيف نقرأ فلسفيا ما وقع بالنسبة الى الشارع العربي؟

والحق أنه بمقدار ما تزداد المناقشات حول الثورة يصعب فهم الحدث وتتكاثف التحفظات العقلية حولها والصعوبات المنهجية بشأنها:أليس أشد المهام حيوية هو أن يقوم الفيلسوف بحياكة سردية الثورة العربية؟ وألا يقتضي ذلك انتباهه الى ضرورة تحيين القاموس السياسي في المرحلة ما بعد الثورية؟ وفي سبيل ذلك ماهو القاموس السياسي الجديد الذي أنتجته الثورة؟ وأية صلة تربطه بالقاموس السياسي الذي كان موجودا؟ وهل يتعلق الأمر بتصوير الملامح الفعلية للحديث السياسي اليومي من خلال منهج ألعاب اللغة؟ ما الفرق بين بناء الواقعة الثورية وبناء العبارة السياسية؟ ألا ينبغي التمييز بين السؤال عن معنى العبارة السياسية والسؤال عن استعمال القاموس السياسي؟ أليست المشكلات السياسية هي بالأساس مشكلات لفظية؟ وكيف تشبه قواعد اللعبة السياسية قواعد اللعب بالألفاظ واستعمال اللغة؟ والى أي مدى ينجز التحليل

[3] Michel Foucault, *philosophie*, *anthologie*, régimes de pouvoir et régimes de vérité, éditions Gallimard, 2004, p. 379.

السياسي تحليلا علاجيا للمشاكل الاجتماعية؟ أليس القرار السياسي هو نفسه اقتراحا لغويا لحل النزاعات والمستلزمات عبر الدخول الى السوق اللغوية وممارسة التوضيح والتشخيص والتفسير عن طريق اللغة العادية؟ ما الضامن حتى لا تدرج الثورة ضمن خطاب قد كان...أو لم يعد...؟

الصعوبات تظهر عندما نعتقد أن اللغة السياسية العادية التي أبدعها العقل الجمهوري أثناء الثورة هي صحيحة تماما وأن المطلوب هو سبكها وصياغتها عن طريق المفهوم وبلورة قيم الثورة العربية مقوليا، لكن ألا تواجهنا تعثرات وأخطاء في اللغة على مستوى الوصف والتركيب؟ وألا يتعثر الفيلسوف أثناء التدخل في هذا الحديث السياسي اليومي؟ وألا يتعذر عليه تحديد الطريقة التي يتم بها استخدام هذا الحديث؟

الصعوبة الأخرى تتعلق بمصادر اللغة السياسية العادية وسبب الالتباس والغموض والارتباك الذي تتصف به أحيانا وهل يمكن العثور على نظام للخطاب ومنطق في التفكير؟ الى أي مدى يكون الاستعمال العادي للقاموس السياسي الجديد متعارضا مع العرف اللغوي الشائع؟ وكيف يتم الانتقال من التعبير المشترك الى التعبير الاصطلاح ومن الاستعمال المقياسي للحديث السياسي الى الاستعمال الثوري؟ أليست اللغة السياسية لغة تقنية تختلف عن اللغة العادية؟ وأليس الاستعمال السياسي هو مختلف عن الاستعمال العادي؟

المفارقة هاهنا تظهر في أن الاستعمال العادي للقاموس السياسي الثوري هو الوسيلة الوحيدة للكشف عن استعمالها الصحيح وعن الموقف الصائب الذي ينبغي اتخاذها في علاقة بمستجدات الواقع. كما أن لغة الحياة السياسية اليومية هي قوية وغنية ولكنها في الآن نفسه ملتبسة وخطيرة وتحتاج دائما الى تصويب.

" ان الرجال الذين ابتدأوا الاستعادة كانوا هم أنفسهم الذين ابتدأوا الثورة وأنهوها...والحركة التي أدت الى الثورة لم تكون ثورية الا بشكل غير مقصود."[4]

ان ما نراهن عليه عند تدبر هذه المفارقات واثارة هذه الاشكاليات ليس وضع قاموس نهائي يؤطر لغة الحياة السياسية اليومية بعد الثورة يكون بمثابة ثبت للمصطلحات وانما استخلاص الخطوط العامة والمبادئ الجوهرية لفلسفة الثورة العربية وتحيين بعض الأفكار الناظمة للنشاط السياسي للفاعلين ورفع الالتباس وتفادي الخلط بينها. وما يهمنا عند البحث في الثورة العربية سرديا ليس ذكر أصل الثورة وفصولها وتتبع تاريخيتها ومسار تطورها وعواملها فحسب وانما التركيز على أهميتها السياسية في العالم الذي نعيش فيه وفهم ما انطوت عليه من صور فلسفية للحياة ومبادئ غيرت منزلة السياسة بالنسبة الى الكائن.

لكن ماهو العنصر الفاعل في الثورة؟ ومن هو الثوري الحقيقي؟ وهل بالفعل كان للشباب الدور الريادي في هذه الملحمة؟ وكيف يستفيد الشباب رسميا من ثورتهم؟

1-   ثورة الشباب ضد التهميش:

"ان هؤلاء الناس هم الذين يقومون بالمعجزات، لأنهم يحصلون على عطاء مضاعف من الحرية الفعل، هم القادرون على تشييد الحقيقة التي تخصنا."[5]

تحتاج الثورة الى من يتكلم عنها ومن يعبر عن أحداثها ويسرد وقائعها ويستنبط قيمها ويظهر أفكارها، وليس هناك من هو أعلم بها وأدرى بمجرياتها أكثر من الشبيبة التي أخلصت لها وخاضت وماجت في ميادينها. وحين نفكر في الثورة فإننا نفكر في السيول الثورية المنهمرة على أمواجها المتلاطمة وفي الشعارات الحاسمة لدى الفتية المنتفضة والخارجة عن بكرة أبيها عن كل ماهو معتاد ومكرور ونلحظ بأم عيننا فكرة حدوث حركة لا تقاوم وتصاعد وتيرة الرفض ضد تزايد تيار الاستبداد وتقدم تيار الحرية في نفس الوقت.

---

[4] حنة أرندت، في الثورة، ترجمة عطا عبد الوهاب، المنظمة العربية للترجمة، الطبعة الأولى، بيروت، 2008. ص.60.

[5] Paul Ricoeur, Lectures1.p.19.

ان الثورة الجذرية والمحضة لا تتطلب وجود أناس جديين ومثابرين على غاية من التنظيم المنهجي والتعبئة والاستعداد والرصانة العقلانية وانما تستدعي شعبها المنتظر ووقودها المشتعل وذلك لأنها فكرة مربكة ومزعجة تحمل على سبيل المجاز والاستعارة لا على سبيل الحقيقة والواقع وتفترض تدخل طرف جديد على خط الأحداث الاجتماعية والتحولات التاريخية يتميز بالثورية والحماسة والحلم بالتغيير والتوق نحو الانعتاق ويستخف برهان الربح والخسارة ويائس من تدارك المركز الأمر الحارق والتوجه نحو الاصلاح.

ما نلاحظه ويا للمفارقة أن شباب اليوم ليسوا على أحسن حال بل ينظرون الى كل شيء باستهزاء واستخفاف ولامسؤولية ولا يبدون حماسة شديدة في الدفاع على ماهو قائم، فقد وقع تهميشهم ونظر اليهم باعتبارهم عبئا على المجتمع وتلقوا تعليما ضعيفا ومخففا ويواجهون مصاعب جمة في التشغيل والاندماج عند التخرج ويعانون من مشاكل نفسية واجتماعية كبيرة تصل الى حد الهجرة غير الشرعية والجريمة المنظمة والانتماء الى المجموعات الايديولوجية المغلقة وتبني نهج العنف والرفض المضاد. فكيف تحول هذا الجيل المحبط والشريحة المستهترة الى قوة ثورية قلبت المعادلة وأفلت من رقابة المجتمع الانضباطي؟

لقد كان الشعار هو "الموت أفضل من العبودية" و"الثورة هي الحل" ،بل وصل بهم الأمر الى حد النقمة على مفهوم الشبيبة نفسه والتمرد على جنسهم وذاتيتهم وأصلهم الاجتماعي والهوية الثقافية وتوجهوا نحو حرق المراحل الى الكهولة المصطنعة والشيخوخة المبكرة والطفولة المتقدمة. "وبما أنهم ظلوا مخلصين بعمق وبما أنهم حلموا بحدوث النظام الاشتراكي وبما أنهم كانوا جاهزين لخدمة الثورة بكل قواهم، فإن الوسيلة الوحيدة لمساعدتهم هو التساؤل معهم اذا ما كانت المادية وأسطورة الموضوعية مطلوبتين بحق بسب الثورة واذا انتفت الهوة بين فعل الثائر وايديولوجيته"[6].

---

[6] J-P- Sartre, *situations philosophiques*, matérialisme et révolution , p.83.

ان التوق الى الجدة والحلم بعالم أفضل هي من مميزات الروح الثورية لدى الشباب ومن الأمور المرغوب فيها من طرف هذه الفئة وقد عبروا عن ذلك في الفضاء الافتراضي وفيما يدونونه وفي ابداعاته الفنية سواء لوحات أو أفلام أو أغاني الراب وتتضمن هذه العمال الشبابية سخرية من الواقع السائد ونفور من القديم وتلهف على الى المختلف والمفاجئ والجديد وتحريض متواصل على الثورة والتغيير الجذري. لكن كيف غزت فكرة الثورة قلوب الشباب واستولت على عقولهم وتوغلت في لاشعورهم الاجتماعي ومخيالهم الرمزي؟

ما نجده في لغة الضاد أن الثورة لها دلالة سلبية اذ تعني الفتنة والخروج والسوأة واضطراب وهيجان شائع أضرارها أكثر من منافعها وذلك لارتباطها بالعنف والانتفاضة والانقلاب، وما يعزز هذا الراي أن الثورة في علم الفلك تعني الحركة الدائرية للنجوم وتتميز بالتكرار وتوجد خارج قدرة الانسان ومقاومته وتخلو من الجدة والعنف وقد استخدمت للتعبير عن شؤون البشر على الأرض تجعل أمور الحكم تسير في الدروب المرسومة لها سلفا من قبل القدر وتشير أيضا الى أشكال الحكومة القليلة المعروفة التي تدور بين البشر الفانين في تكرار أزلي بالقوة ذاته دون أن تقاوم من أي أحد. في هذا الاطار ان " الثورات مهما حاولنا تعريفها ليست مجرد تغييرات، ان الثورات الحديثة لا تشترك في شيء... بالخصام الأهلي الذي سبب الاضطراب في الدولة...ولا يمكن تشبيه الثورات بتعريف أفلاطون لها بأنها تحول شبه طبيعي في شكل من أشكال الحكومة الى شكل آخر. أو بتعريف بولبيوس بأنها الدورة المحددة المتكررة التي تحكم الشؤون الانسانية لأنها مدفوعة دائما نحو الحدود القصوى."[7] لكن ماذا حصل حينما نزلت الكلمة لأول مرة من السماء الى الأرض تقلبات المصير الانساني صعودا وهبوطا ولتصف تداول الأيام بين الناس؟

[7] حنة أرندت، **في الثورة**، ص.ص.28-27.

" ينبغي العودة الى تمفصلات الموقف الثوري وامتحانه بالتدقيق من أجل معرفة أنه لا يطلب شيئا آخر سوى التشكيل الأسطوري أو على العكس البحث عن أساس الفلسفة الصارمة."[8]

المثير للانتباه أن الثورة تمتلك أيضا معنى ايجابيا خاصة حينما تشير الى حدوث تغيير جذري في نظام الدولة يمس النشاط الانساني لكل المجتمع. أما المفهوم الفلسفي في الثورة فيعود الى أرسطو الذي فرق بين ثورة تقوم فيها طبقة بانقلاب تستبد به بالحكم لصالح مجموعة من السكان وثورة غايتها استحداث المساواة بين أفراد الشعب وطبقاته وتحدث التغيير الجذري والشامل خاصة اذا ما كان لها برنامج عملي وأهداف.

ان الثورة تغرس في ذهن الثوريين الفكرة التي تجعلهم يعتقدون أنهم وكلاء في عملية تقضي على العالم القديم وتصل به الى نهايته المحتمة وتأتي بعالم جديد وتسمح بميلاد تصورات وقيم مختلفة للحياة. لقد أنجبت الثورة الراهنة خلال زمن قصير أكثر ما قدمه الشعب طوال تاريخ طويل من الصراع والمعاناة

ان المقصود هنا أن الثورة ليست مجرد احداث تغييرات في الشخصيات التي تمارس الحكم ولا تعني التمرد واثارة البلبلة وبث الفوضى في المجتمع ولا تتوقف على احداث تحول في شكل الحكم، وانما الاتيان بشيء جديد تقتضيه طبيعة الشؤون الانسانية وتنتج عن تأزم الحياة الاقتصادية في المجتمع. لكن ماهي أهم العوامل التي عجلت بقيام الثورة العربية؟

"ان المصلحة قد تكون القوة الدافعة وراء الخصام السياسي بكل أشكاله."[9] وقد كان لأرسطو السبق في تأكيده على "أن المصلحة هي مفيدة لشخص أو لمجموعة من الناس، وهي الحاكم الأعلى في الأمور السياسية."[10]

---

[8] « il faut revenir aux articulations de l'attitude révolutionnaire et les examiner en détail pour voir si elles n'exigent rien d'autre qu'une figuration mythique ou si elles demandent au contraire le fonde ment d'une philosophie rigoureuse. ». J-P- Sartre, *situations philosophiques*, matérialisme et révolution, éditions Gallimard, 1976, p.113.

[9] حنة أرندت، **في الثورة**، ص.29.

لعلتفجر الثورات قد يفسرهنا بجري الشعوب وراء مصلحتها. لكن يجب التمييز بين الانقلابات والانتفاضات التي تحركها مصالح ظرفية وتؤدي الى جرائم وموجات من العنف وبين الثورات التي تحصل بعد بداية التشكيك في حتمية التمييز بين الغني والفقير.

زد على ذلك لا توجد ثورة واحدة وأبدية بالنسبة لمسيرة الشعب الواحد وفي التاريخ العام لمختلف الشعوب بل ثمة عدة ثورات تنفذ بقواعد مختلفة وفي فترات زمنية متباعدة وذلك قصد تحقيق الاستفاقة الاجتماعية حينا والاستئناف الحضاري أحيانا. والغريب أن المشاركين في الثورة هم ليسوا من القوى الفاعلة والمسيطرة بل من القوى المجهولة والقادمة من الأعماق.

ان وقود الثورة هم المهمشون والمبعدون والمنفيون والضحايا وهم الذين نهضوا وطالبوا بالحقوق والمساواة وان عصيانهم للنظام القائم ونهوضهم ضد السلطة وتمردهم على الحكم المركزي كان مشروعا. أما التغيير الراديكالي هو افتكاك مبدأ الحق من الحاكم ومنحه الى الشعب والاستيلاء على فن الحكم من الأرستقراطية والنبالة والاقطاع والبرجوازية واشتراط الكفاءة والجدارة والشعبية وخدمة الصالح العام.

الثورة الحقيقية هي الثورة الشاملة ذات الرؤيا الثاقبة والرسالة المميزة التي تزيد فيها الايجابيات على السلبيات توجه فكرها وحركتها ضد الظلم والاستبداد والجهل ويجد فيها الشباب والمبدعون وأصحاب الكفاءات فرصتهم لكي يمارسوا دورهم الاجتماعي ويصبحون أهل ثقة وتدبير في زمانهم ويطيحون بالنظام القديم ويحلون مكانه نظاما جديدا يحل التناقضات وينجزون النقلة الحضارية للمجتمع.

" من مفاخر الثورات أنها صحوة للشعب وأنه بها تزداد ثقته بنفسه ويشعر بها المواطن أنه اكثر كرامة ويرتفع بسببها مستوى المعيشة وتزيد العمالة وفرص العمل

[19] حنة أرندت، **في الثورة**، ص.29.

والترقية، وينشط الحراك الاجتماعي."[11] كما لا توجد ثورة عادلة وأخرى غير عادلة وليس هناك ثورة عدوانية وأخرى دفاعية بل كل الثورة مقدسة ومطلوبة حتى تلك التي أحدثت انقلابا جذريا في نظام المجتمع وحملت تهديدا للتوازن الكوسمولوجي.

لكن الثورة المباركة قد تعيد السلطة الى مجدها القديم وأخلاقها القويمة السابقة واستعادة الشعب لحريته ولكنها ما لبثت أن طالبت بكتابة دستور يؤسس حكومة عادلة تضمن المساواة بين الناس. من البين " أن المسألة الاجتماعية انما بدأت تؤدي دورا ثوريا في العصر الحديث وليس قبلهن وذلك حينما بدا الناس يشككون بأن الفقر هو شيء كامن في الطبيعة البشرية ، ويشككون بان التمييز بين القلة التي نجحت بحكم الظروف أو القوة او الغش بتحرير نفسها من اصفاد الفقر، وبين الكثرة الكاثرة العاملة والمصابة بالفقر هو تمييز محتم وأزلي."[12]

ان ما حصل عندنا هو حالة ثورية ولا يجوز نعت ذللك بالتمرد والعصيان والانتفاضة لأن هذه الأمور لا تنتهي الى تحرير للإنسان ولا تؤدي الى تأسيس حرية جديدة.

ان دوافع الثورة مشروعة وحقائقها بديهية وأدواتها معروفة حتى وان كانت صادرة عن سياسات القوة وأظهرت قدرة تدميرية كبيرة للنظام السائد بقوة السلاح وأفضت الى اندلاع الحروب والمواجهات. عندئذ " ان المفهوم الحديث للثورة، المرتبط ارتباطا لا انفصام له بالفكرة التي تقول بأن مسار التاريخ بدأ من جديد فجأة ، وبأن قصة جديدة تماما، قصة لم ترو سابقا ولم تعرف قط، هي على وشك أن تظهر، هو مفهوم لم يكن معروفا قبل الثورتين العظيمتين للقرن الثامن عشر."[13]

---

[11] عبد المنعم الحنفي، **المعجم الشامل لمصطلحات الفلسفة**، مكتبة مدبولي، القاهرة، 2000. الطبعة الثالثة، ص.ص.234.235.

[12] حنة أرندت، **في الثورة**، ص.29.

[13] حنة أرندت، **في الثورة**، ترجمة عطا عبد الوهاب، المنظمة العربية للترجمة، الطبعة الأولى، بيروت، 2008. ص.38.

عن سؤال من هو الثوري اليوم؟ يكون الجواب البديهي هم الطبقة الناشئة وبالتحديد فئة الشباب ولكن السؤال الأعسر هو لماذا؟ أو بعبارة اخرى ماهي الدواعي التي دفعت بالشباب الى تبني الحالة الثورية؟

ان النظرية الثورية تحتاج الى الممارسة الثورية ولكن المفارقة هي أن جل النظريات الثورية التي عششت فوق مسطح المحايثة العربية أنجبت ممارسات غير ثورية وانقلبت على نفسها وسقطت في الشمولية والعنف وأن الممارسات الثورية غذتها نظريات تقليدية وقام بها فاعلون محافظون وأن دعاة الثورة تحولوا الى مقلدين ودعاة التقليد قاموا بإنجازات عظيمة.

ان نجاح الثورة بالنسبة الى الطبقة الشبابية الصاعدة هو واقعة انسانية نبيلة وحدث منتظر وأمل واعد وانه بفضل حماس هؤلاء الشباب وتحديهم وبذلهم ونهوضهم وقيامتهم وايمانهم اندلعت هذه الثورة وتعممت. هنا يجب أن نميز بين الثوري بحق والمتواطئ والانسان المحايد الايجابي والمحايد السلبي وبين المناضل الذي قضى حياته يواجه الاستبداد والمقاوم الذي لم يترك حيلة لكي يناهض العولمة ورجل السياسة المحترف الذي يخضع لمنطق المصلحة والدسيسة ويستعمل كل الطرق لجلب الأغراض.

لكن لا يكفي أن تتبنى فكرا ثوريا لتتحول الى ثائر فعلي وتشارك في قيام الثورة مثلما لا يكفي أن يكون مظلوما ومضطهدا لكي تنتفض وتقلب النظام القائم رأسا على عقب وانما يمكن أن يمتلك جميع الناس الوعي الثوري عن طريق العدوى ودفعة واحدة بفضل تشغيل العناصر الثورية التي كانت نائمة المخزون النفسي الجماعي ولكن لا أحد بإمكانه أن يبني.

" ان هدف الثورة كان ولم يزال هو الحرية... في حين أن الثورات بنوع خاص لم تكن موجودة قبل ظهور العصر الحديث، لا بل انها من أحدث الوقائع السياسية الرئيسية"[14]

ان نجاح الثورة يعني أن النظام السياسي الذي كان موجودا فقد كل معقولية وأصبح أمرا لا يطاق بالنسبة الى الجيل الجديد وأن معقولية أخرى بصدد التشكل وأن الفئة الشابة هي وقودها المركزي ومنارتها البارزة. انه لا يمكن الحديث عن الثورة دون وجود فئة ثائرة ولا يمكن تحديد هذه الفئة الثائرة دون توفر لوضع متأزم ومنعطف تاريخي وفكر ثوري ووسائل ثورية وراي عام مضاد للثقافة الرسمية. لذلك حقيق بنا أن نبين أنه" ثمة ثورة عندما يرافق التغيير في المؤسسات تعديلا عميقا في نظام الملكية"[15] وفي تنظيم المجتمع وتقسيم العمل.

ان الشاب هو المثال الثوري بالنسبة الى الانسان بصفة عامة ويوجد في منطقة وسطى بين حد الطفل الطامح وحد الشيخ اليائس وان التناقض بين العامل الذي لا يملك سوء جهده العضلي والذهني الذي يبيعه في سوق العمل وبين مالك رأسمال الذي لا يهمه سوى المحافظة على ثروته وتنميتها بالتحالف مع النظام القائم هو محرك الانتفاضات وان تدهور الشروط المادية للحياة الاجتماعية هو مغذي الاحتجاجات والدافع نحو الثورات.

ان الشباب العاطل لا اهتمام له ولا مطمح سوى العمل في مصانع الثوار والاشتغال لدى مجتمع الثورة وان تقوية الوعي الثوري لا يمر الا عبر تفكيك العقلية المحافظة والتصدي للقوى المضادة للثورة ونفيها. هكذا " يريد الثوري أن يغير هذه الوضعية من أجل طبقته برمتها وليس من أجل ذاته عينها."[16]

[14] حنة أرندت، **في الثورة**، ص.14.

[15] J-P- Sartre, *situations philosophiques*, matérialisme et révolution , p.108.

[16] J-P- Sartre, *situations philosophiques*, matérialisme et révolution , p.115.

بلا شك ان العالم سيبدو جميلا بعد الثورة وان الناس سيتميزون بالقدرة على المبادأة والابداع وان الفكر الضعيف الذي يروج للنهايات وينذر بالشؤم سيتوارى عن الأنظار وان القول بأن "الدولة الديمقراطية هي بالفعل الشكل الأخير من النحن على عتبة الانسان المتفوق"[17] هو قول مغلوط يخدم النظام الشمولي الذي يرهن وظيفة الدولة في توفير الحماية والأمن للحشود في حين يسلبهم حريتهم وكرامتهم وحقهم في الوجود الأشرف، وان كل شيء سيكون مسموحا به وكل شيء سيكون ممكنا على الرغم من التخوفات وحالة الفراغ والارتياب ومجهولية الآتي وبروز القوى المضادة وانفلات الكبوت.

غير أن أهم مطلب يترجم التطلعات الثورية التي تراود الشبيبة وينبغي تحقيقه هو: **التفكير في امكانية وجود مجتمع خال من الشمولية** وبالتالي البحث عن قيام نظام غير شمولي وعن مجتمع ديمقراطي حر خال من العنف والكذب. من هذا المنطلق اصبحت الثورة تشكل القضية السياسية المركزية في الفكر الفلسفي الراهن خاصة عند اندلاعها مع انقضاء مبرراتها الايديولوجية كلها وبعد فقدان البشرية الأمل في حدوثها والمد الليبرالي الجديد.

ان هذا الأمر يمكن البحث عنه في بؤر المقاومة ومنابتها القصية وفي الولادة المستمرة للوضع البشري من حيث هو وضع تراجيدي تعددي. وان فلسفة الثورة تكشف لنا الارهاب الذي كانت تمارسه الأنظمة الشمولية على الأفراد والجماعات وعن الجحيم الدنيوي والقسوة التي يتعرض لها الوضع البشري المنزوع من كل الأسلحة.

كما تمنحنا الثورة اندفاعة الحركة التاريخية وعدالة المقصد وطهارة الوسيلة وشفافية الانسان مع نفسه وتفجر الطاقة الابداعية فيه الأبعاد الأكثر ديمومة والتي لم تطلها ألية التحطيم والفساد. لكن ألا يمكن أن تتعرض الى التعثر وتلتف حولها ثورة مضادة؟ وما الضامن لكي يصل مركب الثورة الى بر الأمان؟

[17] Marc Crépon, la communauté en souffrance, in Jocelyn Benoist – Fabio Merlini, *Après la fin de l'histoire, Temps, monde, historicité* ,éditionsVrin, , 1998, p.170.

ان خيانة الثورة تبدأ رسميا عندما يتشكل حزب قوي يكون قادرا على استقطاب شريحة هامة من الشباب ويعزف عن تبني القيم الثورية ويحرص على ابطال تدفق الارادة الثورية التي تسلحت بها الفئة الشابة.

كما" أن الثوري هو في وضعية بحيث لا أحد يستطيع أن يتقاسم معه أولوياته"[18]، كما ينتمي الى الطبقة التي تعمل على تفكيك المنظومة القائمة ويصارع من أجل احداث تغيير جذري وليس تحسين في الوضع. "يبدو كما لو أن قوة أعظم من الانسان قد تدخلت حين بدأ الناس يؤكدون عظمتهم لتبرئة شرفهم."[19] "ان الثوري يتحدد بتجاوز الوضعية التي يوجد عليها... نحو وضعية جديدة بصورة جذرية."[20]

"ان العمل والكدح هما أبعد شيء عن اقطاعية الفقر والفقراء الذي لا يملكون شيئا، لنهما على العكس مصدر الثروة كلها، فتحت هذه الظروف نجد أن ثورة الفقراء والمستعبدين من الناس يمكنها حقا الى أكثر من تحريرهم أنفسهم ومن استبعاد القسم الآخر من البشرية."[21]

لكن هل يبرر معايشة الانسان للوضعية الثورية اللجوء الى استعمال القوة من أجل اسقاط السلطة القائمة؟ وكيف تعتبر الديمقراطية هي المبدأ الذي ينبغي أن يقوم عليه النظام المدني؟

2- من التعاقد الى التوافق:

"في النقاش المعياري الذي يحرك الدائرة الديمقراطية العامة لا يؤخذ في الحسبان، في نهاية الأمر، الا الأحكام الأخلاقية بالمعنى الدقيق. ان ماهو جيد بالنسبة الى كل فرد لا يمكن الزعم بقبوله من قبل الجميع ولأسباب مقبولة الا عبر أحكام حيادية بالنسبة الى مختلف رؤى العالم."[22]

---

[18] J-P- Sartre, *situations philosophiques*, matérialisme et révolution , p.109.

[19] حنة أرندت، في الثورة، ترجمة عطا عبد الوهاب، المنظمة العربية للترجمة، الطبعة الأولى، بيروت، 2008. ص.67.

[20] J-P- Sartre, *situations philosophiques*, matérialisme et révolution ,p.110.

[21] حنة أرندت، في الثورة، ص.30.

[22] يورغنهابرماس، مستقبل الطبيعة الإنسانية، ترجمة جورج كتورة، المكتبة الشرقية، بيروت، 2007.ص.66.

من المتعارف عليه أن السياسة هي بالمعنى الواسع تشير الى سمة الحياة المشتركة في مجموعة من الناس المنظمة وأول ما ظهر اللفظ هو متعلق بالاقتصاد السياسي.

أما المعنى الاصطلاحي للسياسة فيشير الى الدولة والحكومة بالتعارض مع الظواهر الاقتصادية والمسائل الاجتماعية سواء تعلق الأمر بالعدالة والادارة أو بالأنشطة المدنية للحياة مثل التعليم والثقافة والبحث العلمي والدفاع الوطني. أما السياسة بالمعنى الجيد والراشد فهي التنظيم العقلاني للعلاقات بين الأفراد وتحييد العنف وتفادي النزاعات.

الديمقراطية هي نظام سياسي تنتمي من خلاله السيادة مجموع المواطنين أي الى الشعب.

من المعلوم أن الديمقراطية هي نظام سياسي واجتماعي يكون فيها الشعب هو مصدر السيادة والسلطة، فهو يجعل المجتمع يحكم نفسه عن طريق ممثلين عنه. في هذا الاطار صرح مونتسكيو:"توجد الديمقراطية حينما يكون الشعب في الجمهورية جسدا واحدا مع القدرة السيدة ".

على هذا النحو يمكن أن نميز الديمقراطية المباشرة التي يمارس من خلالها الشعب السلطة دون وسائط، والديمقراطية التمثيلية أو البرلمانية التي يفوض من خلالها الشعب برلمانا بواسطة القرعة أو الانتخاب لكي يمارس دور السلطة التشريعية. أم الديمقراطية الحاكمة أو الدكتاتورية فهي التي ينتخب فيها الشعب حاكما واحدا يحتكر لنفسه جميع السلطات كل حياته ، ويتعارض هذا النمط مع الحكم الأرستقراطي أو الحكم التقليدي. في حين أن الديمقراطية الليبرالية هي تحترم الحريات الفردية وتعطي الحقوق كاملة بالنسبة الى المعارضة السياسية وتعمل على طرد الديكتاتورية دون رجعة سواء تعلق الأمر بشخص أو بحزب.

غني عن البيان أن فكرة الديمقراطية تطورت تاريخيا: فإذا كانت عند الاغريق تعني المساواة أمام القانون من طرف المواطنين وتستثني العبيد والنساء من الحياة

السياسية، واذا كان روسو أسسها على العقد الاجتماعي وعلى السيادة الشعبية اللامنقسمة واللامحدودة التي لا تخضع الى أي حق طبيعي ولا تعطي أي حق للمعارضة ويمكن أن تفرض دينا مدنيا، فإن دي توكفيل يحدد الديمقراطية بالطموح نحو تحقيق العدالة ضمن شروط تسمح لها بمواجهة التراتبية التي تشرعها الأرستقراطية ويسميها الديمقراطية المساواتية[23]، اذ يصرح في هذا المجال:" ان التطور التدريجي للمساواة هو واقع كوني ومستمر وينفلت في كل يوم عن القدرة الانسانية."[24] لكن ما يتخوف منه هو تحول الديمقراطية الى استبداد ناعم تختفي فيه الفردانيات وتنتهك الحريات تحت مسمى حكم الأغلبية والانتصار الى الحشد .

كما نجد أنواع أخرى من أشكال الحكم مثل ديمقراطية الرأي حيث ينغمس الفرد في تلبية مشاغله الخاصة ويتخلى عن دوره الايجابي كمواطن ويترك المجال لسلطة الرأي العام. وثمة ديمقراطية صورية تحترم الشكل القانوني دون المضمون وديمقراطية واقعية تضمن العدالة الاجتماعية وتسمى ديمقراطية شعبية.

هكذا يمكن أن نميز بين الديمقراطية على نطاق ضيق وتعني دمقرطة الحياة الأسرية أو الجماعة الدينية والديمقراطية على نطاق واسع وتعني دمقرطة المجتمع والمعمورة.

هناك أسس أخرى ترتكز عليها الديمقراطية، مثل ضمان حقوق الإنسان الأساسية، وتنظيم الانتخابات الحرة العادلة والمساواة أمام القانون. كما ينبغي أن تؤمن الجماعة السياسية بالتداول السلمي للسلطة وتعطي للأفراد والجماعات ممارسة حقوقهم السياسية من خلال المشاركة السياسية في صناعة القرار. لكن ماهي المنزلة التي تحتلها المواطنة في النظام الديمقراطي؟

[23] égalitarisme

[24] Alexis de Tocqueville, *De la démocratie en Amérique*, coll. Garnier-Flammarion, éd. Flammarion, 1993 et 1999, 2 tomes.

المواطنة هي الفعل الذي يتم به الاعتراف بشخص او عائلة أو مجموعة على أنه عضو في المدينة أو الدولة يساهم من موقعه وبطريقة فاعلة في تغذية المشروع المشترك. كما تتضمن المواطنة مجموعة من الحقوق المدنية والسياسية والواجبات القانونية وتحدد دور المواطن داخل المدينة وفي علاقة بالمؤسسات. ان المواطنة بالمعنى القانوني هي مبدأ المشروعية، وان المواطن هو محور الحق.

لكن كيف ننتقل من الحديث عن المواطنة الى التطرق الى المواطن؟

توجد ثلاثة معان لمفهوم المواطن:

معنى سياسي: مفهوم مواطن ليس له معنى الا في اطار مجتمع يخضع الى قوانين . إن القانون هو الذي يحدد الحقوق والواجبات بالنسبة الى المواطنين. بواسطة المواطنة تعترف الدولة للأفراد المواطنين بحريات متساوية وتضمن لهم حماية معينة. ان المشكل الأساسي السياسي للمواطنة في الديمقراطية الحالية هو مشكل المشاركة الفاعلة لكل المواطنين في الحياة السياسية وسن القوانين. في يوم الناس هذا تعني الصفة مواطني احترام القوانين والحريات الأساسية والعناية بالخير المشترك.

معنى تاريخي: المواطنون في المدينة الاغريقية يعتبرون أنفسهم أناس أحرار ومتساوين في الطبيعة وفي المشاركة في الحياة العامة وفي تقلد المناصب القيادية. لكن تم اقصاء من هذا الحق المدني كل من النساء والغرباء والعبيد والمرضى والأطفال والشيوخ. لكن مع نظرية العقد الاجتماعي لروسو في القرن18 وفلسفته السياسية أخذ مفهوم المواطن قيمته المطلقة.

ان الفرد الذي يخضع الى الحكم السياسي لا يبقى حرا الا من جهة كونه مواطنا وبالتالي هو سيد نفسه ولا يخضع الا الى القانون الذي سنه بالاتفاق مع غيره وبالاعتماد على قاعدة عقلية. كما يميز الدستور الفرنسي لعام 1789 بين المواطن الفاعل الذي يمتلك حق الانتخاب ويؤثر في القرار السياسي والمواطن المنفعل الذي يتمتع بالحريات الأساسية دون أن يناضل من أجل حمايتها.

معنى كوني: ان الانتماء الى الانسانية يؤسس المساواة في الحقوق والواجبات بالنسبة الى الناس دون الأخذ بعين الاعتبار الانقسام بين الدول والمجتمعات والفوارق بين الجهات واللغات والديانات والثقافات والأعراق. ان الفكرة الكوسموبوليتية[25] للمواطن عند الرواقية محكومة من طرف العناية الالهية والعدل الالهي. أما كانطفي ميتافيزقا الأخلاق فقد جعل من الفكرة الكوسموبوليتية فكرة ناظمة لنظريته السياسية وعرفها بأنها " فكرة الجماعة العامة والمتسامحة وبخلاف ذلك متواددة مع كل شعوب الأرض."

لقد أصبح طموح الفكر السياسي المعاصر هو تشييد دولة عالمية موحدة تمكن أن تكون مهيمنة ومطلقة مثل الامبراطورية والامبريالية والعولمة المتوحشة ولكن يمكن أن تكون فدرالية تجمع مختلف الدول والأمم والشعوب أو دولة تضم المواطنين العالميين. هكذا تتعدى المدينة الحقيقية للإنسان حدود المدينة التي يقطن فيها كل انسان لتصل الى العالم برمته وتكون المعمورة هي المدينة الكونية التي يقطنها النوع البشري.

تكون المواطنة هي صفة المواطن وفي معناها المحدود تشير الى الانتماء الى مدينة أو دولة ولكنها بالمعنى الدقيق هي غير مفصولة عن مشاركة فعالة في الشؤون العمومية. ان المواطنة هي البعد السياسي للوجود الذي لا يمكن اختزاله الى المجموع المكون بواسطة النشاط الاقتصادي والسجل الخاص.

ان المواطنة يجب أن تكون في نفس الوقت ظاهرة واقعية ومنزلة شرعية وسياسية تعطى الى الأفراد في الدول ، وكذلك هي نمط مثالي للحياة يحقق الانسجام والتكامل بين الفضيلة الشخصية والروح المجتمعية.

---

[25] cosmopolitique

ان الشروط التي يجب أن تتوفر لكي تتمأسس المواطنة هي الحد من الفردانية الأنانوية الضيقة التي تحول دون مشاركة فعلية في الحياة السياسية ودون تضحية من الأفراد في سبيل الخير المشترك. علاوة على توجه عناية النظام السياسي الجديد الى احترام مجرد وغير شخصي لحقوق وحريات كل واحد وحماية كرامة الفرد وحياته الخاصة وحقوق الأقليات ضد تدخلات الدولة والأفراد الآخرين وعوض الاهتمام بوحدة الجماعة السياسية وحقوق الأغلبية والحرص على سيادة الدولة بالمقارنة مع الدول الأجنبية.

ان الثورة الكبيرة التي تمس مفهوم المواطنة تنفلت من دائرة الخسارة والربح ولا ترتهن الى منطق الهزيمة والانتصار وتحرص في المقابل على الاعتناء بمفهوم المواطن الكوني والاعلاء من البعد الكوكبي للمواطنة باعتباره عابر للدول والثقافات ومحور تجاذب واستقطاب من قبل الهيئات والدول.

بيد أن وجود السياسة في التاريخ يتوقف على طلب الحرية من طرف جماعة سياسية في مواجهة الاستبداد والقيام بتوزيع عادل للسلطات الدنيوية التي سمحت بها الكتب السماوية والحقوق الطبيعية والقوانين الوضعية وتفادي وقوع العلاقات الانسانية تحت رحمة العنف وتصريف شؤون الناس عن طريق الاقناع.

لقد بنت الديمقراطية الكلاسيكية عمارتها على فكرة التعاقد القانوني بماهي معاهدة يعطي بواسطتها واحد أو مجموعة شيئا ما أو يمتنع الى شخص آخر أو مجموعة. ويفيد العقد[26] في الاصطلاح الفلسفي الالتزام المتبادل والنمط المثالي لكل العلاقات الاجتماعية ونقيضه هو الحكم عن طريق حق الأقوى أو الحق الالهي وما يترب عن ذلك من طغيان وثيوقراطية والمحافظة على الثبات الاجتماعي وبقاء منزلة الناس في المجتمع على حالهم دون أن تكون لهم القدرة على استعمال اراداتهم في تغيير وضعهم نحو الأرقى.

---

[26]Contrat

ان العقد الاجتماعي عند جان جاك روسو هو مجموع المعاهدات والمواثيق الأساسية التي يتم الاعلان

عنها بوصفها المبادئ التنظيمية للحياة في المجتمع ويمكن التعبير عنه بالصياغة التالية: " الاهتداء الى شكل من

الاجتماع توظف فيه قوة المجموعة بأسرها لحماية كل عضو من الأعضاء والذود عن أملاكه، وبهذا الضرب من

الاجتماع يستطيع كل امرئ أن ينضم الى المجموعة كلها، ولكنه يظل في الوقت ذاته حرا كما كان في السابق ولا

يخضع الا لسلطان نفسه، هذه هي المعضلة الأساسية التي يوجد العقد الاجتماعي حلا لها."[27]

على هذا النحو يستجيب الى شروط العقد القانوني ويتم ابرامه بين طرفين ويقع فيه تبادل متساو لمنفعتين

ويكف أن يكون عقد خضوع وتفويض ليصبح عقد تشارك وتحرر وذلك لأن الخضوع لمشيئة الارادة العامة

ليس هو خضوع الأنا للآخر بل خضوعه لنفسه و"اذا منح كل واحد نفسه للمجموعة كلها فإنه لم يمنح نفسه

لأحد"[28] وبعبارة أخرى "أن يضع كل واحد منا شخصه وكل ما له من قوة تحت تصرف المجموعة وأن يخضع

لمشيئة الارادة العامة، وأن يلتحم بكل عضو من أعضاء المجموعة جزءا لا يتجزأ منها."[29]

بيد أن المنعطف الجديد الذي أحدثته الثورة العربية هو الكشف عن الحالة الاستعجالية للأخلاق ضمن

دائرة الممارسة السياسية الرسمية ويقتضي ضرورة التخلي نهائيا عن مقولات العهد والميثاق والعقد وكل المدونة

القانونية الوضعية لما آلت اليه من توظيف براغماتي واستغلال سلطوي أفقدها بريقها وجعلها تتحول الى

"ديمقراطية الواجهات" وتسقط في حالة حرب الكل ضد الكل والحكم الفردي المقنن عن طريق القمع

والتخويف. كما ينبغي استبدال هذه المدونة المستهلكة بمقولات جديدة هي التوافق[30]والصداقة والمصالحة

والصفح ائتمارا بقولة كانط: "تنظيم جمهور من الكائنات

[27]J-j Rousseau, *Contrat Social*, livre. I, editions Garnier Flammarion, 1986.p.50

[28]J-j Rousseau, *Contrat Social*,p.51.

[29]J-j Rousseau, *Contrat Social*, p.52.

[30]Consensus

العاقلة يطلبون جميعا وقد حصل بينهم اتفاق، قوانين عامة تهدف الى ضمان بقائهم"[31]، وذلك ليس بالتحسين الأخلاقي للطبيعة البشرية بل بتوجيه الاستعدادات العدائية نحو الالتزام بالقوانين والسلم.

وآيتنا في ذلك أن مقولة العهد أتت من المرجعية العسكرية وتشير الى الأحلاف والحرب والسلم وتتكلم لغة التوريث والوصية. أما مقولة الميثاق فقد ترعرعت بين أحضان اللاهوت والدين وتشير الى الوديعة والائتمان والوعد والانتظار وتحمل شحنة انتظارية ارجائية وتفترض اصغاء انساني وجودي لأمر الهي محتم. بقيت مقولة العقد التي تشكلت في المرجعية القانونية ومثلت الدرع الذي احتمت به النظم الاستبدادية والشمولية وتميز بشرعنة الحاجة الى طرف ثالث وتفويت الأفقية والمحايثة لصالح الهرمية والتعالي.

ان السياسي ينبغي ان يتحرر من اللغة الحربية والتأسيس الأنطو- تيولوجي ومن الوصاية القانونية وأن يعمل على التحالف مع الإتيقي والايكولوجي من أجل المحافظة على المرونة والاجرائية والنجاعة. ولذلك ينبغي أن يقترن التصور الجديد للعقد بمفهومي الوعد والالتزام وذلك لأن اعطاء وعد تجاه الآخر بمشاركته في السراء والضراء يقتضي الالتزام بتنفيذ الوعد وتقديم الضمان بعدم النكث والتخلي.

ان الاشكال الذي ينبغي أن يثار بجدية بالغة هو المراوحة بين ثنائية الرعوية والحرية والتي تفترض ضمنيا الاهتمام بثنائية النظام والفوضي و التميز بين الكاووسو اللانظام وبين سير المؤسسات في نسق مدني عادي وتشغيل الآلة القمعية. كما أن مطلب الأمن يتلبس بواقع الخوف ويكون كبش الفداء هو التحول الى وضع الخضوع والرعوانية وشرعنة الاستبداد والتضحية بالحرية والكرامة واللاإعتراف.

عندئذ يعتبر مفهوم **التوافق**[32] بدل العقد أهم المرتكزات التي يجب أن يستند عليها الحوار العقلاني والنقاش العمومي بين القوى الفاعلة وممثلي الحساسيات السياسية. والأهم هو انتقال من تصور ينبني على التفويض والخضوع والتفويت الى تصور ينبني على التشارك والمحاسبة والحرية.

---

[31] E. Kant, *Projet de paix perpétuelle*, éditions Vrin, Paris, 1984.p.44.

[32] Consensus

ان التوافق هو مصطلح يستعمل في العادة للدلالة على التعاون والتشارك والتعالق والرضا الكوني والقبول التام ولكنه في معناه الدقيق يفيد اتفاق الناس قاطبة على مجموعة معينة من القضايا واعتبارها حجة على وجاهة رأي معين أو صحة الحقيقة المصادق عليها. ان التوافق ليس بعيدا عن الموافقة[33] والاجماع[34] وهو حركة ارادة يمكن أن نقرر من خلالها صراحة عدم اعتراضنا على فكرة أو تجربة قام بها غيرنا.

يتحدث هابرماس وآبل ضمن اتيقا النقاش وفي اطار البرغماتية الكونية التي تتعارض مع هرمينوطيقا الأعماق عن أن قوة الحجة ليست الأفضل على الاطلاق بل النوعية التي يصل اليها عن طريق التفاهم أو اللقاء بين المشاركين في النقاش. ان الحجاج يمثل الشكل المنطقي للنقاش لكن من وجهة نظر الالتزام البراغماتي للملفوظات بوصفها أفعال لغوية وليس من جهة مضمونها. ان صلاحية الحجج لا تتوقف على التساوق المنطقي ولا على الصلاحية الخبرية وانما تستمد من لقاء[35] المشاركين في النقاش.

هذا الأمر يطرح وضعية نموذجية للكلام حيث يكون اللقاء وليس التواصل هو المبدأ المنظم للجماعة الانسية. وان الاعتراف بقوة الحجج لا يستجيب لمنطق النفوذ الاجتماعي والسلطة الاقتصادية وانما مرتبط بالمعقولية والالتزام بالنقاش واحترام قواعد اللعبة والبنى المهيكلة لمؤسسات الفضاء العمومي. كما أن التوافق يفترض على خلاف حل وسط[36] وتفاهم[37] دون تحفظ ويمثل فكرة - حد تعطي الأولوية للاتفاق بين الأشخاص في سياقات معينة على مضامين محددة وبالرجوع الى الحقيقة التوافقية.

ان تصور الحقيقة التوافقية يمكن السياسي من تفادي المضيقات الميتافيزيقية ويأخذ بعين الاعتبار البعد الاجتماعي للغة والمغرس السردي للفعل والهوية يؤمن بأن تعلم

[33] consentement
[34] Uniformité
[35] entente
[36] compromis
[37] Accord

للغة السياسية العادية معناه تعلم الاستعمالات البيذاتية والتكلم مع العالم والاصغاء الى الرابط الاجتماعية.[38]

يتعلق الأمر هنا بتحرير الوجود الفردي وببناء النسق المؤسساتي وبالتوقف عن فصل السياسة عن الأخلاق وفهم السياسة على أنها تشييد المجتمع المؤسساتي من طرف الأفراد الذين يكونونه مع تمسكهم ومحافظتهم على معتقداتهم ورغباتهم. وان التفكير النقدي مطالب بأن يبلور نظرية كوكبية للمجتمع المستقبلي تدور في فلك نظرية الحياة الجيدة في النظام المحبذ من طرف الكل الآخر. "ان الأمر يتعلق اذن بالنسبة الينا وبالتحديد بتأسيس السياسة على الإتيقا"[39].

من افرازات دمج الأخلاق في الأدبيات السياسية المعاصرة هو احترام كرامة الحياة الانسانية وصعود قيمة الكرامة الى أعلى هرم القاموس السياسية وارتباطها بمفاهيم الحرية والاعتراف والاحترام للشخصية الانسانية خاصة وأن هوية الانسان لا تتحقق الا في اطار الوجود مع الآخر ولا يتم اثباتها الا ضمن شبكة من الاعتراف الاجتماعي المتبادل.

ان الحياة الانسانية تستحق الكرامة وتكوين الحرية والسعي وراء السعادة، وان الكرامة تقتضي الاحترام وتوسيع الحياة السياسية خارج جدران المركز نحو الأطراف وان الاحترام لا يتحقق الا عبر الاعتراف، وان الرغبة في الاعتراف لا تستكمل الا في اطار الانفتاح على الغيرية وضمن دائرة الحق الانساني ومملكة الغايات واستبدال أسبقية العادل على الخير بأسبقية الخير على العادل ضمن دائرة الانصاف.

"ان الكرامة الانسانية بمعنى أخلاقي أو قضائي هي كرامة مساوية لهذا التوازي في العلاقات. انها ليست صفة نمتلكها مثل الذكاء بالفطرة...بل هي الاشارة الى ماهي

---

[38] M.Canto- Sperber, *Dictionnaire d'éthique et de philosophie morale*, éditions PUF, T1, p.p.545-546.

[39] Robert Misrahi, *traité du bonheur II, Ethique, politiqueet bonheur*, éditions du Seuil , 1983.p.266.

عدم المساسية التي لا يمكن أن يكون لها معنى الا في اطار علاقات بين أشخاص يعترفون بعضهم ببعض في اطار تبادل متواز ومتساو بين أشخاص فيما بينهم."[40]

لكن هل يجب أن يكون الشخص الأخلاقي أكثر ثورية مما هو مطلوب من أجل بناء نظام ديمقراطي تعددي؟

3- **الديمقراطية الآتية**[41]:

"ان المجتمع الجيد هو الذي ينتج تعقيدا شديدا ويجدده."[42] كما "تشكل الديمقراطية نظاما سياسيا معقدا بمعنى أنها تحيا بالتعددية والمنافسة والتضاد على الرغم من كونها جماعة وطنية."[43]

ان القاموس السياسي الجديد يتضمن **الديمقراطية** الآتية المغايرة للديمقراطية التمثيلية التعاقدية عند روسو الذي يقول بشأنها:" يستطيع معقد السيادة أولا أن يعهد بمهمة الحكم الى الشعب كله أو الجزء الأكبر منه، بحيث يكون هناك عدد من المواطنين الحكام أكثر من عدد المواطنين الأفراد، ويطلق على هذه الصورة من صور الحكم اسم الديمقراطية".[44]

هكذا تتبع الديمقراطية الجذرية الآتية برنامج **السياسة الحيوية** التي تجعل من ضمان حياة الناس الجيدة غذاء ومسكنا وصحة وتعليما وترفيها ويحتوى كذلك على **الدين المدني** الذي يتبع منهجا عقلانيا تأويليا للنص يخلصه من المعتقدات الأسطورية وينزع القداسة عن الشخصيات ويعلمن الفضاء العمومي ويتعلق الظاهرة الدينية من خلال القراءة العلمية.

---

[40] يورغنهابرماس، مستقبل الطبيعة الإنسانية، ص.ص.66.67.

[41] A venir

[42] أدغارموران ، النهج، إنسانية البشرية، الهوية البشرية. ترجمة هناء صبحي، منشورات كلمة، أبو ظبي، الطبعة الأولى، 2009، ص.235.

[43] أدغارموران ، النهج، إنسانية البشرية، الهوية البشرية. ص.230.

[44] جان جاك روسو، في العقد الاجتماعي، ترجمة عبد الكريم أحمد، مراجعة توفيق اسكندر، بإشراف الإدارة العامة للثقافة بوزارة التعليم العالي، مصر، ص.151.

"ينبغي على الانسان الديني أن يقبل خمس حقائق وليس حقيقة واحدة فحسب: الأولى هي وجود اله معين، الثانية هي ان اللـه ينبغي أن يكون محبوبا، الثالثة هي أن الفضيلة والرأفة تمثلان القسم الأكبر أهمية من الممارسة الدينية وليس الشعيرة أو العقيدة، الرابعة هي أنه ينبغي أن نتخلص من شرنا بواسطة التوبة، والخامس هو وجود أشكال من الجزاء والعقاب في العالم الآخر."[45]

ان **العلمنة**[46] يجب أن تمر بعتبتين : العتبة الأولى هي تحرر التشريع القانوني من سلطة النص الديني والميراث الفقهي مع بقاء الأخلاق تحت سلطان الدين وذلك لكون الأديان تمتلك دورا اجتماعيا أخلاقيا. أما العتبة الثانية فهي فقدان الدين لسلطته المعيارية على الحياة العامة وتحكيم العقل والذوق والصالح في وضع المعايير التي تخص مجالات ضيقة مثل الحياة والمهنة والبيئة وانهاء حالة الخصام بين الديني والسياسي. زد على ذلك "ان الجمهورية العلمانية تقبل كل الناس مهما كانت اعتقاداتهم الروحية بشرط أن يقبلوا طوعيا القانون المشترك الذي يؤسس التعايش وأيضا التوافق بين الجميع".[47]

يميز روسو في اطار دراسته لعلاقة الدين بالمجتمع وحديثه عن الدين المدني بين القداسة والسيادة وبين دين الانسان ودين المواطن الذي ينتمي الى دولة لها قوانين ويحكمها دستور سياسي وواجبات وطنية ويثنى على الأول لأنه يتفق مع القانون الالهي الطبيعي ومرتبط بالتوحيد الحقيقي وبالواجبات الأخلاقية.لقد" ظل الدين المقدس دائما أو على الأقل مستقلا عن معقد السيادة ودون رابطة ضرورية بجسد الدولة. وكان لمحمد آراء صائبة جدا، فقد أحسن ربط نظامه السياسي وكانت صورة الحكم التي وضعها باقية في عهد الخلفاء، فقد ظلت هذه واحدة تماما ، وكانت حكومة جيدة."[48] فهل يعني أن الاسلام هو الدين المدني؟

---

[45] Jeroum B. schneewind, *l'invention de l'autonomie*, éditions Gallimard, 2001, p.209.

[46] Sécularisme

[47] Christian Ruby, la solidarité, in *la pensée politique*, p.377.

[48] جان جاك روسو، **في العقد الاجتماعي**، ص.232.

ان المشكل هو أن تتحول هذه الديمقراطية التمثيلية التي ترتكز على اختيار الأغلبية واحترام التقسيم وليس الفصل بين السلطات الى استبداد ديمقراطي وتعتدي على حقوق الأقليات وتبرر الحاجة الى الديمقراطية التشاركية التي هي بدورها تساهم في اعادة انتاج المنظومة الشمولية وتكرس هيمنة فئوية بواسطة القانون. لكن المنعرج الذي حدث في تاريخ الفكر السياسي هو الانتقال من الديمقراطية التمثيلية الى الديمقراطية المباشرة حيث يمتلك الشعب كامل السيادة ويحوز الأفراد على مواطنتهم كاملة ويقررون شؤونهم بأنفسهم. الديمقراطية هي العقلانية العميقة التي يجب أن تسود في المجتمع قانونا وممارسة.

هكذا تقوم الديمقراطية الصارمة على تحولات نوعية وثقافية في النظام الحقوقي والسياسي تؤسس لمجتمع سعيد ينشد الحياة في وجود أفضل وليس مجرد العيش وتمتن علاقات التكامل بين الأفراد والاعتراف بين الحريات في ظل غياب كل أشكال الحزن والاغتراب والألم وحضور للمعنى والفرح والخلق والعود على بدء. "ان صلة مشكلة البداية بظاهرة الثورة هي صلة واضحة".[49]

ان التفكير السياسي الثوري لا يقتصر على البحث في الأشكال المعروفة من الحكم (حكم الفرد الواحد والديمقراطية والألغارشية والملكية) وطرق الانتقال من طرف الى آخر وانما يتمحور حل نظريات التغيير السياسي وتهتم بالتنوع والمتحول والمتعدد وعلاقات القوة وشبكة المصالح وعلاقات القرابة وشبكة الرموز وتفكر في اقامة كيان سياسي دائم ومستقر يتدبر مصطلحات المؤامرة والتحريض على العنف.

كما ترتكز هذه السياسة الديمقراطية على جدلية بين الخاص والعمومي وتفترض وجود تنافس وتقسيم للأدوار بين الآراء. "ان أهمية وقدرة الرأي في السياسة يمكنه من استحضار السلطة واستعمالها من أجل غاياتها الخاصة. ان النشاط السياسي يبحث عن

---

[49] حنة أرندت، في الثورة، ص.25.

الهيمنة على الرأي من أجل التحكم في الناس بكل سهولة."[50] لذلك كان لزاما عليها البحث عن آليات للاعتراف والادماج[51] والاندماج بالنسبة الى الفئات والمجموعات التي تعرضت الى الاقصاء والظلم والحرمان وكان المفهوم الجدير بالاحترام هو الديمقراطية الاندماجية التي تعمل على غرس ثقافة الاختلاف والمدنية[52] والنقد والتجاوز والارتقاء.

زد على ذلك ينبغي أن يتوجه المجتمع بأسره نحو **الديمقراطية الاندماجية** والا سقط في الاستبداد والتمييز والفئوية والتعالي، لأن الديمقراطية هي كل لا يمكن تقسيمه وان غياب التكامل بين أفراده يؤذن بانخرام التوازن ويؤذن بعودة العنف وتغذية الحاجة الى الدكتاتور باعتباره الطرف الثالث الذي يعمل على فض النزاعات دون أن يحاسب واحتكار القوة.

يمكن أن نذكر كذلك مفهوم **التعددية** التي تمثل الشرط الذي يضمن الحياة للنسبة للجماعة السياسية والدليل على وجود النشاط والحراك والفعل بالنسبة الى الأفراد وتقطع مع المانوية والتصور الذري للإنسان. كما يشمل تجديد النظر مفهوم **المواطنة** وذلك بتخليصه من الشكلانية والتجريد وضخ الدماء الشبابية والثورية فيه وجعله حقيقة ملموسة وواقع معاش وتشريك جميع الناس دون الوقوع في التمييز على أي أساس.

تقوم **التعددية** على العلاقة لا متناهية التعقيد بين الحرية والابداع وتميز بين الفوضى واللانظام وتسمح ببعض الخروق في النظام من أجل التمتع بهامش من الحرية والتوجه نحو الابداع حتى وان كان ضريبة ذلك تحمل احتمالية الجريمة وخطر التفتت وبالتالي فإن هشاشة الوضع وقابليته للتلف أفضل من تحويل المجتمع الى آلة سجن نفسية والحد الكبير من الحريات واخضاع الأرفاد الى المراقبة المستمرة.

---

[50] Sébastien de la touanne, *Julien Freund, penseur « machiavélien » de la politique*, éditions l'harmattan,2004, p.150.

[51] intégration

[52] civilité

"ان مسألة التعددية الداخلية تشتد بواسطة الاشكالية النوعية المرفوعة عبر التسجيل المستمر للغيرية الدينية...وان اعادة تأكيد الفعل الاجتماعي الكوني يكون مرفوقا بالتذكير المذهبي الرافض للنسبية الدينية."[53]

كما يشير القاموس السياسي بعد الثورة الى العروبة الجديدة والاسلام المستنير والانسانية التقدمية ويضع المسألة الوطنية فوق كل اعتبار والايمان بالاطار السردي كحل لمعضلة **الهوية** واعتماد سياسة الكرامة بالنسبة للأشخاص وسياسة الاعتراف بالنسبة للخصوصيات والجماعات. لذلك تظهر الدولة الديمقراطية بوصفها دولة سياسية تنتمي فيها السيادة الى مجموع المواطنين دون تمييز على أساس الميلاد أو القدرة أو الثروة.

ان الأمر المقضي هو الحرص على نحت هوية جماعية للمواطنة الديمقراطية ترتكز على مفهوم الموافقة المتقاطعة الشاملة[54]. كما يجب أن تقوم الديمقراطية الآتية على المشاركة[55] باعتبارها مظهر من مظاهر المواطنة الفعلية وترجمة لمبدأ تحمل المسؤولية وتعني المشاركة الانخراط في الفعل المدني والتخلي عن الموقع المتعالي الأفلاطوني والانتماء الى الجماعة السياسية والقيام بمهام حضارية في سبيل تعزيز المصلحة المشتركة.

ان الديمقراطية الآتية ليست السلطة التي يحكمها العدد الأكبر من الناس والتي يمكن أن تتحول الى فوضى ولكنها حكم المدينة بواسطة الشعب من أجل تحقيق الخير المشترك. ان حكم الشعب بنفسه ومن أجل تحقيق غاياته هو الحكم الديمقراطي المنشود ولكن هذا النظام الطبيعي والأقل ابتعاد عن الحرية يقوم على اتحاد الناس في جماعة تمتلك حق مطلق ومشترك على كل يوجد تحت دائرة تصرفها. هكذا يجب أن يكون المجتمع الديمقراطي حرا وعادلا ومتساويا حيث يختار الشعب حكامه ويراقبهم

---

[53] XabierItcaina et Jacques Palard, *Les nouveaux espaces de la régulation politique*, éditions l'Harmattan,2008, P.303.
[54] consentement par recoupement
[55] Participation

ويشارك في سن القوانين التي تنظم الشأن العام وتحدد طبيعة العلاقة التي تربط أفراده ببعضهم ببعض.

يتعلق الأمر **بالديمقراطية الالكترونية** حيث يتم التفكير في الهوية السياسية التفاعلية للجماعة الافتراضية في زمن النات عن طريق الشبكة العنكبوتية للإعلام والتواصل التي يشهد نهاية الهويات التقليدية وميلاد الانسان المرآوي وتداخل الحياة العارية الشخصية مع الحياة الاجتماعية المدنية ويكون مركز الثقل الى جانب الذكاء الجماعي والاستثناءات التاريخية والظروف الطارئة وديناميكية لا اجتماعية الاجتماعي.

" ان ما يجب أن يتم أخذه بعين الاعتبار هو كل السلسلة السياسية في الديمقراطية الالكترونية ، من المواطن القاعدي الى حد المسيرين. وبخلاف ذلك ان الانتخاب بالشبكة لن يصبح سوى أداة تدفع الى الاعتقاد في أكبر قدر من استقلالية القرار دون أن تحصل على امتلاك حقيقي."[56]

لقد كشفت الثورة العربية عن الحاجة العميقة لدى عدة شرائح شعبية وشبابية للاعتراف وانهاء حالة التهميش والتمييز ضدها ومطالبتها بحياة يومية جيدة تعاش في العائلة والعمل والثقافة والمحيط. على هذا النحو أفرزت الديمقراطية سياسة اعتراف متساوية تعامل بنفس المعيار جميع الناس وكل المجموعات.

" ان الجدة، في الحقبة الحديثة، ليست في الحاجة الى الاعتراف بل في الامكانية التي تحول دون تحقيقه. ولهذا السبب تم الاعتراف الآن به للمرة الأولى"[57]، ان الاعتراف لم يعد مشكلا يخص الغير بل الهوية الاجتماعية التي تشكلها سياسة تحترم المواطنة والكرامة والأصالة[58].

[56] Jean- claudeChirollet, *penser l'identité politique à l'ère d'Internet et des technologies de l'information*,la pensée politique, coordonné par Eric Zernik, p.404.

[57] Charles Taylor, *le malaise de la modernité*, traduction par Charlotte Melancon, editions du Cerf, Paris , 2005, p.56

[58] Authenticité

من أبرز تجليات حقوق الإنسان هو **حق الكرامة** التي كفلها الله من منذ وجد الإنسان حيث قال الله تعالى:"وَلَقَدْ كَرَّمْنَا بَنِي آدَمَ وَحَمَلْنَاهُمْ فِي الْبَرِّ وَالْبَحْرِ وَرَزَقْنَاهُم مِّنَ الطَّيِّبَاتِ وَفَضَّلْنَاهُمْ عَلَى كَثِيرٍ مِّمَّنْ خَلَقْنَا تَفْضِيلاً".[59]

هذا ما طالب به الغراماتولوجي جاك دريدا ذات مرة حينما رأى ضرورة تفكيك الشمولية وخلخلة العلاقة بين القانون والقوة واعادة كتابة لفظ الديمقراطية واستبدال لفظ democratie بلفظ آخر هو democritie تثمينا لاسم علم لفيلسوف هامشي هو ديمقريطس[60] وتفعيلا للتقليد الذري في الفلسفة وتنديدا بالديمقراطية الهزلية والمسلية التي تمارسها الأنظمة الغربية وتجعل الأطراف في خدمة المركز وتعكس تمركزا حضاريا وصوتيا وعقليا.

كما تتمثل وصية جاك دريدا في الضحك الجماعي من كل الرياح الايديولوجية حتى لا نقع في اليأس والعزم على خلق نموذج ديمقراطي خصوصي. ان تخطي الفقر الذي تعاني منه الديمقراطية يقتضي التعويل على الديمقراطيات الحادثة والعرضية التي تتشكل في الثقافات الأخرى وليس تعميم النموذج المركزي على دول الأطراف بطريقة فوقية مصطنعة.

" ان تغيير لفظ واحد يكفي لكي نطور الشكل الذي يبدو عليه كل حادث ديموقريطي الى حادث ديموقراطي...ويمكن أن نطمح الى رؤية مثال لما سماه دريدا تقاطع ما بين الضرورة والصدفة."[61]

من جهة أخرى ينادى باعث الاختلاف الفلسفي بنوع من التشابك بين الضرورة والصدفة وفق النموذج الذري الديموقريطي ويحاول تطبيقه في المجال السياسي وفهم العلاقات بين الأفراد وفق النموذج الذري وفرضية الدوامة ويضع الحرية الفردية

---

[59] القرآن الكريم، سورة الإسراء، الآية 0 .

[60] Démocrite

[61] « le changement d'une seule lettre suffit à transformer de façon apparemment toute contingence Démocrite en démocrate »,Geoffrey Bennington, *la démocratie à venir, autour de Jacques Derrida*, éditions, Galilée, 2004, p.601.

والمبدأ الغائي في مواجهة الحتمية التاريخية مثلما وضع هايزنبرغ مبدأ اللاتعين في مواجهة الضرورة المادية.

ربما نكتفي بهذا القول: ان الديمقراطية التي ستأتي هي من نوع آخر ومن نمط مغاير للأنماط التقليدية التي سبقت الثورة العربية، وان هذا الديمقراطي المختلف يولد من رحم الثورة ذاتها ويغرسه الفاعلون الثائرون أنفسهم في الفضاء العمومي ونحن لا نعلم لا شكله ولا مضمونه وكل ما نعرفه هو أنه سيأتي وأنه ديمقراطي شرعي.

علاوة على ذلك يجب أن تنتصر دمقرطة[62] الحياة السياسية على بقرطة[63] النشاط الاداري الذي أوصل الى الفساد والاحتباس وتحول دون اللجوء الى الحل التكنوقراطي[64] وما يسببه من تراتبية في توزيع السلطة والمعرفة والثروة. " ان المعنى السياسي للدمقرطة يفترض على خلاف المساواة القانونية للمحكومين مسلمتين: لا ينبغي ان يتحول الموظفين الى شريحة تصبح مغلقة على نفسها، وينبغي أن يتم تخفيض قدرتها على الهيمنة لصالح سلطة الديموس."[65]

لكن الى أي مدى يكون التوافق كافيا لبلوغ هذه الديمقراطية الفعالة؟ وألا تحتاج الديمقراطية التوافقية الى القانونية المستمدة من الدستور بوصفه المرجع التنظيمي للحياة العامة للدولة؟ وهل يتكون الدستور بشكل بديهي أم يحتاج الى تأسيس؟

4- فكرة الدستور ووهم التأسيس:

" يكون الدستور عقليا بقدر ما تتميز به الدولة داخليا"[66]

عاد الحديث بكثرة عن **الدستور** وهناك تشويش حاصل في القضايا السياسية المصرية للشعب وتتعاظم الحيرة بشأن المستقبلوحول الدور الذي يمكن أن يلعبه

---

[62] démocratisation

[63] bureaucratisation

[64] technocrate

[65] Yves Sintomer, *la démocratie impossible*, politique et modernité chez Weber et Habermas, éditions La découverte&Syros, Paris, 1999. p.p. 86.87.

[66] هيجل، **أصول فلسفة الحق**، ترجمة امام عبد الفتاح امام، مكتبة مدبولي، الفقرة 272، ص.530.

القانون الدستوري في تأمين المرور من الحالة الثورية الى الحالة المدنية وذلك لافتقارنا للنخب الجيدة واستعدادنا للذهاب الى المجهول وعدم قدرتنا على التفكير بسياسة استراتيجية واستكمال الثورة بوسائل أخرى مدنية اضافة الى الاعتصامات والمسيرات والاضرابات.

من المعلوم أن الدستور هو نص يثبت تنظيم ووظيفة جسم معين يكون دولة عموما، ويمتلك دستور الدولة قيمة القانون ويمثل في الآن نفسه الحركة السياسية التي لها قيمة حقوقية والقانون الأساسي الذي يوحد ويحكم بطريقة منظمة وتراتبية مجموع العلاقات بين الحاكمين والمحكومين في حضن الدولة، من حيث هي وحدة المكان الجغرافي والسكاني.

علاوة على أن الدستور يعمل على ضمان حقوق وحريات الجماعة البشرية المعنية ويرسم حدودا لكل السلطات حتى تمارس مهامها في كنف الوظيفية والأداء والاحترام المتبادل. عادة ما يسعى صاحب السيادة الى وضع الدستور الذي تسير عليه الدولة ولكن في ظل وضع أصلي ونظام ديمقراطي آتي يساهم المواطنون عن طريق انتخاب ممثليهم في صياغته. الوهم الحقوقي يريد أن يؤسس الدستور قبل الدولة وتستمر نفوذه على مر التاريخ وأن تستمد هذه الأخيرة مشروعيتها من الدستور ولكن فلاسفة الحق يرون أن الدستور يجب أن يتفق مع الارادة الشعبية.

" فالدستور السليم القوي هو أول ما يجب العمل على تحقيقه والحيوية النابعة من حكم صالح أفضل من أية موارد يكفلها التوسع الاقليمي."[67] لكن ما المقصود بالدستور؟ وهل الدستور موجود سلفا أم محور تقرير ذاتي من طرف مجموعة من الأفراد؟ وهل الدستور شيء موجود ببساطة أم شيء يصنع؟ ومن الذي يصنع الدستور؟ وكيف يمكن لمجموعة من الأفراد أن يكتسبوا دستورا؟ هل بطريقة ذاتية أم بمساعدة الآخرين؟ وهل يحصل ذلك بالقوة أم بالفكرة؟ وهل شيء مقدس وثابت وفوق دائرة التغيير أم شيء نسبي ومحل تواضع واتفاق وقابل للتعديل؟ وألا ينبغي أن تتم عملية تعديل الدستور بطريقة دستورية؟

---

[67] جان جاك روسو، في العقد الاجتماعي، ص.121.

ان الدولة هي روح الأمة وانها تتجلى من خلال القانون الذي يتغلغل في جميع العلاقات بين الأفراد ويظهر في وعي المواطنين والعادات بالتالي يعتمد دستور الأمة على شخصيتها ودرجة نضجها العقلي ووعيها الذاتي وتمثل حرية الشعب التحقق الفعلي للدستور. عندئذ يكون " لكل أمة دستورها الخاص الذي يلائمها والذي تتناسب معها"[68]

هكذا يجب أن يتضمن كل دستور شيئين أساسيين:

- مجموعة القواعد التي تنظم السلطات العمومية والعلاقات بينها (حكومة برلمان ورئيس)
- الحريات الأساسية التي تمنح لكل شخص ينتمي الى هذه الدولة عن طريق الولادة أو الاقامة والانتماء.

لقد طور هانس كيلسون نظرية تراتبية المعايير بين فيها أن كل قاعدة في الحق تستمد شرعيتها من قاعدة في الحق أعلى منها والتي ينبغي أن تكون متفقة معها. ان الدستور هو القانون الأساسي الذي يعطي المشروعية لكل المعايير الأصغر منه، وان المبدأ الدستوري يقر بأن الدستور هو المبدأ الأعلى للحق في الدولة وأن احترامه واجب وضروري ويضمنه الرجوع ال المجلس الدستوري والاحتكام الى الرقابة الدستورية.[69]

هذه المكانة التي يحتلها الدستور في قمة تراتبية المعايير يخلقها المجلس الدستوري الأصلي ويتم تثبيته من طرف السلطة التأسيسية المنبثقة منه في شكل مؤسسات. ان هذه الحركة الحقوقية يتم فرضها على الأعضاء الذين ينتمون الى الدولة والمجتمع وتنبع من منطق عمودي في السلطة في مستوى القوانين والتراتيب ويتناقض مع المنطق الأفقي الذي يساوي بين المتعاقدين في الحقوق والواجبات قانونيا.

---

[68] هيجل، **أصول فلسفة الحق**، ص.539.

[69] Hans Kilson, *Théorie pure du droit*, 2e édition traduite par Charles Eisenmann, Dalloz, 1962, Paris.HansKilson ,*Théorie générale du droit et de l'État suivi de La doctrine du droit naturel et le positivisme juridique*, LGDJ - Bruylant, 1997, Paris, coll. La penséejuridique.

ان الاشكال الذي تقع فيهذه النظرية هو اعتقادها بقيام النظام الديمقراطي على توازن هش بين الحرية والعدالة واقرارها بأن دستور الدولة يرجع بالنظر الى عقد تم ابرامه في الماضي بين كل المواطنين المتساوين من جهة القانون. هذا يعني أن هذه النظرية تقع في الخلط والدور وتقديس الارادة العامة ولا تمتلك حقيقة قانونية ومرجعية شرعية بما أن القانون الذي تحاول تنظيم العلاقة به هو نفسه يفتقد الى قانون ينظمه.

ان مسألة اندلاع الثورة العربية الكبرى وعودة ظهورها من جديد بعد عدة محاولات يتناقض مع كل الافتراضات المسبقة ويحمل مغزى سياسي مهم يتمثل في قيام دولة عصرية وقوية وفي قدرة ثقافة الضاد على الانتاج والولادة والتأسيس والشروع في التغيير الثوري لأنظمة الحكم عن طريق الارادة الشعبية.

ان الأمر يبدو كما لو أن هناك سباق محموم نحو الفوز بغنائم الثورة والالتفاف على نتائجها حيث يظهر الجميع مقدرة عجيبة على الركض وراء التأشيرات واحتكار المؤسسات وسلطة الكلام والاستيلاء على الرغبة في التأسيس ومصادرة أحلام الشبيبة بالتكلم بأنفسهم والتعبير عن تصوراتهم الشخصية لعالم آخر ممكن.

من جهة أخرى تزايد الاهتمام في الآونة الأخيرة بمفهوم التأسيس في ظل التوجه نحو انتخاب المجلس التأسيسي واختلط على القوم بين عودة المكبوت والخروج من السرية الى العلنية ومن اللاقانونية الى الشرعية وفق الآليات التقليدية للتحزب وبعث الجمعيات والهيئات على قواعد عائلية أو فردية.

ان المأزق الذي وقع فيه متوهمو التأسيس هو تأسيس الوهم وذلك لأن تركيز الأسس لا يقل ميتافيزيقية عن البحث عن الأصل والصعود الى القمم وان الاعتقاد في التأسيس هو بمثابة زيف الانطلاق من الصفر.

بينما الأساس هو مجاز مأخوذ من الهندسة المعمارية ويدل على وجود دعامة يرتكز عليها نظام معين أو مجموع من المعارف. ويمكن أن نعثر على معنيين يخصان لفظ الأساس[70]:

- ما يعطي الى شيء معين وجوده وسبب ظهوره الى العيان ومعقولية فهمه ويبرر مشروعية عمله.

- ما يشير الى قضية الأكثر عمومية وبساطة وما يمثل البداهة واليقين وما لا يحتاج الى برهان.

ما نلاحظه أن ما يميز الأساس أنه بلا أساس[71] ولا يحتاج الى أساس ولا الى تأسيس حتى بل هو يؤسس نفسه بنفسه وهو أيضا ما يتم التأسيس عليه. بل إن ما يقع تأسيسه هو صلب وعادل وليس معرض للتلف أو يكون في وضع هش وقابل للعطب. وحينما يتعلق الأمر بالتأسيس الأخلاقي والسياسي فإن المطلوب هو الاستناد الى القيمة المطلقة والخير الأسمى والعدالة في ذاتها والواجب المفروض والغايات النهائية وليس مجرد منافع جزئية ووسائل ناجعة وفروض تفسيرية.

" ان تجربة التأسيس المصحوبة بالاعتقاد بان حكاية جديدة هي على وشك أن تظهر في التاريخ ستجعل الناس محافظين و ليس ثوريين، وهم متلهفون الى الحفاظ على ما تم عمله وضمان استقراره وليس الى فتح الباب أمام أمور جديدة وتطورات جديدة وأفكار جديدة."[72]

ان التأسيس[73] السياسي للهيئات والأحزاب يقتضي التصديق والاجماع والتأييد ويبرر ذلك بأن ما وقع تأسيسه هو الذي سيمنح الذين ينتمون اليه شخصية قانونية وهوية حزبية جديدة وقيمة أخلاقية ووجود معنوي. كما أن التأسيس يعطي الأرض الصلبة التي يقف عليها الجميع وتشتق منها قواعد الحكم والتوجيه.

[70] Fondement

[71] Sans fondement

[72] حنة أرندت، في الثورة، ص.56.

[73] Fondation

ان الأنسب هو التوقف عن الحديث عن التأسيس والتغيير والتطرق الى الاجراء والولادة والابتداء لأن " الثورات هي الأحداث السياسية الوحيدة التي تواجهنا مباشرة وبكل لا مناص منه بمسألة البداية."[74] ان الطبيعة الظاهرية للعالم ينبغي أن يرافقها وصف للطبيعة الظاهرية للسياسة وان الفاعل السياسي ينبغي ان يهتدي الى ذكاء الشيء السياسي ويبلغ المفكر القدرة على فهم الظاهرة الثورية ويجيد فن الحكم على ميدان الشؤون البشرية وبالتالي يوجد فكر سياسي في السياسة الفكرية ويستكمل الفعل السياسي في السياسة الظاهرية وتسرد الجماعة ولادة التعدد. " ان العالم يولد وينبعث ويأتي الى الوجود عندما يتم محاكاته بواسطة الكلام، وعندما يتم عرضه وتمثيلها في قول ما."[75] والمقصود أن العالم يسرد ولا يؤسس.

آيتنا في ذلك أن مهمة التأسيس التي نهض من أجلها الثوار تصطبغ بالتعقيد النظري والعملي وتقتضي تحديد بداية جديدة وقد تتطلب ممارسة العنف والعدوان ومهمة ابتداع سلطة جديدة ووضع القوانين وبناء مؤسسات عصرية.

ان التحدي الكبير هو الذي يفرض نفسه أمام الفكر السياسي المعاصر للثورة هو "أن السلطة في ظل التعدد الانساني لا يمكن ان ترتقي الى الكلي القدرة الواحد الأحد، كما أن القوانين التي تستند الى سلطة بشرية لا يمكنها أبدا أن تكون مطلقة."[76]

من المعلوم أن الديمقراطية بماهي شكل صراعي للحياة تخضع قوة السلطة للتثبت والاختبار وذلك بأن تضمن انتاج موازنة عادلة بين الحقوق والمصالح من الصراع بين المعتقدات والتنافس بين التأويلات. كما أن العلاقات الديموقراطية تقوي التأويل وتمثل شرطا ضامنا للصراع بين القراءات وتمكن الفرد من الدفاع القوي عن معتقداته ومصالح ومن التفاوض مع غيره من المنافسين من أجل القيام بتنازلات وتعديلات بغية تحقيق المصالح المشتركة والاحترام المتبادل. لكن اذا كانت الديمقراطية هي الشكل

---

[74] حنة أرندت، **في الثورة**، ترجمة عطا عبد الوهاب، المنظمة العربية للترجمة، الطبعة الأولى، بيروت، 2008. ص.27.

[75] Françoise Proust , Le récitant, *Politique et pensée*, *colloque Hannah Arendt*, éditions Payot & Rivages, 1989, p .112.

[76] حنة أرندت، **في الثورة**، ص.53.

المؤسساتي المناسب لنمو التأويل والحالة السياسية الأفضل لضبط العلاقة بين المعرفة والسلطة فإن الصراعات الهرمينوطيقية التي تدار بطريقة ديمقراطية لا تنتصر دائما الى الحقيقة وتضمن العدالة وانما قد تكرس المنفعة الفئوية وتضاعف التمييز والاقصاء وتكرس الانغلاق والتعصب.

"ان التفاوض الديموقراطي على المسار المستقبلي لشؤون الجماعة...يجعل من الضروري وجود انفتاح عقلي أمام امكانات الافادة من المنظورات الأخرى، ورغبة ليس فقط في تقبل الانشقاق لكن في الاصغاء اليه، بما في ذلك الاستعداد لتغيير الرأي اذا ما ظهرت أسباب مقنعة تدعو الى القيام بذلك."[77]

المطلوب اليوم هو ايجاد الاختلافات المنتجة والصراعات المستحكمة والالتزامات المتسامحة والاستخدام المسؤول للحرية من أجل بث جرعة من الديمقراطية في الفضاء العام والعمل على تحقيق ازدهار التأويل. بين اذن "ان تعلم كيفية الاختيار بين اعتقادات لا سبيل الى التوفيق بينها لكنها تتساوى في قدرتها على الاقناع لهو أمر ضروري لخلق روح مواطنة فاعلة في مجتمع متنوع وتعددي أيضا.

ان تعلم المرء كيفية الدفاع عن التزاماته بقوة، حتى وهو يستمع بتعاطف الى الآخرين ويحافظ على انفتاحه على تغيير آرائه، لهو أمر جوهري لا للصراع الهرمينوطيقي المنتج فحسب، لكن للمفاوضات السياسية الديمقراطية أيضا. يحتاج الصراع التأويلي الى مؤسسات وممارسات ديمقراطية. والبراعة في الصراع التأويلي شرط الديمقراطية الفعالة."[78]

غير أن أهم طقس يجدر بنا أن نؤديه على أحسن وجه ونتعقل في اختيار آليته هو **الانتخاب** حتى نعطي الاشارة بشكل جماعي في نفس اليوم لبداية المسار الديمقراطي الفعلي. ويدل هذا الطقس على الاقتراع السري والاختيار الحر والعقلاني والواعي للذين سيمثلون الشعب في هيئات ومؤسسات تسيير الدولة.

---

[77] بول ب- آرمسترونغ، **القراءات المتصارعة، التنوع والمصداقية في التأويل**، ترجمة فلاح رحيم، دار الكتاب الجديد المتحدة، ليبيا، الطبعة الأولى، 2009، ص.196.

[78] بول ب- آرمسترونغ، **القراءات المتصارعة، التنوع والمصداقية في التأويل**، ص.211.

في الواقع يجب أن تكون الادارة وبيوت العبادة محايدة وأن وسائل الاعلام على ذمة جميع المترشحين بالتناصف وأن تتم الحملة الانتخابية في كامل الشفافية المالية والتنافس النزيه والسلمي وأن يتم تطبيق مبدأ المساواة بين المترشحين في تنظيم الاجتماعات الحرة ويضمن الحرمة الجسدية للمترشحين والناخبين ويتفادى الاعتماد على شعارات فئوية أو جهوية أثناء الحملة الدعائية. لكن العناية البالغة يجب أن تتوجه الى منوال المواطن الذي نريد ومنظومة المواطنة التي نبحث عنها ويمكن أن تكون حاضنة لقيم الثورة.

على هذا النحو يلزم التنصيص على الفردانية الأخلاقية وأن يسمح النظام السياسي الجديد لكل واحد أن يظهر قدرته المعيارية في التشريع الذاتي والقرار العمومي والاختيار الحر مهما كانت ثقافته ومنحدره وتوجهاته ولا ينظر الى ذلك على أنه يمثل خطرا على الديمقراطية بل منبع مصالحة وتعاون. ربما ما نحتاج اليه مستقبلا هو أن تتحول الديموقراطية الى نموذج اتيقي وسياسي وليس فقط الى ميكانيزم اجتماعي واقتصادي.

الى أي مدى يمكن اختزال العملية الديمقراطية في تنظيم الانتخابات؟ أليست الانتخابات مجرد آلية اذا ما وقع توجيهها بعناية قد تفرز نظاما غير ديمقراطي وتعبد الطريق الموصل الى الاستبداد والشمولية؟ وهل ستظل نتائج الثورة باقية معنا في المستقبل المنظور؟ أليس من يربح هو الأقدر على فهم طبيعة الثورة؟

5- السلطة بين الحق والعنف:

"ان السلطة توجد عندما يفعل الناس معا وإنها تتلاشى عندما يتشتتون." [79]

ان وضع الفرد تراجيدي وان حياة الشعوب تخفق بالنشاط والصيرورة وان روحهما تنقسم الى ثلاثة أبعاد التفكير والارادة والحكم، وان الهدف الأول من الثورة التي تنجزها الذات الجماعية هو التخلص من الجهاز التسلطي العجيب الذي يغوي الحشود

---

[79] Paul Ricoeur, *Lectures1, autour du politique*, éditions du seuil,1991,p.18.

ويقوم بصهرهم ودمجهم ضمن فعل مشترك[80] وموحد. لكن يجب أن نبدأ بعد أن نستفيق من غفوة الحماسة التي غمرت محبي النوع البشري وأن نفسح المجال للشبيبة الأبية أن تظهر قدراتها على تحمل المسؤولية السياسية.

ان التفكير السياسي المستقبلي هو التفكير ثوري يقطع مع الحنين البدائي الى الأصول ولكنه في نفس الوقت تفكر بدئي يتعفف عن التاريخانية والتطورية ولا يعيد تقييم التحولات على ضوء المعايير القديمة بل ينطلق نحو . كما أن السياسة الثورية من هذه الزاوية تكون مشروعا طويل المدى وان ديدنها هو تثبيت الحياة الحسنة لدى الناس من حيث هم كائنات آدمية فانية تفكر في الأبدية وغير راضية بالخلود.

"ان السياسي هو المكان الذي يلتقي فيه القابل للتلف مع الهش"[81] وان النقطة الهشة في المشروع السياسي هي عرضته الى التلف ويفسر ذلك بأن السلطة الشرعية هي دائما ثمرة فعل مشترك وأن الفعل المشترك لا يدوم الا باستمرارية التفاهم والتعاون بين الأفراد التي تتشكل منها الجماعة السياسية وأن ظهور بذور الشقاق والتنازع كفيل بأن يفسد كل شيء ويفقد السلطة مشروعيتها ويتهدم الكيان السياسي.

ان السلطة والسيادة والعنف تتنزل في الشغل والصناعة والفعل من حيث هي مفاهيم تحليلية للحياة النشطة لدى الإنسان. ان الهيئة السياسية تظل هشة وقابلة للتلف والضياع ما دامت لم ترتكز على الشرعية الثورية ولم تحظى بالأجماع الشعبي والاقتناع التام للمواطنين الأحرار. وهذه الهشاشة مرتبطة بتشبث الأفراد تحصيل الخير وتعرض قيمة الحق للتهديد عندما يتحول استعمال القوة إلى عنف. ان العنف ليس من ضرورات السلطة وان السلطة الحقيقة لا تتعمد بشكل أساسي على الاستعمال المشروع للعنف. بل كل من المفهومين هما على طرفي نقيض. ان التعريف العلمي للحكومة يرى أنها ترتكز على الرأي العام والإجماع والتفاهم والاتفاق والإقناع والرضا وليس على الهيمنة والتخويف وممارسة التعسف والإرهاب.

---

[80] Agir en commun

[81] Paul Ricoeur, *Lectures1,p.18.*

"ان السلطة لا توجد إلا عندما يتم توجيه فعل مشترك بواسطة صلة مؤسساتية معترف بها".[82]

ان الخطأ هو تعريف السلطة بكونه علاقة تحكم وخضوع أو بعبارة أخرى صلة أمر وطاعة لأن قبل السلطة على... تأتي السلطة ضمن...وبالتالي تشتق السلطة من المقدرة على الفعل المشترك أساسا. ان الأفراد يحوزون على طاقة ولكن الجماعات عبر فعلها المشترك تحول تلك الطاقة إلى سلطة.ان العنف هو استثمار هذه الهشاشة بواسطة مشروع أداتي يخدم مصلحة فئة ضد مصلحة الجميع.

غير أنه يوجد ضعف آخر هو ثنائية السلطة المدنية والسلطان الروحي ومدينة الأرض ومدينة السماء ويسقط السياسي في متاهة كبيرة حينما يبحث عن استحضار العلاقة بين السلطة التي تستمد من إرادة الشعب واتفاقه والنفوذ الذي يستمده الحاكم من التقاليد. ان النفوذ ينتج في حقل الفعل علاقة توسطية غير عنيفة وغير قوية تتحدد ذاتيا من طرف المحكومين وتتخذ شكل دعوى مباشرة.

ان النفوذ يأتي من الأعلى ، من هناك ، من بعيد ومن فوق السلطة ، ولكنه يتوسط السلطة غير قابلة للقسمة بواسطة دعوى حكومة متميزة عن المحكومين وتراتبية. ان المطلوب هو القضاء على النفوذ بعد الثورة بتفكيك المنابع التقليدية التي يتغذى منها وهي الميتافيزيقا والتيولوجيا والأنطولوجيا.

ان الثورة قد جعلت السياسات المتعالية والبعدية والخارقة تتحطم ونادت بعري السياسي وطهارته وتمدده على الصعيد الأفقي وسمحت إلى النفوذ بأن يفد من خلال السلطة وان المدينة مدعوة إلى أن تشيد نفسها بنفسها من خلال جعل النفوذ يستمد من سلطة الشعب ولا مصدر متعال وخارجي ومبني للمجهول.كما حذرت الثورة نادت بإنقاذ الأفعال الإنسانية من عبثية المصنوعات وتعرضها للتلف والنسيان وذلك عن طرق الانخراط في لعبة المؤسسات الحرة والمقنعة بعد اتفاق وإجماع.

---

[82] Paul Ricoeur, Lectures1, p.17.

ان الأمر لا يتعلق بذكر مدن فاضلة وجمهوريات مثالية تنتمي إلى عصور ذهبية بل يتوقف على مشروع مستقبلي يقوم على تحالف بين الحرية السياسية بما هي اتفاق عضوي مع المدونة الدستورية والحرية الدينية بما هي إمكانية ابتداء شيء معين في العالم. ان الحرية الحقيقية تنبع من مقاومة الشمولية ومواجهة الهشاشة وتحدى القدر.

"ان الفكر الثوري هو انسانوي ... ونحن أيضا أناس ونكون دعامة لكل ثورة"[83]

لكن ماذا سيفعل الثوري بأعدائه؟ هل سيحاسبهم باسم المنطق الثوري أم سيصفح عنهم ويدمجهم باسم المنزع الإنساني؟

ان التخلص من هيمنة الحاكم على المحكومين ومن استغلال الإنسان للإنسان لا يتم بشكل نهائي إلا بإقامة نظام قانوني وعقلاني قادر على امتصاص العنف وتحييد أطراف النزاع.

ان تحديد الحقل الدلالي الذي تشتغل ضمنه مقولة الهيمنة يقتضي التمييز بين السلطة والقوة والقدرة[84] والنفوذ[85] والتراث والتقاليد. ان السلطة ليست البتة خاصية فردية بل تنتمي إلى المجموعة وتستمر موجودة حتى في ظل الانقسام والتنازع ولكنها تضعف وتنقص عندما يحتل العنف الساحة وتقتصر على العلاقة القائمة بين الأمر والطاعة أينما كانت.

ان الفعل يمتلك مقصدا سياسيا بينما السلطة ليست سوى التعبير الشعبي عن الفعل، كما أن الفعل هو النشاط الوحيد الذي يطابق التعددية كحقيقة الشرط الإنساني ويضع الناس في علاقة مباشرة دون وساطة المادة أو الأشياء. ان الرأي وليس الحقيقة هو واحد من الركائز الضرورية لكل سلطة. لكن إذا كان محرك الفضاء الخاص هو التملك والإشهار والاستهلاك فإن محرك الفضاء العمومي هو الرأي والتراث والانفتاح والتعددية. ان النفوذ يتطلب الاعتراف والاحترام وليس الإكراه والإقصاء كما هو

---

[83] J-P- Sartre, *situations philosophiques*, matérialisme et révolution, éditions Gallimard, 1976, p. 116.
[84] puissance
[85] Autorité

الشأن عند السلطة، ولذلك يبدو من المنطقي التفكير في ثلاثية الدين والتراث والنفوذ. ان النفوذ هو العنصر الثابت والمتواصل والقادر على إيجاد التماسك في المجتمع حتى في ظل تراجع دول السلطة خاصة وأنه يحتكم الى التراث والتقاليد والهوية الثقافية للأفراد.

ان الأمر يتعلق بنفوذ متعال للقيم الأخلاقية والجمالية والمعرفية مثل الخير والحق والجمال حينما يقتضي الموقف القيام بتأسيس أصلي[86]يدشن لولادة كيان سياسي ومجتمعي جديد وحينما يكون فعل التأسيس مسألة مصيرية وحاسمة بالنسبة إلى مستقبل الشعب وقواعد اللعبة السياسية التي سينخرط فيها الفاعلون والقوى الرئيسية.

ان المعضلة القائمة تتوقف على تقليد التجربة التي خاضها المشرعون الأوائل حينما أسسوا جسما سياسيا ناشئا دون عنف وبالاعتماد على الدستور.

هكذا يكون التقليد والسلطة والتأسيس والاحياء[87] وهي كلها عناصر ضرورية لاشتغال السياسي بشرط أن يتعلق الأمر بتقليد النفوذ وليس بنفوذ التقليد وذلك لكي يتحرر التأسيس من التفويض ويصبح اتفاق واقتناع ومشاركة. " ان لفظ "الاحياء يتضمن عنصرا مات أو يجب أن يكون لا يزال بعد على قيد الحياة"[88]. "ان الصفح هو وضع معاد وعطاء جديد وما يقطع النتيجة عن الضرورات والذي يبدأ...الصفح ضد القطع"[89].

ان المطلوب هو التصافي والصفح بين قوى الشعب الثائرة والشروع في تنشيط الذاكرة النضالية والوفاء للذات الجماعية واعادة احياء الانتماء الى الجماعة السياسية الكبرى. لكن هل يجوز العفو في ظل الذنب الاجرامي؟ وهل يمكن الغفران بعد ممارسة الشر السياسي؟ وكيف يمكن بناء منظومة جديدة قادرة على تجديد لغة الحياة السياسية وتجسيم القيم التي نادت بها الثورة على أرض الواقع؟

---

[86]Fondation originale

[87] survivant

[88]*politique et pensée* , colloque Hannah Arendt, éditions Payot & Rivages, 1989, p.287.

[89]*politique et pensée* , colloque Hannah Arendt, p,296,

خاتمة:

" صار من الممكن أن تقوم المسألة الاجتماعية وثورة الفقراء بدور ثوري حقيقي."[90]

صفوة القول هو أن الثورة قد هاجرت بصفة نهائية من المركز الى الأطراف ومن الشمال الى الجنوب ودخلت الديار العربية وأن التحول الذي حدث للمجتمع العربي بفعل الثورة كان انتقالا من العزوف عن السياسة[91] والخوف من التدخل في الشأن العام الى التكالب على الانتماء السياسي والاسهال في التوجه نحو التأسيس وتضخيم حضور البعد السياسي في لغة الحياة اليومية.

ربما يسمى هذا الافراط في التحزب بالسياسوية[92] وهو داء خطير على نحو ما عندما تتدخل السياسة في كل حياة الفرد الروحية والمادية ويحدد انتمائه الحزبي وقناعاته الايديولوجية في نظرته الى الكون وتحدد الدولة نوعية الصلة التي يقيمها مع الآخرين وتؤثر في شكل قبوله للرأي المغاير.

زد على ذلك يعرقل هذا الصنيع جهود الثوريين في سعيهم الى تغيير الوضعية المادية للأفراد ويعطل كل المساهمات الطامحة الى تحرير الجماعة من كل أشكال الاستغلال والاستعباد ويقف حجرة عثرة أمام تغيير حال الأمة ويؤجل كل تجديد شباب حضارة اقرأ ويتحول الى عبء على الشعب الذي أنجز الثورة.

"ان مثل هذا الفهم للثورة لا يمكن أن يقابل أو يستبدل بخبرة في ثورة مقابلة ، وذلك أن الثورة المقابلة...وقد ظلت مرتبطة دائما بالثورة ، كرد الفعل المرتبط بالفعل...ان الثورة المقابلة لن تكون ثورة معاكسة بل الضد للثورة."[93]

من المفروض أن الثورات لا تفشل الا اذا تصدت لها ثورة مضادة تشن حربا نفسية تحبط العزائم وتصنع الاشاعات المغرضة وبالتالي تكون الثورة الدائمة هي مطلب أساسي لأية ثورة وذلك من أجل تثبيت الحالة الثورية وتفكيك المنظومة الشمولية.

---

[90] حنة أرندت، في الثورة، ص.30.

[91] Depolitisation
[92] Politisme

[93] حنة أرندت، في الثورة، ص.ص.22-23.

"وقد ترتبط الثورة بأفراد وتنتهي بموتهم ولا تفلح الثورة في البقاء الا اذا كانت هناك الكوادر الثورية ذات الكفاءة لحمل أعباء الثورة. والثورة الناجحة تكون لها مفاهيم تحاول أن تعممها من خلال التعليم. والمقررات التعليمية هي الضمان لتخريج جيل من الشباب الواعي الأمين على أهداف الثورة."[94]

مهما قلنا عن الثورة وتكلمنا لا نوفيها حق قدرها ولا نستوفي حقيقتها والحكايات التي يسردها الثوار لا تكشف عن معناها الحقيقي الا حينما تبلغ نهايتها واكتمالها.

لو عدنا الى عمونيال كانط نجد ما يلي:

« l'espérance qu'après maintes révolutions survenues dans cette transformation parviendra finalement un jour à s'établir ce que la nature a pour dessein suprême d'établir, à savoir une situation politique universelle »[95]

ما نستخلصه مع ريكور من هذه القولة هو أن الحكم السياسي صار متجذرا في وسط تنبؤي رسالي[96] وقد دعم كانط هذا الرأي في صراع الكليات[97] بقوله أن الثورة الفرنسية قد كانت وعدا ونبوة في الآن نفسه وأقر بأن مثل هذه الظاهرة لا يمكن أن تنسى أبدا لأنها ارتبطت بالأمل وكشفت عن التاريخ الرسالي للإنسانية في جانبه الأخروي وعن سير النوع البشري نحو الدولة الكوسموبوليتية.

عندئذ يجدر بنا في نهاية المطاف التمييز بين السياسة الثورية بماهي فعل موجه وفق تخطيط مصاغ سلفا وممارسة السياسة باعتبارها التزام حر وواع والتفريق كذلك بين رجل الدولة بوصفه مجرد موظف وأداة تنفيذ ورجل السياسة بوصفه موهوب بالتنظيم وتوجيه أفعاله نحو اقامة صلات تعاونية مع الناس الآخرين.

---

[94] عبد المنعم الحنفي، المعجم الشامل لمصطلحات الفلسفة، ص.236.
[95] E. Kant, l'idée d'une Histoire universelle au point de vue cosmopolitique (1784), huitième proposition
[96] Prospective - prophétique
[97] E. Kant, le conflit des facultés (deuxième section, §5).

ان أهم درس قدمته الثورة العربية هو أن العنف ليس دائما السبيل الأوحد للتغيير بل هو وسيلة الضعفاء وربما يجهض الثورات ولذلك يحتم الاستغناء عنه والتعويل على الأدوات الاحتجاجية المدنية والسلمية. علاوة على أن نظرة العربي الى الزمن قد تغيرت واصبح من الملائم تجديد النظر في التاريخ واستئناف الحضارة.

اذا كانت السياسة هي دراسة الحياة المشتركة في مجموعة منظمة من الناس وتهم الدولة والحكومة من جهة الادارة والعدالة والأنشطة الأخرى من الحياة المدنية مثل الاقتصاد والتعليم والثقافة والدفاع فإن العلوم السياسية تهتم بدراسة الظواهر السياسية وتبحث عن السياسة الصالحة والحكم الرشيد بماهي تدبير جيد لحياة الناس والاتقاء بهم الى درجة الوجود الأشرف وهذه هي السياسة الحيوية.

من هذا المنطلق يجب ادخال الثورة الى المشهد السياسي بشكل لا رجعة فيه والعمل على استكمال مشروع التحرير والابقاء على الحالة الثورية وامساك الثوار مقاليد تصريف الشؤون العامة وتثمين فكرة الرجوع الى الوراء والاستعادة.

لقد ساعدت الثورة على أن يظهر النمط الجديد من الانسان وأن تدشن الظاهرة السياسية قارة جديدة لان "التحرير بالمعنى الثوري أضحى يفيد أولئك الأفراد سواء في الحالة الحاضرة او على مدى التاريخ، لا بصفتهم أشخاص فرادى فقط بل كونهم أعضاء في الغالبية الساحقة من البشرية، الفقراء والحقراء، وكل الذين عاشوا دائما في الظلام والخضوع لأي كان من السلطات التي كانت قائمة، عليهم جميعا أن ينهضوا ويصبحوا المسيطرين من المرتبة الأولى على البلاد."[98]

ان الذين دخلوا الى مدرسة الثورة وعاشوا أحداثها ووقائعها وبذلوا كل ما بوسعهم من جهد قد تعلموا مسبقا ودرسوا المسار الذي تتبعه والأهداف التي تصل اليها. وان الثورة لا ينقذها المحافظين ولا ينقلب عليها المعتدلين وانما يصونها الثوار.

لكن هل تحتاج سياسة الشأن العام في الوطن العربي الى مشروع تأسيسي جديد؟ وما معنى أن تفرض على كل فرد بطريقة الزامية وفيها الكثير من الاكراه؟ ألا نقع في

---

[98] حنة أرندت، **في الثورة**، ص.54.

الخلط بين أسس[99] وارتكز[100] ؟ ولماذا يرتبط التأسيس بالصلابة والثبات واليقين؟ ألا يمكن تعويض التأسيس بالنقاش العمومي والاجراء والتسويغ والتفاوض والتوافق؟ ألا تحمل الديمقراطية أثر القوة والسلطة؟ ألا يجب استبدالها بالجمهورية politeia التي تعني النظام الدستوري الذي يؤسس السياسة من جديد على نسيان العصيان؟ ألم يقل ريكور في أمر مثل هذا: "ان نثر السياسي هو الذي يأتي ليحل محل ما كان. ويقوم مخيال مدني حيث ترتقي الصداقة بل والعلاقة بين الأخوة الى مستوى الأسس الجديدة...ويوضع التحكيم فوق اجراءات العدل."[101]؟ وألا تظل ثورتنا حية في النفوس مادامت الحرية لن تختفي من الأرض الى الأبد؟ وما العلاقة بين الثورة والحرب؟ وهل تعد الحروب المتناسلة لتفجر الثورة ام أن الثورة هي مؤدية الى تفجر الحرب؟ وماذا لو تكون غاية الثورة هي الاستعادة والاحياء بل القطيعة والاطاحة؟ ولم يتحول دعاة القطيعة الى معادين للثورة ومنظرين للثورة المضادة؟ وما المانع من أن تكون الشعارات التقدمية ضمن دائرة القوى المناهضة للثورة؟

[99] Fonder

[100] Baser

[101] بول ريكور، **الذاكرة، التاريخ، النسيان**، ترجمة جورج زيناتي، دار الكتاب الجديد المتحدة، الطبعة أولى 2009، ليبيا، ص.656.

الفصل السادس

المد الثوري العربي واستحقاقات المرحلة[1]

---

[1] مقال نشر في جريدة القدس العربي بتاريخ 27 فيفري 2011.ومهدى الى كل المجتمعات العربية المتبقية عسى أن تنال حظها من الثورة الكبرى.

"الشعب وحده هو الشرط التاريخي لوجود الأمة، ولكن هذه الأمةستصبح في القانون، متفقة ومتطابقة مع الدولة"[2]

أعتقد أنه آن الأوان لكي يتشكل خطاب فلسفي عربي هو وحده الذي يجعل من الثورة عاملا رئيسيا في التحليل السياسي للأحداث المجتمعية والمنعطفات التاريخية ولكي يترك الخطاب الحقوقي يصعد على السطح ردا على ممارسات القوة وألاعيب السلطة وتفاديا لحرب الكل ضد الكل والحيلولة دون الدخول مجددا في العصر الهمجي وتحقيقا للتوازن بين التجربة التاريخية والتنظير الفكري وحفظا لروح الثورة من النسيان والإهدار.

ما لا يحتاج إلى برهان هو أن الثورة صارت تشكل المكون الرئيسي للمعقولية الفلسفية للتاريخ العربي سواء ما تحقق في تونس ومصر أو ما سوف ينجز في ليبيا واليمن والبحرين والعراق وغيرها، وإن ما تعلقت به الهمم والنفوس من هجرات نحو الديمقراطية والتعددية السياسية وإيمانا بالحراك والتغيير وضخ الدماء الشابة هو الاستئناف الحضاري وإعادة التأسيس والعود على البدء والقيام بالمنعطف والتحديث.

كما أن ما تم إقصائه من المسرح التاريخي هو الاستبداد والطغيان وما قام به الشباب عند خروجهم للشارع واعتصامهم في الساحات وترديده للشعارات وكتابتهم على الجدران هو كنس للفساد والعنف والفشل. علاوة على أن المد الثوري سيعم المنطقة العربية من غربها الى شرقها ومن شمالها الى جنوبها خاصة وأن القواسم المشتركة كثيرة والهموم والمشاغل موزعة بشكل عادل وتقتضي حلولا استعجالية.

ان المثير للتفاؤل حقا هو أن تتحول الشرعية الشعبية الى مصدر للسيادة وأن تضفي الثورة مشروعيتها على العلاقات السياسية بين الفاعلين وتحدد المرجعية الثورية قانون اللعبة السياسية مستقبلا وترسم موقع كل طرف وحصة كل قوة منها وتفسح المجال إلى الفئة الشابة لكي تصنع أدوارها المقبلة بنفسها دون هيمنة أو احتكار لكي تتمكن من

[2] ميشيل فوكو، **يجب الدفاع عن المجتمع**، ترجمة الزواوي بغوره، دار الطليعة، بيروت، الطبعة الأولى،2003. ص.219.

الرد على التحديات العولمية الخارجية ودرء الأخطار الخارجية والجهوية والقبلية والمذهبية والطائفية المتربصة بالوطن العربي.

لكن ماهو الشعب؟ وماذا كان الى حد الآن؟ وكيف أنجز الثورة؟ وبماذا يطالب؟ وهل يقدر على الانتقال من وضع فوضوي الى حالة مدنية؟ وكيف السبيل الى قيام فلسفة عربية تجعل من الثورة شغلها الشاغل؟

لقد أنهت الثورة العربية التعريف الكلاسيكي للشعب بكونه يستمد وحدته ببقاء زعيمه على سدة الحكم وديمومته المتواصلة في الجلوس على العرش وألغت الأسطورة التي تقول بأن ما يكون الأمة ليس وجود الأفراد بل الزعيم وما يجعلهم يكونون جماعة سياسية موحدة هو الحاكم المطلق، وبان بالكاشف أن جسد الأمة يبقى ويدوم بينما جسد الزعيم يشيخ ويهرم وبالتالي فإن ما يكون الشعب هم الأفراد وليس الحكام.

ان ما يكون الأمة ليس نظام الحكم وانما هو وجود الشعب أو عدد من الأفراد والجماعات التي تسكن اقليما معينا ويتداول لغة معينة أو أكثر ويعتنق دينا أو أكثر ويمتلك تراثا وعادات وتقاليد وقوانين واحدة. وليست الأمة مجرد أثر قانوني لجسد الحاكم المطلق ، كما أن الزعيم لا يمثل الحقيقة الواحدة والمقدسة في الحياة السياسية للشعب، بل الأمة هي التي تنصبه من أجل الصراع والدفاع عنها وتعزله ان ظلم وفسدت بطانته.

لقد مسخ النظام الشمولي البائد الشعب وحوله الى حشد يتكون من مجموعة من الأفراد المنعزلة عن بعضها البعض وتتماهى مع الحاكم المطلق وتستمد منه وحدتها وتماثل بين الحكم الزمني والسلطان الروحي ، كما طمس الاستبداد شخصيته المعنوية وغيبه عن هويته وحوله الى أناس فاقدين لكل ارتباط وتلاحم.

غير أن تصدع النظام الأمني العربي في بعض الدول بفعل الثورة الشعبية والاعصار الاجتماعي قد أنتج من جديد الأمل باستعادة الروح وتحقيق الاستفاقة من

الغيبوبة والخروج من النفق المظلم الذي تردى اليه الشعب . كما أن المحاولات التي تبذلها المجالس الشعبية والهيئات المدنية ورعايتها المصالح العمومية وأهم المراكز الحيوية هي من الأهمية بحيث تلعب دورا فعالا في تخطي حالة اللانظام والهيجان وارجاع الحياة اليومية الى نسقها الاعتيادي، فقد تراجع التوتر وأثبتت قوى الشعب قدرتها على العناية بالنفس وبلغت الرقابة أعلى درجاتها وشرع الناس في المحاسبة المباشرة للفاسدين واجبار بقايا الحكم البائد ومعاونيه على التنحي والتقاعد المبكر واخلاء السبيل أمام الكفاءات والسواعد الفتية والعقول المتيقظة والنفوس المتحفزة من أجل الانطلاق نحو التدبير والتعمير.

ان الثورة تفجرت لكي تقطع مع منظومة الاستبداد والفساد وليس لها من أهداف سوى السير بالشعب نحو الطريق الديمقراطي وجعله يحكم نفسه بنفسه ويقرر مصيره دون وصاية أجنبية ويحقق تصالحا مع هويته وثقافته الوطنية بكل عناصرها الرمزية والدينية والتاريخية ويبين للعالم أنه لم يمت وأن العرب ليسوا ظاهرة صوتية وأن السبات الذي وقعوا فيه هو مجرد غفوة قصيرة في فترة زمنية عابرة انتهت بحلول الربيع الثوري الجميل وأن الفراغ الذي تركوه في المحيط الجيوسياسي لا يقدر على سده وتداركه شعب أخر غيرهم.

بعد أن تمكنت الثورة من تخليص المجتمع من رؤوس الحكم وزبانيته ولم تبح الهبة الشعبية بأسرارها بعد برزت على الساحة اشكالية عويصة تتمثل في عسر العملية الانتقالية وضبابية المرحلة وتراكم العديد من العراقيل والتحديات.

أهم هذه العراقيل هي انقسام النخب السياسية والحقوقية والمدنية وقيامها برحلات فجائية وتبديلات غريبة في المواقع والمواقف وتعبيرها عن نيتها في فرض هيمنتها الثقافية والاقتصادية على المجتمع ككل باسم ملء الفراغ وصيانة الثورة والتصدي لكل مشاريع الالتفاف واعادة الانتاج للنهج التسلطي القديم وقد عجزت عن التحول الى مجتمع مدني فعلي يكرس التعددية ويقبل التنوع ويحترم المغاير ويشرع لحق الاختلاف وظلت تتحرك ضمن منطق الغنيمة وتبحث عن الزعامة والهيمنة.

ما نلاحظه ثانيا هو ظهور نزعة عشائرية عرقية وايديولوجية أخذت صور المجموعات والعائلات والحساسيات وشرعت في تغذية بعض الصراعات القديمة والتوترات التي تزعزع تجربة التوحد والاندماج التي عاشها الشعب وجعلته يشعر بالحس الوطني وينهض متماسكا موحدا في وجه أعدائه.

ان "المشكل في هذه النخب ليس في كونها متصارعة متدافعة، فهذا في الحقيقة شأن النخب كلها، بل المشكل فيها هو أن كلا منها هو ذو أوجه متعددة، يظهر الواحد منها في وقت ليختفي الباقي الى وقت آخر."[3]

ما يلفت انتباهنا في مرحلة ثالثة هو عجز النخب عن تحمل عبء التطلعات والطموحات التي تشبثت بها الناس في الثورة وعدم قدرتها على فهم طبيعة المرحلة الانتقالية وتعثرها في التوفيق بين قيم ومبادئ الثورة ومتطلبات ومقتضيات الانتقال الى مرحلة بناء الدولة وارساء النظام الديمقراطي وتركيز المؤسسات وتحمل مسؤولية تسيير الشأن العام والتحول من حالة الفوضى العارمة الى التنظيم الذاتي.

بيد أن أهم عائق – في نقطة رابعة- يدعو الى الاحتراس في الزمن الآتي هو تخوف النخب من الديمقراطية اذ "تطرح شعار الديمقراطية أو على الأقل لا تعترض عليه جهارا، فهي تخشى الديمقراطية سرا لأنها تشعر بعجز ذاتي عن تحقيق مصالحها وتأكيد وجودها من خلال العملية الديمقراطية وآلياتها."[4]

من جهة أخرى يسطع على السطح عائق جديد خامس يتمحور حول العامل الاقتصادي إذ أن السبب الحاسم الذي يجعل المسار الديمقراطي العربي متعثرا ومؤجلا على الدوام هو غياب الاقتصاد الوطني الذي يركز على مؤسسات مستقلة يقوم عليها المجتمع المدني بمختلف تجلياته السياسية والثقافية والحقوقية. ولعل السبب الذي يجعل الاقتصاد العربي هشا وعائقا أمام الانتقال الديمقراطي هو سيادة أسلوب الانتاج

[3] محمد عابد الجابري، في نقد الحاجة إلى الاصلاح، مركز دراسات الوحدة العربية، بيروت، طبعة أولى، 2005. ص.194.
[4] محمد عابد الجابري، في نقد الحاجة إلى الاصلاح. ص.195.

الزراعي وهيمنة الريع المتأتي من عائدات أحادية وليست متنوعة مثل النفط والسياحة والمهاجرين وبالتالي إهمال عملية الإنتاج الوطني والتعويل على الذات والتوزيع الداخلي.

إن المرحلة المقبلة تقتضي الالتفات إلى العمل الأهلي وتشجيع المبادرة الحرة والنهوض بالفئات المهمشة وإتاحة الفرصة للشباب من أجل المشاركة الفعلية وخلق مناخ من الحريات والثقة المتبادلة بين الدولة والمجتمع وذلك بالتخلص من ارث المعالجة الأمنية وطلب الصفح من الشعب والإقلاع التام عن الفساد.

من هذا المنطلق حري بصانعي القرار بأن يحتكموا إلى خيار التشاور والإجماع والتواصل مع الفاعلين الاجتماعيين والاستفادة من خبراتهم والقطع مع أساليب الحكم التي ظلت تنتمي إلى ما قبل التاريخ مثل الاستعانة بالمرتزقة والشركات الأمنية من أجل فرض الأمن بالقوة ودحر إرادة الشعب وإتباع أسلوب الأرض المحروقة وارتكاب المجازر والمحارق بحق السكان وتخليف أعداد هائلة من الضحايا الأبرياء.

فما هي الطرق الشرعية والأساليب الإجرائية التي يجب اعتمادها من أجل تخطي هذه العراقيل والرد على التحديات وتمكين العرب من اقتحام الزمن الديمقراطي دون ارتداد؟

إن الفكر الحاذق يمكن أن يقدم جملة من المقترحات النظرية والتوجهات العامة التالية:

- الشكل الشرعي لتكوين الجمهورية الجديدة ليس اكتساب سيادة تتأسس على علاقات القوة الحقيقية والتاريخية وإنما على آلية السيادة المؤسساتية.

- إن المجتمع المدني يقوم على اتحاد وتنافس بين المجموعات وعلى التآزر بين الطبقات والمراوحة في العلاقة بين المزاحمة والتراضي والعمل على الحد إلى أقصى درجة من قسر السلطة.

- المجموعة المواطنية تتأسس على شعور بالتضامن والحب لدى الأفراد الذي يكونونها.

- استقلالية المواطن واندماجه مع المجتمع الذي يحيا فيه والقضاء على كل أشكال الإخضاع والاستعباد.

- المجتمع المدني يجب أن ينطوي على درجات من التعقد وتعددية السلطة وأن يتراوح بين الانغلاق والانفتاح وبين المركزية واللامركزية وبين الكفاءات الموسوعية والتخصصية.

- تغليب كفة قوى الحب والتوادد داخل المجتمع على قوى التضاد والتفرقة وتكثيف علاقات الصداقة والتعاطف وتقليص علاقات التنافر والتصادم والكراهية.

- ينبغي أن تكون العلاقة بين الدولة والمجتمع المدني حوارية وأن يفسح المجال لهيئات المجتمع من أجل مقاومة سلطة الدولة وتمنع كل أشكال الاضطهاد والقمع وأن يستكمل المجتمع مهام الدولة.

- يجبأن تحرص الدولة على تغطية جميع ميادين الحياة للأفراد وأن تعمل على توفير حماية لهم.

- كما يطلب من الدولة أن تحافظ على الحريات الفردية ومقدرة الأفراد على الخلق والإبداع والربط بين التعقيد الاجتماعي وإطلاق قوى التجديد فيه والعودة إلى الإنسان المنتج.

- "تضم الديمقراطية الاتحاد والانفصال وتتغذى باستمرار على النزاعات التي تمدها بالحيوية وتحيى بالتعددية ومن ضمنها قمة الدولة (فصل السلطات التنفيذية والتشريعية والقضائية) وينبغي أن تحتفظ بهذه التعددية كي تحافظ على نفسها"[5].

[5] أدغارموران ، النهج، إنسانية البشرية، الهوية البشرية، ترجمة هناء صبحي، صدر عن كلمة، أبو ظبي، الطبعة الأولى، 2009. ص.230.

المطلوب من الاتجاهات السياسية المنتظمة القيام بنقد ذاتي ومراجعات جذرية والتخلص من الأدبيات التقليدية وذلك بأن يتبرأ الليبراليون من الرأسمالية المتوحشة والاحتكار والإثراء الفاحش ويعترفوا بأهمية الشعور القومي ويدافعوا على حرية المعتقد والتسامح الديني ويؤمنوا بحقوق الطبقة العاملة كاملة، ويجب كذلك بالنسبة لليسار أن يحقق مصالحة مع الظاهرة الدينية والمسألة القومية والحريات الفردية وأن يتفادى النهج الشمولي ويزيل مقولات الدكتاتورية والعنف الثوري من قاموسه ويؤصل الديمقراطية التعددية.

أما بالنسبة للتيار الديني فإنه مطالب بأن يتبنى ثقافة الديمقراطية وحقوق الإنسان والإيمان بالمساواة بين الأجناس والعدالة الاجتماعية والحوار بين الأديان وأن ينفتح على الغيرية والاختلاف في الرأي ويطلق عنان الاجتهاد والتأويل والعقل ويتخلى عن إظهار الرموز الطائفية وعن شعار الدولة الدينية والتعصب إلى المذهب، في حين أنه من المفروض أن يفكك التيار القومي مقولات الطليعة والزعيم والايدولوجيا الانقلابية وأن يجعل من العمل القطري حلقة في سبيل التوحيد الديمقراطي للعرب وأن يتصالح مع العنصر الديني باعتباره مكونا روحيا للقومية العربية وأن يجعل من العلاقة بين الوطني والقومي والأممي تجربة جدلية تحترم في الخصوصيات مع الاعتراف بالدور المتساوي لها في صناعة الكونية.

لكن أين العيب في الجمع بين منظومات الحريات والإنسانية التقدمية والدين والعروبة؟ وماهي الشروط التي يجب أن تتوفر لكي ينتقل الشعب من الحالة الثورية إلى الوضع المؤسساتي؟ وكيف يمكن أن تتعامل النخب السياسية والفكرية مع استحقاقات المرحلة القادمة؟ وهل من المشروع أن تفكر فلسفة الثورة العربية في الحالة التي ينبغي أن يكون عليها الشعب في الزمن ما بعد الثوري؟

الفصل السابع

العدالة الديمقراطية ومواجهة الحقيقة[1]

استهلال:

"ان طلب العدالة هو اذن طلب الحقيقة في ماوراء المظاهر الاجتماعية... ان العدالة

تنتصر نهائيا الى الأخلاق وتطمح الى مساواة معينة أكثر أساسية وأقل اجماعا، والى

الانصاف في معاملة الأشخاص."[1]

أفضل أن أخاطب الجماعة الفلسفية [2] وفق مقتضيات المنتدى الاجتماعي وحسب حسن الضيافة اللائقة بالصداقة وسط حديقة العقل بالمعنى الذي وصفه ديموقريطس والتحرك ضمن علاقة القرابة مع شجرة الحكمة وارادة الحياة على أن أنساق وراء بعض التقليعات الجديدة تحت مسميات المقهى الفلسفي وبيت الحكمة ودار الفيلسوف وذلك لعدم تحررها من صنمية المكان واغترابها عن الزمان وتعاليها عن الجمهور.

ان العودة الى الكلام في الفلسفة القانونية أمام المشتغلين بها هو بالأساس دخول مثابر الى حديقة العقل وتفقد لأشجار الحكمة واستنشاق روائح الزهور المفاهيمية واحتماء بالطبيعة الحيوية ضد تغول التصنيع وتصحر الوجود. فماذا عساه أن يقول لنا العقل الفلسفي القانوني عما يحدث لنا هذه الأيام زمن الثورات؟

" هذا ظلم" صرخة نطلقها مدوية للتعبير عن سخطنا ازاء ما ليس عادلا، وهي التعبير الأول عن حس العدالة لدينا."[3] ربما يكون الشعور بالظلم وطرح مشكل العدالة الحقيقية والمطالبة بالمساواة هي الأسباب التي أدت اندلاع الانتفاضة وتحولها فيما بعد الى تمرد اجتماعي وعصيان ومدني وتوجت بثورة شاملة تبنت شعار الكرامة والحرية والعدالة.

لقد اقتضت الثورة العربية تلازم التغيير الاجتماعي والسياسي في مستوى الفئات المهيمنة والقوى الفاعلة مع التجديد في البنى الذهنية والقيم الثقافية في مستوى رؤى

---

[1] Monique Canto- Sperber, *Dictionnaire d'éthique et de philosophie morale*, editions Quadrige/PUF, 2004 , p.1002.

[2] Michel Onfray, *la communauté philosophique*, éditions Galilée, Paris, 2004 .

[3] بول ريكور، **الانتقاد والاعتقاد**، ترجمة حسن العمراني، دار توبقال للنشر، الدار البيضاء للنشر، 2011. ص. ص.35-36.

العالم ونمط العلاقات بين الأفراد والهويات. كما تطلب الحراك الديمقراطي وتأسيس العديد من المنظمات والأحزاب ابداع أدبيات غير معهودة والعودة المختلفة الى مرجعيات كبرى.

ربما تمثل تونس الثورة بوابة الانتقال الديمقراطي في المنطقة العربية، بل ان حجمها الصغير وعمق أزمة التحديث التي شهدتها لا يمنعها من تبوأ مكانة مركزية في المحيط الجيوسياسي وتحولها الى مخبر للديمقراطية تنضج فيه ثقافة حقوق الانسان والتربية على المواطنة والتسامح والتعددية.

من هذا المنطلق"إن تنامي المطالبة بالحرية والعدالة في مختلف أنحاء الشرق الأوسط وشمال إفريقيا، فضلاً عن تزايد دور شبكات التواصل الاجتماعي، يوفران فرصةً غير مسبوقة لإحداث تغيير في مجال حقوق الإنسان"[4].

غير أن الملحوظ بالعيان هو مغاير لذلك تماما اذ نسمع ونرى تكرار لنفس الخطاب القديم ودوران في الدائرة الايديولوجية المفرغة وبروز نفس الخصومات التقليدية وانبعاث المعارك الماضية على نفس المنوال. على هذا النحو تدعونا كتابة سردية الثورة العربية الى العمل على الأقل على تحيين القاموس السياسي المزمع اعتماده من طرف الطبقة السياسية النشطة وممارسة التفكير الفلسفي في جملة من المعايير والمبادئ التوجيهية التي يمكن التعويل عليها في المستقبل من أجل الخروج من حالة الانتظار والتوجس الى مرحلة البناء والتعمير.

من المعلوم أن القاموس السياسي المتداول يتكون من المفردات عينها التي كانت حاضرة في المشهد السياسي السابق مثل دولة القانون والحقوق والديمقراطية والمساواة والمواطنة والتنمية والحرية والتعددية والتعاقد والدستور والانتخاب والمجتمع المدني والسيادة والعدالة.

---

[4](- وردت في آخر تقرير صادر عن منظمة العفو الدولية ماي 2011)

غير أن الجديد هو اعطاء هذه المفردات التقليدية معان ودلالات مبتكرة والقذف بها في حقول ودوائر وقع اكتشافها للتو من خلال الثورة وربطها بمفردات كانت في الماضي بعيدة عنها مثل العزة والكرامة والاعتراف والاحترام والأخلاق والدين المدني والهوية والاندماج.

نظرا لكثرة المفردات والحاجة الى التدقيق والتحري بالموضوعية سيقع التركيز على مفهوم العدالة[5] وسيتم ربطها بمفهوم السياسي بدل السياسة والانصاف والمصالحة بدل تحقيق مطلب الجزاء والعقاب وتطبيق القانون بشكل صارم على المذنبين.

اذا عدنا الى الوضع الراهن وندبر الحقل التداولي للمفهوم نجد تعبيرين: الأول هو مطلب جماهيري وأحد الشعارات المركزية للثورة ويتمثل في العدالة الاجتماعية ونراها متماهية مع التقسيم العادل للثروة ومع مفهوم المساواة بين الجهات والأجناس. الثاني هو مطلب السلطة الحاكمة والأحزاب والمؤسسات التابعة للمجتمع المدني وبعض الدوائر الأجنبية ويتمثل في مفهوم العدالة الانتقالية ويمكن ترجمته على صيغة العدالة الديمقراطية ونراها متماهية مع مواجهة الحقيقة والمصارحة والمساءلة من أجل تحديد المذنب وتحميل المسؤوليات وجبر الأضرار والتعويض للمتضررين وبعد ذلك العفو والمصالحة من أجل الانتقال الى التأسيس.

غير أن الاشكال الذي يطرح هاهنا يتمثل في تاريخية مفهوم العدالة ومبررات الرجوع اليه والصعوبات التي يطرحها والوظائف الاجرائية التي يؤديها ونمط العلاقة التي يقيمها بالحق والعنف المشروع والفرق بين العدالة الاجتماعية والعدالة الانتقالية والشروط التي ينبغي أن تتوفر بالنسبة الى العدالة الانتقالية من أجل أن تكون ميكانيزما للمصالحة والصفح. فما المقصود بالعدالة؟ وهل التلويح بالعدالة الانتقالية هو قول بريئ؟ وما السبيل الى الجمع بين استكمال الثورة وتحقيق العدالة؟

---

[5] Justice

1- مفهوم العدالة في حد ذاته:

" ان العدالة هي الشك في الحق من أجل انقاذ الحق"[6]

العدالة لغة هي الاستقامة واعطاء كل ذي حق حقه، وفي الاصطلاح هي التوسط بين الافراط والتفريط وتعدل على التوازن والتعقل والمساواة ، وهي أيضا ملكة في النفس تمنعه من الوقوع في الزلل وتعتبر أحد الفضائل الأربعة الى جانب الحكمة والعفة والشجاعة.

تبدو العدالة بوصفها القاعدة التي تترأس وتحدد الصلات المشتركة بين المواطنين داخل المدينة. ولذلك تأخذ طابعا موضوعيا وتسمح بنعت القوانين على أنها جائزة وعادلة أو ظالمة وغير عادلة. غير أن ما يميزها هو التعقد والالتباس فهي تعني من جهة العدالة التوزيعية وتتضمن التفاوت واللامساواة وتعترف بالنظام وتمثل أداة لمعالجة الاختلالات في المجتمع وتفيد من جهة أخرى العدالة التبادلية وتحتوي على المساواة وتشكل نمطا مثالا لا يدرك وغاية كل ارادة سديدة.

" العدالة هي المبدأ المثالي أو الطبيعي أو الوضعي الذي يحدد معنى الحق، فإذا كان تعلقها بالشيء المطابق للحق دلت على المساواة، واذا كانت متعلقة بالفعل كانت من الفضائل."[7]

اذا كانت العدالة التوزيعية تقوم بتقسيم المساوئ والخيرات مناصفة في المجتمع فإن العدالة التعويضية تعني تبادل المنتوجات ومقايضة المنافع الاقتصادية وفق مبدأ المساواة. غير أن العدالة في حد ذاتها يمكن أن تأخذ طابعا ذاتيا وتتوجه الى الضمير الفردي وذلك لأن الانسان العادل ليس من يحترم القانون وانما هو من يثبت القدرة على التمسك بالعدالة في صمت ويرفض النظام القائم حينما يكون ظالما. هكذا يجب أن يعيش الانسان روح العدالة وأن يهتدي بهذا المبدأ ليس فقط في وجوده كمواطن وانما في حياته الخاصة وفي علاقة بغيره.

[6] Alain, *Propos* (1909), La Pléiade, Tome1, p.71.

[7] عبد المنعم الحنفي، **المعجم الشامل لمصطلحات الفلسفة**، مكتبة مدبولي، القاهرة، 2000. الطبعة الثالثة، ص.522.

ان العدالة لا تنحصر في مجال الفرد بل تغطي الاطار الذي تتحرك فيه الجماعة السياسية ويمكن النظر اليها بوصفها تنتمي الى دائرة حقوق الانسان المطبقة بشكل كوني.

اذا كانت العدالة هي الميزان الذييسير به المرء في حياته والمجتمع في تاريخه فهي لا تكون مجرد عفوية طبيعية وانما هي بالأساس فن موجه نحو تنشيط أفعال لكي تحدد أفعالا أخرى وتنضوي تحت دائرة الحق والحرية والاتفاق والوضع البشري.

اذا كان روسو تحدث عن عدالة طبيعية ترتبط بالمحافظة على الذات والرحمة بالغير فإن الوضعيين يزعمون وجود معايير تشريعية تحدد العدالة في المؤسسات التابعة للدولة.

هناك من يرى أن العدالة ليست فضيلة وانما تقوم على الاحترام الميكانيكي من طرف الدولة والأفراد لجملة من القواعد الصورية التي يتم الاتفاق بشأنها بعد عملية تفاوض ومحاججة.

في الواقع لا توجد صورة محضة للعدالة متمثلة في قاعدة قانونية يجب احترامها وتطبيقها وانما هناك احساس بالعدالة يستشعر حضورها من غيابها في الوجود الفردي والجماعي.

ان طلب العدالة يظل دون جواب طالما وجدت اللاعدالة على مسرح التاريخ واستمر غياب المرجع القيمي والحقوقي والقانوني الذي تقاس على منواله المعايير والسلوكيات والأشياء.

ان الحاجة البشرية الدائمة الى العدالة لا يمكن أن تقضيها الوظيفة الاجرائية التي يؤديها هذا المبدأ القانوني والأخلاقي. انالمرجع الذي تضبط وفقه العدالة ايقاعها يتراوح بين النافع الاقتصادي وبين الفاضل الأخلاقي والصالح السياسي وبين الشرعي القانوني والسيادي الحكومي.

ان النظام الذي تصلح من خلاله أمور العدالة تطبيقاتها هو الحق الطبيعي عند غروسيس أو العقل المستقيم بلغة الرواقية وهو كذلك القانون الطبيعي في عرف مدرسة العقد الاجتماعي. لكن كيف يتطابق نموذج العدالة المثالية مع ضرورات المنزلة الاجتماعية وحاجات الحماية المطلوبة؟ وألا يستدعي كل تحديد للعدالة القوة التي تخترقه؟ وماهوتصور العدالة الذي يناسب هذه المرحلة الدقيقة التي تمر بها المنطقة العربية زمن الثورة الكبرى؟

2- مفهوم العدالة الانتقالية:

" تقوم العدالة على نبذ الانتقام وعدم الاستسلام له، فبين الجريمة والعقاب توجد العدالة التي تتيح تدخل طرف ثالث أي الدولة. "[8]

ان تفجر الثورة العربية هو الحدث الذي فرض نفسه على الجميع والمنعطف التاريخي الذي ينبغي حسن التعاطي معه من قبيل الجميع وان التحول السياسي الذي يجب أن يتم هو ذلك الذي ينهي الفوضى والعنف والقمع التي كانت تميز الأنظمة الشمولية والديكتاتوريات العربية ويحقق الاستقرار الاجتماعي والسلم الأهلي والأمن النفسي لدى الناس وذلك بتغيير جذري للمدونة القانونية المتآكلة وتشييد مؤسسات ديمقراطية تعزز الثقة بين القوى السياسية المتنافسة وتضمن المرور الى مستقبل أكثر يتميز بالحرية والتقدم والازدهار.

ان أهم مبرر للتطرق الى العدالة الانتقالية هو انهاء الثورة العربية للاستبداد وتفكيكها للأنظمة الشمولية وكشفها عن انتهاكات جسيمة لحقوق الانسان وجرائم ضد الانسانية وتهميش ممنهج للعديد من الشرائح والجهات والعمليات الوحشية الجماعية والصدامات الدامية وضعف بنيوي في المؤسسات السياسية والهيئات الاجتماعية وخلل هيكلي وفساد اداري أضر بالمنوال التنموي وأفقده النجاعة والوظيفة العلاجية المطلوبة.

[8] بول ريكور، الانتقاد والاعتقاد. ص.32.

كما تهدف العدالة الانتقالية الى مساعدة الدول والشعوب والمجتمعات على المرور من وضع متفجر ويتميز بالفوضى والتعديات وانفلات أمني واستعمال غير مبرر للعنف الى مرحلة مدنية تتميز بالحوار والتفاهم والتوافق والتعاون وبشكل سلمي وهادئ وخال من كل عنف.لكن ما المقصود بهذا المفهوم؟ وما هي أهدافه؟

" ان الهدف هو استعمال مفهوم العدالة الاجرائية المحضة كأساس للنظرية"[9]

العدالة الانتقالية هي استجابة للانتهاكات المنهجية أو الواسعة النطاق لحقوق الإنسان، تهدف إلى تحقيق الاعتراف الواجب بما كابده الضحايا من انتهاكات، وتعزيز إمكانيات تحقيق السلام والمصالحة والديمقراطية الاندماجية. وليست العدالة الانتقالية شكلاً خاصاً من أشكال العدالة المتعددة، بل هي تكييف لها على النحو الذي يجعلها تتلائم مع مجتمعات تخوض مرحلة من التحولات في أعقاب حقبة من تفشي انتهاكات حقوق الإنسان، وفي بعض الأحيان، تحدث هذه التحولات على حين غرة مثل تفجر الثورات، وفي أحيان أخرى قد تجري على مدى عقود طويلة مثل الحروب المتناسلة.

« Justice Transitionnelle :désignation d'un délégué de la société civile au comité de pilotage sur les consultations populaires/ Termes de référence »[10]

كما تعبر العدالة الانتقالية عن نضال البشرية ضد امتهان كرامة الانسان وحقوقه وعن بلوغ الضمير الانساني الى درجة عليا من الرشد و تطور الوعي الحقوقي وتحمل المسؤولية تجاه الغير والاحترام التام للغيرية والاحتكام الى مبدا الايثار.ومن المعلوم

---

[9] بول ريكور، **الذات عينها كآخر**، ترجمة جورج زيناتي، المنظمة العربية للترجمة، بيروت، 2005، ص445.

[10] Forum pour le renforcement de la société civile, Justice Transitionnelle, http://www.forsc.org/spip.php?article80

أيضا أن العدالة الانتقالية ترتكز على مبدأ بسيط وهو: المحاسبة علي جرائم الماضي، ومنع الجرائم الجديدة من الوقوع. أما الأهداف التي تسعى الى تحقيقها فهي:

أولا: تصفية الحسابات بين المذنب والضحية، وإرساء السلام والتعايش بينهما.

ثانيا: عفا الله عما سلف وذلك بصرف النظر عن الشكوى من انتهاكات الماضي ولكن مع إرساء مبدأ المحاسبة، ومكافحة ثقافة الإفلات من العقاب.

ثالثا: مواجهة الحقيقة وذلك بالاعتراف بالضحايا من جانب الجاني، وشروع الضحايا في النسيان.

رابعا: تجنب تكرار نفس الفظائع في المستقبل وذلك بتفعيل تجربة التذكر ونبش الجراح وتحويل المحاسبة الى عنصر ردع وتخويف لمن تسول له نفسه بارتكاب انتهاكات مماثلة في المستقبل.[11]

لكن ألا يمكن اعتبار العدالة هي المثال الذي يسمح بالحكم من وجهة نظر متعالية على كل التشريعات الواقعية؟

" لولا صفح الآخرين عنا، الذي به نتخلص من تبعات أعمالنا، لبدت قدرتنا على الفعل كما لو كانت حبيسة فعل واحد يلتصق بنا الى الأبد، ولبقينا ضحايا عواقبه وآثاره."[12]

ان العدالة يمكن أن تتحقق داخل مساواة مدنية تفترض أن يتخلى الفرد والجماعة عن قواهم وعنفهم الطبيعي على أمل بلوغ وضع سياسي جيد.

من الواضح أن العدالة الانتقالية تعتمد على جملة من الآليات أهمها:

"الآلية الأولى: المحاكمات والتحقيق في الجرائم بموجب القانون الدولي الملزم لكافة دول العالم ومحاسبة المسئولين عنها وفرض عقوبات عليهمفي محاكم محلية أو وطنية.

[11] المركز الدولي للعدالة الانتقالية، الرابط: http://www.ictj.net/arabic/index.htm

[12] جاك دريدا ، المصالحة والتسامح وسياسات الذاكرة، ترجمة حسن العمراني، دار توبقال للنشر، الطبعة الأولى 2005. ص54.

الآلية الثانية: لجان الحقيقة والتحري ومقاومة الفسادالتي نشأت في الأساس بفضل المجتمع المدني ونشطاء حقوق الإنسان والمدافعون عن الديمقراطية تنجز تقارير وتوصيات.

الآلية الثالثة: تعويض الضحايا وجبر الأضرار ورد الاعتبار لمساندة الضحايا معنوياً، واستعادة ما فقد بشكل مادي ملموس.

الآلية الرابعة: الإصلاح المؤسساتي وأنسنة[13]أجهزة الأمن التي كانت المحسوبة على المنظومة القمعية للديكتاتوريات البائدة.

الآلية الخامسة: جهود تخليد الذكربوذلك بإقامة النُصُب التذكارية وإحياء الذاكرة الوطنية الجماعية والتأكيد المستمر على عدم الوقوع في نفس الأخطاء مرة أخرى."[14]

لكن ماهي الحدود الفلسفية لتجارب العدالة الانتقالية في تقصي الحقائق ومحاكمة المجرمين؟

" لا نزاع في أن المسؤولية الاجرامية هي دائما فردية،...وتختلف هذه المسؤولية عن المسؤولية السياسية التي تتحملها الدولة من حيث هي مجموعة من المؤسسات التي سمحت، وأحيانا أذنت، أو تغاضت عن الأعمال الاجرامية المرتكبة. مثلها هذه الدولة ملزمة بواجب جبر الضرر."[15]

ما ينبغي التأكيد عليه هو استحالة الرجوع الى الوراء والعودة القهقرى الى الماضي والتوجه نحو المستقبل والنظر الى الصفح كأفق مفتوح وكقيمة أخلاقية كونية والى المصالحة كخيار سياسي ضروري للعيش المشترك والتواصل بين الفئات.

لكن ينبغي أن ننتبه في هذا المقام الى التناقض بين النظرة الأخلاقية المغالية للصفح والسيرورات البراغماتية للمصالحة ونكشف عن واجب الذاكرة وما لا يمكن الصفح عنه وما لا يقبل التقادم بالزمن، اذ كيف أنساك "أيتها السلطة الجميلة وهذه أثار فأسك"؟

يقع الخطاب حول الغفران في جملة من الاحراجات عبر عنها بول ريكور كما يلي:

---

[13] Humanisation

[14] المركز الدولي للعدالة الانتقالية، الرابط:http://www.ictj.net/arabic/index.htm

[15] بول ريكور، **الانتقاد والاعتقاد**، ص.38.

"هل نستطيع أن نغفر لمن لا يعترف بذنبه؟ هل يجب أن يكون من ينطق بالغفران قد أسيء اليه؟ هل يمكن للمرء أن يغفر لنفس معينها؟"[16]

غير أن العدالة الانتقالية هي فكرة معولمة صنعتها الدعاية الامبريالية وفرضت على دول الأطراف من أجل أن تسير وفق المنهجية التي سطرتها بنوك الرأسمال العالمي، وبالتالي يؤدي اعتمادها دون تمحيص وتطبيقها بشكل آلي الى السقوط في التعسف والعنف وعدم مراعاة الخصوصية الحضارية وضرورات السياق الاجتماعي.

والغريب أن صناع القرارات السياسية المعولمة يريدون أن يبلغوا بهذه العدالة الانتقالية درجة العدالة الكاملة والحقيقية التي يطلبها كل انسان وكل مجتمع تائق الى التحرر من نير التبعية، وأن تضمن احترام البناء الديمقراطي وأن تفي بتعهداتها تجاه العدالة الاجتماعية والعدالة الخاصة من جهة وتحقيق العدالة التقليدية والمحلية من جهة أخرى.

من هذا المنطلق تجد العدالة الانتقالية نفسها أمام عدة مضيقات وصعوبات قد لا تستطيع أن تخرج منها خاصة حينما يتعلق الأمر بمطالب الصفح والمساءلة والمصارحة والمصالحة.

" ان التجربة المؤلمة للجنة " الحقيقة والمصالحة" تقودنا من جديد بسبب الارباكات التي أثارتها للمشاركين وللشهود، الى ...مناقشة الصلات بين الغفران وبين التبادل وبين العطاء"[17]

ان المهام المطروحة على العدالة الانتقالية واعدة ومصيرية بالنسبة الى مستقبل الجسم السياسي المحلي والعلاقات بين الدول ولكن انجاز هذه المهام يعطله التناقض بين مواجهة الحقيقة ومساءلة المذنبين تفاديا لتكرار الخطاء من جهة وتشريع العفو العام والصفح عن المتورطين من اجل تحقيق المصالحة وتفعيل الديمقراطية الاندماجية من جهة أخرى.

[16] بول ريكور، **الذاكرة، التاريخ، النسيان**، ترجمة جورج زيناتي، دار الكتاب الجديد المتحدة، ليبيا، الطبعة أولى 2009. ص.689.
[17] بول ريكور، **الذاكرة، التاريخ، النسيان**، ص.ص.699. 700.

فكيف تكون العدالة الانتقالية منهجا كليا وهي مرتبطة بمرحلة مؤقتة وليست دائمة؟ وكيف يمكن الاختيار بين اللاعدالة والفوضى؟ أليست العدالة الانتقالية هي اسقاط للعدالة الدولية على المجتمع؟ وهل يمكن أن نستعمل سلاح العدالة الحقيقية التي تنبع من ضمير الشعب وثورته ضد العدالة الدولية الزائفة التي تظهر للعيان في صورة العدالة الانتقالية؟

3- مفهوم العدالة الديمقراطية:

" ان الدولة الأكثر عدالة ممكنة ليست فقط الدولة التي تتيح الحرية بصفة عامة، بل تلك التي تثبت في الصراع - بالمخاطرة في بعض الأحيان بفقدان الحرية- تحديدا ضد هذه اللاعدالة الدائمة"[18]

اذا كانت المؤهلات التقنية موزعة على البشر بشكل يجعلهم محتاجين الى بعضهم البعض فإنه من الضروري أن يتقاسم هؤلاء الناس معنا سياسيا موحدا يخص الحذر والعدالة والمساواة والانصاف.

تقوم العدالة على عدة ركائز مثل الطبيعة والعقل والقانون ولكن لا يمكن الحديث عن عدالة حق الأقوى بل عن ظلمه وتخطيه للحدود عن طريق العنف غير المشروع والهيمنة والتعديات والطغيان وما يترتب من ذلك من تفاوت واستغلال وسلوكيات غير انسانية وغير أخلاقية.

والحق أنه لا يكفي أن تكون القوانين عقلية وجيدة وصحيحة لكي نحصل على العدالة في المجتمع اذ هناك فرق بين مفهوم العدالة وروح العدالة والقانون يظل عام ومجرد ما لم يطبق ويعبر عن طموحات الناس ويعكس مشاغلهم ويستجيب نسبيا الى حاجياتهم ويؤمن لهم تمتعهم بحقوقهم ويحفظ لهم كرامتهم.

---

[18]Christian delacampagne, *la philosophie politique aujourd'hui*, éditions du seuil, paris, 2000, p.135.

ان هذا الأمر لا تفوره لهم العدالة الانتقالية الاجرائية بل العدالة الاجتماعية الديمقراطية التي أنجبها المخاض الثوري. ان العدالة الثورية لن تتحقق الا في ظل سلطة سياسية مؤسساتية تنبثق من الارادة الشعبية وتستمد شرعيتها من القوة الثورية.

ان العدالة الديمقراطية هي العدالة الثورية التي لا تتحقق الا اذا اختفى الاستغلال والاضطهاد من المجتمع وشعر الناس بأنهم أحرار وكرامتهم مصانة وأن المجتمع الذين ينتمون اليه متماسك وموحد ومتكافل.

ان العدالة الثورية هي البنية الأساسية للاجتماعية حيث يتم الاعتراف بحقوق متساوية للجميع وتوفر الفرص المتكافئة وتؤمن استقرارا مدنيا معينا. انها عدالة محايدة وموضوعية ولا تنحاز الى طرف دون آخر وتعمل على منع اندلاع النزاعات أو بروز قوة تتفوق على البقية.

ان قيام نظام ديمقراطي عادل يستلزم توفر جملة من الشروط هي:

- توفر ثقافة سياسية مواكبة لروح الثورة العربية.

- وجود مواطنين نشطين ومثقفين ومتمدنين.

- وجوب اعتماد آلية الانتخاب الحر والشفاف.

- منع كل احتكار في تمثيلية الشعب الى ما لانهاية.

- لزومية التعبير عن مشاغل الشعب من طرف المنتخبين.

- توفير منظومة حماية اجتماعية وأمنية منصفة للجميع.

- المساواة بين الحاكمين والمحكومين أمام سلطة قانونية مستقلة

- احترام الأقليات من طرف الأغلبية.

- الاعتراف بوجود سلطات مضادة للسلطة الرسمية.[19]

ان ما نضعه صوب أعيننا هو تغيير المجتمع بالاعتماد على وحي الثورة والحيلولة دون أن تستفرد مجموعة قليلة عن طريق النفوذ التقليدي أو العنف بالخيرات والمنافع

---

[19] Jean- William Lapierre, *Qu'est-ce qu'être citoyen ?* , *Propos de philosophie politique*, éditions PUF, 2001 , p.213.

وتحرم الأغلبية من التمتع بحقها فيها.تركز العدالة الثورية على الجماعة السياسية والشعب الموحد وترفض النظر الى الأفراد على أنهم مونادات مغلقة على نفسها وذرات منعزلة عن بعضها البعض ولتملك حقوقا مطلقة ومتعالية على السياق الثقافي والاجتماعي بل ترى أن الأفراد يقتربون من بعضهم البعض اذا ما انتموا الى اطار عام مزدهر وقوي يحصلون على حقوق كاملة.

ان الأمر يقتضي دولة الحد الأدنى[20] التي تقوم بدور الحارس الليلي وتمنع النزاعات وتضمن تطبيق التوافقات وتستند على الحد الأدني من القوة والقيمة العليا للحق.

كما تتطلب المرحلة اللجوء الى نظام من الحماية العمومية للمواطنين كما يرى روبارت نوزيك من أجل المحافظة على حق الشعب ضد تسلط السيادة الفوقية وصيانة الحريات الفردية ضد هجمة السلطة المطلقة وضد عنف المؤسسات الرسمية للنظام الحاكم.[21]

لكن ما معنى عدالة الذات قبالة لاعدالة الأغيار؟ وهل تحافظ دولة الحد الأدني على قيم الثورة وتقدر على الانتقال من حالة الفراغ والتردد الى حالة الاستقرار والبناء؟

خاتمة

ألا نحتاج في زمن الثورة الى فلسفة القانون؟

عندما نتحدث عن وضع أصلي وعود على بدء ونتوجه الى انتخاب مجلس تأسيسي وكتابة دستور جديد وبناء شرعية ديمقراطية وتكوين مؤسسات عصرية وجمهورية برلمانية فإن الأمر يستدعي الخوض في فلسفة القانون ونبحث في الأسس الفلسفية للدساتير والديمقراطية.

فما نقصد بفلسفة القانون؟ ألم يقل اسبينوزا بأن القوانين هي روح الدولة؟

تبحث فلسفة القانون في الأفكار المتعلقة بالحق ودوره في المجتمع والقرارات الكبرى المزمع اتخاذها في كيان سياسي ناشئ وتهتم أيضا بالمبادئ العامة والكلية التي تتعلق بالقوانين من حيث تشريعها وتأصيلها نظريا وتطبيقها والالتزام بها على صعيد الواقع

---

[20] Etat minimal

[21] Robert Nozick, Anarchie, Etat et Utopie, éditions PUF,1974 .la justice selon 2001 , p.213.

[21] Etat minimalles libertariens.

وتتقاطع في ذلك مع العديد من الاختصاصات أهمها فقه التشريع والقضاء والعلوم القانونية والعلوم السياسية والفلسفة السياسية وعلم الاجتماع وعلم الاقتصاد السياسي وعلم النفس وعلم التاريخ وعلم الأخلاق. ان أهم المبررات التي تدعونا الى الاهتمام بهذا الاختصاص هي حاجتنا له اليوم في زمن الثورة من أجل الانتقال الى الدولة وكذلك ما يبدو عليه مصطلح الحق من غموض والتباس وتعدد في المعاني والاستعمالات وما يقتضي ذلك من تحديد وضبط للمفهوم.

لقد وقع الانتقال عند الحديث عنها من ذكر خطوط عريضة والى مبادئ ميتافيزيقية ومن مرتكزات الفكرة وأصول القانون الى شروط التلاقي بين الحق والعقوبة والتأهيل والاصلاح والفرد والمجتمع والعلاقة الكلية بين الكون و اللـه والانسان.

وتفرق فلسفة القانون بين العدل والعدالة وبين الحق الطبيعي والحق الوضعي وبين القانون الدستوري والقانون الجزائي وبين المساواة والتكافؤ وبين قيمة القانون الذي يشير الى معنى العدل في ذاته والنص القانوني الصادر عن المشرع الذي يتميز بالنسبية والتاريخية. وتتفرع فلسفة القانون الى عدة اختصاصات مثل الوجود القانوني الذي يتراوح بين الكوني والخصوصي وبين القوة والمواضعة الاتفاقية والقيم القانونية التي تضم العدل والحرية والأمن والاستقرار والمعرفة القانونية التي تعتمد العقل والتجربة والنصوص الموروثة كوسائل اكتساب. تقوم فلسفة القانون بوظيفتين هامتين: الأولى محاكاة الحقيقة القانونية الأبدية أو ما يسمى بالنواميس الموضوعية والميزان بلغة القرآن. الثانية هي مراعاة الحقيقة الجزئية وتدبير الفردي والذاتي والشخصي من أجل اعطاء كل ذي حق حقه بالقسط واقامة العدل والانصاف على الأرض.

هكذا تتراوح فلسفة القانون بين الديمومة والتحولية وبالتالي تنفر من الثبات وتبحث عن التطور ولكنها تحارب العدمية وتسعى الى ايجاد منظومة مستقرة تمثل مرجعية للفعل. وبالتالي يمثل ازدهار فلسفة القانون مؤشر على كونية وتقدم المنظومة القانونية الموضوعة قيد التنفيذ. ان أولوية القانون تنبع من الثقة في العقل الذي يضعه وحيث ننتظر أن يكتشف أيضا ويصوغ متطلبات العدالة وفق مستلزمات الواقع الاجتماعي الذي يتوجه اليه.

زد على ذلك تتميز فلسفة القانون بالحيادية والتعالي على النزعات الواقعية والنظريات المحافظة والتشتت التجريبي وتتوخى أسلوب الاجرائية والانجازية واللاتراجعية.

هناك أهمية تعطى الى غاية الحق من أجل تطوير فلسفة القانون وتسويغ الأساليب المتبعة في الانتقال من وضع اجتماعي متفجر الى وضع مدني مستقر. فما السبيل الى بناء فلسفة قانون تساهم في وضع دستور يلائم روح الشعب وتبعث دولة تحترم ثقافة الأمة وتلبي تطلعات الناس نحو الحرية والكرامة والعدالة والمساواة؟ وأين الحكمة نفى أفلاطون وجود قانون يكون ملائما تماما لأفضل الأمور وأعدلها بالنسبة الى جميع الناس معا؟

وما تأثير الثورة الشعبية على نظرة العربي الى الاسلام؟ وكيف يمثل الدين المدني الوسيط الضروري للانتقال الديمقراطي المنشود؟

خاتمـــة الكتـــاب[1]

[1] هذا المقال مهدى الى كل ناشط سياسي يجعل من الاسلام المستنير والعروبة الجديدة والانسانية التقدمية مدار نظر ومرجعية عمل عسى أن يؤمن بالثورة وحق الاختلاف والتعددية الفعلية والتسامح الايجابي والديمقراطية الاندماجية والهوية السردية والسياسة الحيوية والتنوير الأصيل ويضع مصلحة الوطن فوق كل اعتبار.

يقظة الاسلام وتحديات المستقبل

" إنإحداث التغير في النظرة الإنسانيةهو بداية إحداث التغيير في العالم"[2]

صفوة القول أن الثورة العربية قد فتحت الباب على مصراعيه من أجل الاستئناف الحضاري الثاني وبعث فلسفة الضاد من رقادها وتجديد المناهج العلمية والأدبية في الإسلام وزرع نبتة الديمقراطية في التربة العربية وشرعت لقيام مدينة انسية مفتوحة على المعمورة يدبرها مع غيرهم فاعلون بررة ومواطنون أحرار.

ولعل هذا الرهان العملي الجماعي المنشود لن يتحقق سوى بإطلاق باب الحريات وامتلاك الشباب المسلم لناصية الفعل السياسي وغرس مفهوم المواطنة وتحقيق المصالة بين الفرد والجماعة والذكر والأنثي وبين المخلوق والخالق وبين الأخلاق والسياسة.

بيد أن ما يثير الاستغراب الخارطة السياسية والفكرية بالوطن العربي خاصة والعالم الإسلامي عامة تضم توجها عقلانيا تنويريا يعتمد الإسلام الحضاري كمرجعية إيديولوجية ويتبني القيم الكونية التي تضم ثقافة الديمقراطية والمواطنة ومنظومة حقوق الإنسان ويؤمن بالدولة المدنية ويحترم مختلف التشريعات الدستورية والمجلات القانونية ويتواصل في الآن نفسه مع الثقافة الوطنية والتراث النضالي لحركة التحرر المدني من الاستعمار والامبريالية.

اللافت أن الذين ينتمون إلى هذا التوجه ينشطون بشكل مستقل وفردي في العديد من الأحزاب والمنظمات النقابية والهيئات الحقوقية والجمعيات الثقافية واتحادات الكتاب والمنتديات الإعلامية والمنابر الصحفية ومعظمهم ينحدر من مختلف العائلات السياسية العربية الاسلامية إذ هناك الإسلام المعتدل والإسلام الليبرالي والإسلامي التقدمي

---

[2] حسن حنفي، **التراث والتجديد**، منشورات مجد، بيروت، الطبعة الخامسة، 2002، ص64.

والقومي المسلم واليساري المتدين والفقيه المجتهد والمسلم الأصيل والوطني المسلم والتدين الاجتماعي والمجتهد المصلح والمثقف الملتزم والناقد القافي والكاتب الرسالي.

غير أن البعض من المراقبين للشأن السياسي انتظروا تحول هذا التوجه من الاستقلالية إلى التنظيم ومن العمل الثقافي إلى العمل السياسي ومن العمل المشترك مع عائلات سياسية لها هويات حزبية خاصة بها إلى العمل المؤسساتي في إطار هوية سياسية ذات توقيع مميز وفريد ومن مجرد المساندة والارفاد وتقديم العون إلى المساهمة والمشاركة والفعل الميداني والتأثير في الواقع المجتمعي وتجسيد مشروع الكتلة التاريخية وتنشيط الفضاء المواطني وتوسيع الحقل الديمقراطي.

ما يبرر مثل هذا الانتظار هو أن بروز هذا التوجه الأصيل على السطح حتمية تاريخية وحاجة وطنية بعد أن أخذ وقته بما يكفي وتبلور على نار هادئة ومارس لعقود تجارب النقد الذاتي والتنوير البطيء وتشبع بالثقافة المدنية وتمرس على تقنيات التواصل والتسامح ونهل من الجانب النير من التراث واستأنس بالقيم التقدمية التي يتوفر عليها الدين، وان الأشخاص الذين يتبنون هذا الخيار يتصفون بالحكمة والتبصر والتجربة النضالية والقدرة على البذل والإفادة ويؤمنون بالتعددية وحق الاختلاف والحقوق الحريات ويؤمنون بأن الدين عند الله هو الإسلام بالمعنى الحضاري للكلمة وينبذون الفرقة ويدرؤون الفتنة ويعتصمون بحبل الله.

ألم يقل الله عزل وجل في قرآنه الحكيم: "شَرَعَ لَكُم مِّنَ الدِّينِ مَا وَصَّى بِهِ نُوحًا وَالَّذِي أَوحَينَا إِلَيكَ وَمَا وَصَّينَا بِهِ إِبرَاهِيمَ وَمُوسَى وَعِيسَى أَن أَقِيمُوا الدِّينَ وَلاَ تَتَفَرَّقُوا فِيهِ كَبُرَ عَلَى المُشرِكِينَ مَا تَدعُوهُم إِلَيهِ اللهُ يَجتَبِي إِلَيهِ مَن يَشَاءُ وَيَهدِي إِلَيهِ مَن يُنِيبُ."[1]؟

غير أن بقاء الأمور على حالها بعد الثورة العربية بالنسبة إلى دعاة الإسلام المستنير ورفض بعض رموزه العمل السياسي الحزبي أو عزوفهم عن الاعتماد المرجعي لهذه الأفكار في الأدبيات التأسيسية لأحزاب قيد التأسيس والتوجه نحو

---

[1] قرآن كريم، سورة الشورى، الآية 13.

خيارات ضبابية أو إعادةإنتاج نفس اللغة السياسية المهترئة هو أمر يدعو إلى الاستغراب والمساءلة التقييمية. فكيف نفسر هذا التأخير في التنظيم بالنسبة إلى الإسلام المستنير؟ وماهي الأسباب التي تدفع بعض الشخصيات الاعتبارية إلى تهرب من السياسي الجماعي مع تدخلها في الشأن العام كأفراد ومن باب النشاط الجمعياتي والحقوقي؟ ولماذا ظل توجه الإسلام المستنير يبحث عن نفسه سياسيا رغم عراقته وأصالة أفكاره وثراء أدبياته؟ وهل قدر الإسلام المستنير أن يظل ضمن المجتمع المدني ومجرد واجهة إعلامية ودعامة دبلوماسية للقوة السياسية المهيمنة في المجتمع السياسي؟

المعطى الآخر أن طفرة التحزب والتكالب على الانتماء أفضت إلى تبني البعض من الكيانات الناشئة لمصطلحات لطالما دعا إليها هذا التيار مثل الحرية والكرامة والتنمية والعدالة والمساواة ، في حين أن البعض الآخر قد سارع إلى استخدام العدة المنهجية وأدوات التحليل والجهاز المفاهيمي من أجل تذليل العقبات التي عاني منها في السابق وحالت دون تواصله مع المحيط الثقافي والاجتماعي وامتلاكه لنظرية فكرية متكاملة وبديل حضاري شامل، ولعل الخوف هو أن يكون هذا الاستعمال تدجينا ويسقط في عنف تأويلي ويوضع المفاهيم في غير موضعها ويكون كلام حق يراد به باطل.

هذه العطالة التي أصابت التوجه الإسلامي المستنير تطرح عدة افتراضات:

- لا يمتلك مشروعا سياسيا ولا يشكل المدخل المناسب للإصلاح السياسي والتحديث الاجتماعي.

- التركيز على التربية والتنوير والتثقيف وتفضيل عدم الدخول في السياسة ومعاركها الضارية.

- يشكل مشروعا مستقبليا ولا يزال الوقت غير مناسب لكي يدخل غمار السياسة ويتلوث بغبارها.

- يتضمن نظرية سياسية تتميز بالرشد والاتزان ولم تجد إلى حد الآن الإطار التنظيمي والمؤسساتي الذي يقدر على ترجمتها فوق مسطح المحايثة العمومي.

ربما الفرضية الأخيرة هي الأكثر رجحانا وآيتنا في ذلك ما يلي:

" طليعة الطبقة المتوسطة التي تنتسب نفسيا ونضاليا إلى الطبقة العاملة فإن بإمكانها أن تقوم بعملها النظري في "التراث والتجديد" وأن تناضل بالفعل وأن تجند الجماهير وأن تمارس السياسة يوميا من أجل تحقيق إيديولوجيتها"[4]

لكن لماذا ظل الإسلام المستنير مسجلا خارج إطار الخارطة السياسية النشطة في حضارة اقرأ؟

إن أهم الأسباب التي حالت دون تشكل كيان سياسي مؤسساتي يحمل توجهات الإسلام المستنير هي:

- التراجع المذهل عن الفكر التنويري الذي تميزت به حركة النهضة العربية وكونية القيم التي نادت بها مثل التسامح والتعايش والاجتهاد والتجديد والحرية والعقلانية والمدنية وخاصة مع جمال الدين الأفغاني ومحمد عبده وعبد الرحمان الكواكبي.

- الانغلاق على الذات والاصطفاف النخبوي والانحصار داخل الأوساط الحضرية وإهمال مسألة الحضور الشعبي والتغلغل الجماهيري وسوء فهم الإسلام على مستوى العبادات أو المعاملات.

- الاعتقاد في التناقض بين البعد الاجتماعي والاقتصادي والسياسي للإسلام وبين إمكانات الاستفادة من الثورات الحقوقية والديمقراطية والشعبية التي انتصر إلى آدمية الإنسان وبينت أهمية الانفتاح على المختلف والاستفادة من المغاير.

- مركزية النشاط والاقتصار على العواصم والمدن الكبرى والحراك العقيم داخل النزال الفاخرة وعدم العناية باللامركزية والمناطق الداخلية والأرياف والأعماق.

---

[4] حسن حنفي، التراث والتجديد، ص.60.

- التفرد بالرأي والتشرذم وتشتيت المجهود وإهمال قانون الترسب والتراكم وغياب العمل الجماعي المنظم وانعدام الحوار بين الأفراد وحدوث صراع بين البعض على الخطط المستقبلية والبرامج والتوجهات.

- تضخيم النشاط الثقافي وإعطاءأولوية للتعريف بالتقليعات الفكرية دون نقد أو تمحيص ومحاكاة الموضة الثقافية دون تحيين للأدبيات مع روح العصر ودون مواكبة التحولات والاستجابة لانتظارات الطبقة الصاعدة ودون تلبية الحاجات المعرفية والروحية للفئات الشابة والحركة النسوية.

- الخجل الوظيفي في علاقته بالواقع وتبني مذهب انتظاري ارجائي على صعيد الموقف السياسي والاكتفاء بنصرة المجموعة الحاكمة والتفاني في خدمتها وإسنادها ثقافيا وإعلاميا.

- شيخوخة القيادات وتهرم الكوادر القديمة وانقطاع الجدل بين الأجيال وغياب الديمقراطية الداخلية في الجمعيات والهيئات التي تسيطر عليها هذه النخب ودخولها في تحالفات غير مبدئية مع شخصيات غير مقبولة شعبيا من حساسيات أخرى ومهادنة لدعاة العودة إلى الماضي.

- حب الظهور في المرئيات والإصابة بمرض الزعاماتية الفارغة والجري وراء احتلال المواقع والبقاء فيها والبحث عن الشهرة والغنيمة والانخراط في لعبة المقاولة الحقوقية العابرة للمجتمعات والمتعالية على الخصوصيات.

- ضعف المردودية النضالية والابتعاد عن المشاكل الحقيقية للناس ومحاكاة ثقافة المنتصر وتقليد الغرب والبحث بكل الطرق عن التسلق الطبقي والتبرجز المصطنع حتى ولو كان ذلك على حساب قيم الإيثار ونكران الذات والتفاني في خدمة الغير ومبادئ التضحية وحب الناس.

رغم هذه العراقيل والأخطاء المتعمدة والخيارات المفلسة يظل الأمل قائما ويبقى مكان موجود للإسلام المستنير داخل المشهد السياسي العربي خاصة والإسلامي عامة

يقوم بدور الوسيط بين المرجعيات ويسهر على صيانة قيم الثورة والتأليف بين التجذر في التراث والاستفادة من الكونية.

لكن هل توجد موانع تحول دون إتقان العرب والمسلمين فن السياسة؟ وماهي الشروط التي يجب توفيرها حتى يتم زرع نبتة الديمقراطية عند العرب والمسلمين؟

"ثلاثة ينبغي للملوك ألا يفرطوا فيهن: حفظ النفوس وتفقد المظالم واختيار الصالحين لأعمالهم."[5]

الرأي السائد يتمثل في أن العرب لا يمتلكون تراثا فكريا في المسائل السياسية وذلك لغياب مفهوم الدولة عندهم ولتشتتهم وكثرة النزاعات وهيمنة طابع البداوة والترحال على حياتهم الاجتماعية وتعثر كل تجارب التحضر والعصرنة ولبعدهم عنة السياسة كما يصرح بذلك ابن خلدون في المقدمة.

لكن إذا نظرنا إلى الموضوع من زاوية الأنثربولوجيا الثقافية وانتبهنا إلى أن كل مجتمع لا ينتظم إلا في ظل سلطة سياسية ومفهوم معين من الحق والشرعية يسنده فإنه يمكن لنا أن نستنتج أن العرب يمتلكون نسبيا عقلا سياسيا وأن بنية هذا العقل تتكون من ثلاثة دوائر كبرى هي العقيدة والقبيلة والغنيمة على حد التشخيص الألتوسيري لمحمد عابد الجابري وأن النظرية السياسية عندهم توزعت بين الأحكام السلطانية والنبوة والخلافة والإمامة والولايات الدينية والشورى والبيعة والإرشاد والنصح وأهل الحل والعقد والسياسة الشرعية واستقرت مع الفارابي في السياسة المدنية والعلم المدني ومع ابن خلدون حول علم العمران البشري والعصبية والملك والوازع والغلبة والاستصلاح والقانون.

لكن على ماذا تدل كلمة سياسة في لغة الضاد؟

يطلق اسم السياسة على فن تدبير المعاش بإصلاح أحوال العباد على سنن العدل والاستقامة وذلك من خلال تجسيد قيم عليا عبر ممارسة أفراد الجماعة حيث يتم

---

[5] أبو نصر الفارابي، رسالة في السياسة، تقديم وضبط وتعليق علي محمد اسبر، د التكوين للتأليف والترجمة والنشر، دمشق 2006، ص83

الانتقال من الاجتماع الطبيعي المؤقت إلى الاجتماع المدني الدائم. لقد جاء في لسان العرب لابن المنظور أن السياسة فعل السائس وهي رياسة وتولي أمور الناس وملك أمرهم والقيام على الشيء بما يصلحه وذلك بركوبهم وترويضهم وتذليلهم[6].

أما التهانوي في كشاف اصطلاحات الفنون فانه نقل القاموس للفيروز أبادي ما يلي:"ساس الوالي الرعية أي أمرهم ونهاهم...فالسياسة استصلاح الخلق بإرشادهم إلى الطريق المُنَجِّي في الدنيا والآخرة..." وفي آخر كتاب الحدود: رسمت السياسة بأنها القانون الموضوع لرعاية الآداب والمصالح وانتظام الأموال. وفي كليات أبي البقاء ما حاصله أن السياسة المطلقة هي إصلاح الخلق بإرشادهم إلى الطريق المُنَجِّي في العاجل والآجل على الخاصة والعامة في ظواهرهم وبواطنهم... ولا تكون على العامة لأن إصلاحهم مبني على الشوكة الظاهرة والسلطنة القاهرة ولأنها منوطة بالجبر والقهر وتسمى سياسة نفسية. وتقال أيضا على تدبير المعاش بإصلاح أحوال جماعة مخصوصة على سنن العدل والاستقامة وتسمى سياسة بدنية."[7]

نستخلص من هذا العمل المعجمي أن السياسة عند العرب تفيد الرئاسة وتولي الأمر بالمداراة والإغراء من أجل معالجة شؤون الرعية بالتفوق والاستعلاء عليها وطلب المصلحة بالسلطة والخبرة.

إن هذه السياسة سواء كانت أمر ونهي أو إرشاد واستصلاح فإنها مجموعة من الآراء ومن المحاولات لتدبير أمور الناس على مقتضى النظر العقلي والشرعي وتسليط لكليات الفقه وأحكامه على متغيرات الواقع عبر التاريخ. ويمكن أن نميز بين سياسة الأنبياء وسياسة الأمراء وبين السياسة البدنية والسياسة النفسية وبين السياسة المدنية والسياسة الشرعية.

[6] ابن المنظور، **لسان العرب**، ذكره أحمد عبد السلام في دراسات في مصطلح السياسة عند العرب، الشركة التونسية للنشر، مارس 1985، ص11-12
[7] التهانوي، **كشاف اصطلاح الفنون**، طبعة كلكته بالهند سنة 1862، ذكره أحمد عبد السلام في دراسات في مصطلح السياسة عند العرب، الشركة التونسية للنشر، مارس 1985، ص12

كما يصف بن الفراء في كتابه المفردات السياسة بأنها موضوعة ويرى أنها" القانون الموضوع لرعاية الآداب والمصالح وانتظام الأموال" ويميز بين سياسة ظلمة وأخرى عادلة شرعية وهي "ما يكون الناس معه أقرب إلى الصلاح وأبعد عن الفساد وان لم يضعه رسول ولا نزل به الوحي". علاوة على ذلك ينقل ابن أبي الضياف عبارات عن الشاطبي تؤكد أن:"السلطان الكافر إذا كان حافظا للسياسة الاصطلاحية أبقى وأقوى من السلطان المؤمن". فما هي العبرة التي يمكن استخلاصها من هذه المقارنة؟

" والسياسة نوعان: النوع الأول سياسة عادلة تخرج الحق من الظالم الفاجر...والنوع الآخر سياسة ظالمة، فالشريعة تحرمها...والسياسة المدنية من أقسام الحكمة العملية وتسمى بالحكمة السياسية وعلم السياسة وسياسة الملك والحكمة المدنية، وهو علم تعلم منه أنواع الرياسة والسياسات والاجتماعات المدنية وأحوالها وموضوعه المراتب المدنية وأحكامها والاجتماعات الفاضلة والرديئة ووجه استباق كل واحد منها وعلة زواله ووجه انتقاله وما ينبغي أن يكون عليه الملك في نفسه وحال أعوانه وأمر الرعية وعمارة المدن"[8].

من هذا المنطلق ابن خلدون قد ربط السياسة بالملك والذي اعتبره موجود لغير الإنسان بمقتضى الفطرة والهداية لا بمقتضى الفكرة والسياسة ومن علاماته التنافس في الخلال الحميدة، أضف إلى ذلك أنه قرن الملك بالتغلب والقهر والعصبية والمجد والسلطان وسمى العلاقة الجيدة بين السلطان والرعية بالملكة التي ترمي إلى المصلحة العامة. وينبني الملك على أمور هي:

1) حاجة الناس إلى الاجتماع ليتم لهم العمران.
2) الاقتناع بأن ذلك الاجتماع لا يستتب ولا يستقيم إلا بانتصاب وازع يردع المعتدي.
3) الاعتقاد بأن الملك المنصب له الشوكة والقوة الكافية ليكون حقا وازعا.

[8] التهانوي، **كشاف اصطلاح الفنون**، طبعة كلكته بالهند سنة 1862، ورد في كتاب أحمد عبد السلام في "دراسات في مصطلح السياسة عند العرب"، الشركة التونسية للنشر، مارس 1985، ص13

4) الفرد يستمد قوته من عدد الملتفين حوله وعدتهم ومن إيمانهم بمشاركته في مجده والانتفاع به.

5) قوة الملك من العصبية

6) قوة العصبية من ما جمعت إليها وألحقت بها من عصائب أخرى.

يقول في هذا الصدد:"وليس الملك لكل عصبية وإنما الملك على الحقيقة لمن يستبعد الرعية ويجبي الأموال ويبعث البعوث ويحمي الثغور ولا تكون فوق يده يد قاهرة"[9].

ما يلفت انتباهنا أن دور الفقهاء والعلماء في السياسة يكاد يوازي دور الخلفاء والسلاطين والحكام والأمراء والوزراء وقادة الجيوش وولاة الأمصار وذلك بالنصح أو المشورة أو المشاركة الفعلية ، ولكن نظرة الفقهاء إلى النمط الملكي من الحكم تميزت بالواقعية منتبهة إلى دورهم المحدود وتفضل القوة وتنسب الأمور وتبقي لهم القدرة على الحكم على سياسة الملوك وممارسة النقد والمحاسبة.

لكن إذا تفطن العرب إلى أهمية الوازع والعصبية في تشكل الدعوات السياسية وانتشارها وقيام الدول فإنهم وقعوا في خطأ تصور السلطة المطلقة وملك التغلب وحاولوا تبرير ذلك فقهيا واجتماعيا ولم يتمكنوا من تشريع نمط الدولة العادلة ، فكف ستعمل الفلسفة الحدي على التمييز بالسياسة الخاصة والسياسة العامة؟ وكيف" يتجه التفكير السياسي عادة إلى النظر في أسس الحكم وشرعيته والسبل إلى إنشاء الدول وأسباب نموها وقوتها وعلل تقهقرها وزوالها وكيف يمكن تلافي ذلك التقهقر"[10]؟ وهل يجوز أن نتحدث عن ديمقراطية الإسلام والتنظير إلى مفهوم المسلم الديمقراطي؟ وكيف يكون الإنسان مسلما وديمقراطيا في نفس الوقت؟

---

[9] عبد الرحمان ابن خلدون، **المقدمة**، المجلد الأول من تاريخ العلامة ابن خلدون ، دار الكتاب اللبناني ،طبعة بيروت ، 1956، ص.337.

[10] أحمد عبد السلام ،**دراسات في مصطلح السياسة عند العرب**، الشركة التونسية للنشر، مارس 1985، ص87

" ان السياسة جزء لا يتجزأ من الاسلام والدين ما انفك من بدايته يشجع على الاهتمام بقضايا الوطن والمسلمون ليسوا معفيين البتة من واجب الدفاع عن الخير وابطال الشر".[11]

ان هذا التساؤل عن علاقة الاسلام بالسياسة يستمد مشروعيته من الحكم المسبق الذي يتمسك به بعض الغلاة من الطرفين والذي مفاده أن الدين لا يشجع السياسة الديمقراطية وأن الحداثة السياسية تقتضي تحييد الأديان عن الفضاء العام وجعلها ضمن دائرة الشأن الخاص ولذلك يعتقد بشكل مسبق أن الديمقراطية والإسلام هما في حالة طلاق دائم وأن الديمقراطية هي في نظر الإسلام بدعة علمانية من جهة أولى وأن الإسلام السياسي في نظر النظم الديمقراطية هو نكوص نحو الماضي وتيولوجيا قروسطية تعيد الاعتبار إلى مبدأ الحق الإلهي من جهة ثانية، فإلى أي مدى يصح هذا الرأي؟ وهل يمكن لهذا التنافر المظهري أن يتعدّل إلى تصالح جوهري؟

لو غيرنا الموقف النظري واعتبرنا الإسلام في مظهره العقلاني يقبل بالقيم الديمقراطية ويحث عليها وانطلقنا من التسامح الذي تبديه الأنظمة الديمقراطية مع التدين وإقامة الشعائر الدينية وإفساحها المجال لحرية المعتقد فأنه يمكننا أن نردم الهوة الفاصلة بين الطرفين ونشرع لأسلمة الديمقراطية ودمقرطة الإسلام، فهل يجوز الحديث عن الديمقراطية في الإسلام مثلما كتب المصلحين؟ وما طبيعة هذا الإسلام الديمقراطي؟ وما هي الشروط التي يجب أن تتوفر لكي يصبح الإنسان الديمقراطي مسلما دون أن يفقد قيمه الحضارية؟ وما السبيل الذي ينبغي أن يسلكه الإنسان المسلم لكي يصبح ديمقراطيا دون ان يخسر تدينه؟

الفكرة الأولى هي أن الديمقراطية تحارب اللاتسامح الديني وتنبذ التعصب إلى المذهب والتشدد في القراءة وترفض توظيف العقائد الدينية في الصراع السياسي وتعترض على احتكار التكلم باسم المقدس وتدفع الناس إلى أنسنة الدين وتأويله بما يوافق روح العصر الذين يعشون فيه وحسب مقتضى المدنية.

---

[11] فريد اسحاق، نحو لاهوت اسلامي للتحرر، ورد في كتاب رشيد بن زين، **المفكرون الجدد في الاسلام**، ترجمة حسان عباس، دار الجنوب للنشر، تونس، الطبعة الأولى،2009. ص.235.

الفكرة الثانية هي أن الدين الإسلامي من جهة النص القرآني والأحاديث النبوية والممارسة التاريخية في التجربة التأسيسية الأولى يحمل على النفوذ الفردي والظلم والتسلط ويحارب الطواغيت والحكم المطلق ويتناقض مع الفساد والاعتداء على الكليات القيمية وهي المال والعرض والدين والحياة والنسب والعقل وينادي باستقلالية القضاء وبطاعة الحكام لما يأمر به الله ويضبطه الشرع وبجلب المنافع ودرء المضار ويطلب التشاور والحكم الراشد ويوصي بالاستخلاف وتعمير الكون والفلاح في الأرض والاستصلاح.

اللافت للنظر أن القيام بالإصلاحات الديمقراطية في المجتمعات أصبح مطلب معظم المجتهدين من العلماء والفقهاء والمفكرين الذين ينتسبون إلى الإسلام وأن تعزيز مكانة الدين الإسلامي في الدولة الحديثة وانجاز صحو أخلاقية تحول إلى مطلب مجموعة كبيرة من السياسيين والحقوقيين والعلمانيين المعتدلين.

ننتهي إلى أن الإسلام هو دين متطور في جانبه التشريعي الخاص بالمعاملات بحيث يواكب الحقوق المدنية ويتأقلم مع القوانين الصالحة التي تساعد المجتمع البشري على التخلص من حالة الهمجية والارتقاء إلى حالة المدنية والانتقال من البداوة إلى الحضارة ويساعد كذلك على نشر ثقافة الحوار وعقلية التشريك وقيم السلام والرفق ودليلنا هو ما قاله محمد الطاهر بن عاشور:"إن هذه الشريعة قابلة بأصولها وكلياتها للانطباق على مختلف الأحوال بحيث تساير أحكامها مختلف الأحوال دون حرج ولا مشقة ولا عسر."[12]

صفوة القول أن الأصوات الرافضة لفكرة الديمقراطية الإسلامية هي اقل بكثير في العالم الغربي والشرقي على السواء من الأصوات الداعمة لها وأن فكرة المسلم الديمقراطي هي فكرة وجيهة طالما تخلص المتدين من الفهم الحرفي للنص الديني وتخلى عن التقليد النقلي وتبنى نهجا اجتهاديا تأويليا وحاول فهم الدين فهما علميا واعترف للإنسان اللاديني بحق المواطنة الكاملة وأمسك نفسه عن اللجوء إلى العنف في الدعوة والمطالبة بالحقوق بالمجادلة الحرة تصديقا لقول الله تعالى في القرآن

[12] محمد الطاهر بن عاشور، **مقاصد الشريعة الاسلامية**، دار السلام للطباعة والنشر والتوزيع والترجمة ،القاهرة، الطبعة الأولى، 2005.ص.91.

الكريم:"ادعُ إِلَى سَبِيلِ رَبِّكَ بِالحِكمَةِ وَالمَوعِظَةِ الحَسَنَةِ وَجَادِلهُم بِالَّتِي هِيَ أَحسَنُ إِنَّ رَبَّكَ هُوَ أَعلَمُ بِمَن ضَلَّ عَن سَبِيلِهِ وَهُوَ أَعلَمُ بِالمُهتَدِينَ."[13]

فمتى يكف البعض من المسلمين عن النظر إلى الديمقراطية على أنها منظومة دخيلة على حضارة اقرأ لا ينبغي إتباعها؟ وأليس الأجدى ببعض المناصرين للديمقراطية أن يسمحوا للمسلمين بالتنظيم الحزبي والمشاركة الفعالة في التسيير الشعبي للمؤسسات العمومية وفي تحقيق النمو الاقتصادي والرقي الحضاري؟ وكيف يمكن بناء سياسة استخلافية في حضارة اقرأ تتموقع في ما وراء الثنائية الحدية بين السلطان الزمني والخلافة الروحية؟ ومتى يقبل الخاصة أن يكون المرء متدينا وسياسيا في الآن نفسه؟

"فالشرائع كلها وبخاصة شريعة الإسلام جاءت لما فيه صلاح البشر في العاجل والأجل أي في حاضر الأمور وعواقبها"[14]

هذا يعني أنه يمكن تجاوز السياسة السلطانية إلى السياسة الشرعية وذلك بالتنصيص على حق التنظيم السياسي القانوني للتوجه الإسلامي المستنير والإشارة إلى ضرورة التحلي بالاستراتيجيات النظرية والتدبيرات الاتيقية التالية:

- التركيز على معالجة الجوانب الاجتماعية والاقتصادية والحياتية في الإسلام والاستناد على فقه المعاملات دون أن يؤدي ذلك إلى إغفال الأبعاد الروحية والعقدية للدين الحنيف.

- الاهتمام بالجانب القانوني المدني والاستعانة بما يوفره الشرع من نواميس كونية وقواعد كلية وفق رؤية اجتهادية منفتحة على الإنسان والكون.

- التجذر في الشعب والإنصات إلى نبض الشارع والوفاء لقيم الثورة والاستجابة إلى صوت الشباب وحراك العمال والمثقفين العضويين.

- التحلي بالنضالية الثورية والالتزام المؤسساتي ووضع الأنفس في خدمة الناس والإخلاص للأفكار والتسلح بالموضوعية والحياد الايجابي تجاه التوجهات المغايرة.

[13] سورة النحل، الأية 125

[14] محمد الطاهر بن عاشور، **مقاصد الشريعة الاسلامية**. ص.11.

- الاستقلالية التنظيمية والتميز البناء وتوضيح الرؤية و نحت هوية سياسية متوازنة تؤلف بين العروبة والإسلام والإنسانية التقدمية وتضع مصلحة الوطن فوق كل اعتبار.

- التدرج والعلنية وتحكيم المصالح والاستحسان والانفتاح على المختلف والتحلي بالمرونة والواقعية النقدية وفقه الأولويات.

- ان العبادة واقامة الشعائر الدينية لا تمثل خطرا على الدولة بل ان المؤمن عندما يمارس دينه وفق ما يقتضيه من عدالة يغير من حياته نحو الأحسن.

- المشاركة الى جانب الأغيار في الكفاح ضد الشر ليس شرا بل ان مقاومة الطغيان واجب ولا يمكن تعليق البؤس والمعاناة على الذنوب التي يرتكبها الناس.

- تبني النهج العقلاني التنويري وثقافة التحديث والتطوير والعصرنة وإطلاق حرية الإبداع والاجتهاد والتأويل وتشجيع الفنون والعمل الطوعي والبيئي والحضاري.

- التأليف بين رؤية إصلاحية تربوية ومشروع ثوري تغييري في توجهات المجتمع وهياكل الدولة وتحقيق المصالحة بين المقاومة والاستثبات من جهة والتحديث والعولمة البديلة من جهة أخرى.

"إن الأمر لا يتعلق هنا ببرنامج مرحلي لجبهة من القوى بل بأهداف تاريخية يتطلب انجازها قيام كتلة تاريخية تضم أكثر ما يمكن من الشرائح والفصائل والنخب... والاتجاه نحو تأسيس وتأصيل عمل جماعي ضمن مشروع للوطن ككل يجعل من المصلحة الوطنية والقومية العليا المرجعية التي تنحني لها جميع المرجعيات الأخرى."[15]

إن تشكل كيان سياسي ينهل من مرجعية الإسلام المستنير هو شرط إمكان قيام كتلة تاريخية تصون القيم التي نادت بها الثورة العربية وتعمل على نبذ التعصب للمذهب وترفض العنف وتؤمن بالسلم وتعتمد على إستراتيجية التحالف بين التيار القومي والتيار الإسلامي وتفعل الحوار بين العلمانيين والإيمانيين وتحاول التقريب بين وجهات

---

[15] محمد عابد الجابري، **نقد الحاجة إلى الإصلاح**، مركز دراسات الوحدة العربية، بيروت، طبعة أولى، 2005 ، ص. 200.

نظر اليسار واليمين من أجل تحقيق الوحدة الوطنية والنهوض بالبلاد من حالة الركود إلى حالة التمدن والازدهار.

إن أهم أولويات السياسية للثورة العربية هي تحقيق الوحدة العربية عن طريق الديمقراطية الاندماجية واستعادة الحلم اليوطوبي بتحرير فلسطين وفك الارتباط مع الدوائر الامبريالية وإعادة العراق إلى الحاضرة العربية وتبكيت الأطماع الاستعمارية ودحر النظم التقليدية وإقامة مؤسسات مدنية تقطع مع كل أشكال التسلط والاستبداد.

فمتى نرى العائلة الإسلامية العربية التقدمية موحدة في إطار تنظيمي واسع يخدم الوطن والأمة ويساهم من موقعه في التعددية وبناء مؤسسات عصرية ضمن دولة ديمقراطية؟ وأليس تحقيق المصالحة بين الشعب ودينه هو حبل الأمان الذي يحفظ للمرء عرضه وماله ودينه ونفسه وعقله؟ وكيف ترتبط محبة الإنسان لأخيه بمحبة الناس جميعا لله؟ وألم يقل عز وجل:" قُل إن كُنتُم تُحِبُّونَ اللـهَ فَاتَّبِعُونِي يُحبِبكُمُ اللـه ويَغفِرُ لَكُم ذُنُوبَكُم و اللـهُ غَفُورٌ رَحِيمٌ"[16]؟

هذا ما جاد به الكادح إلى الحق زمن القيام، و اللـه المستعان.

[16]قرآن كريم، سورة آل عمران، آية 31.

المصـادر والمراجـع:

باللسان العربي:

* أبو نصر الفارابي، **كتاب الحروف**، تحقيق محسن مهدي، دار المشرق، بيروت، لبنان، طبعة ثانية، 1990.

* أبو نصر الفارابي، **فصول منتزعة**، تحقيق متري النجار، دار المشرق، بيروت.

* أبو نصر الفارابي، **رسالة في السياسة**، تقديم وضبط وتعليق علي محمد اسبر، د التكوين للتأليف والترجمة والنشر، دمشق 2006.

* أبو القاسم الشابي ، **الأعمال الكاملة**، الدار التونسية للنشر، الطبعة الأولى 1984.

* إدغار موران، **الفكر والمستقبل، مدخل إلى الفكر المركب**، دار توبقال للنشر، الدار البيضاء، الطبعة الأولى، 2004.

* أدغار موران ، **النهج، إنسانية البشرية، الهوية البشرية**. ترجمة هناء صبحي، منشورات كلمة، أبو ظبي، الطبعة الأولى، 2009.

* ادغار موران، مقال عن الثورات العربية، إعداد وترجمة: يقظان التقي، **المستقبل** – الاثنين 11 أبريل 2011 – العدد 3966

* أحمد عبد السلام ،**دراسات في مصطلح السياسة عند العرب**، الشركة التونسية للنشر، مارس 1985، ص87

* اسبينوزا، **كتاب السياسة**، ترجمة جلال الدين سعيد، دار الجنوب للنشر، تونس، الطبعة الأولى، 1999.

* ألان تورين، **ماهي الديمقراطية، حكم الأكثرية أم ضمانات الأقلية**، ترجمة حسن قبيسي، دار الساقي، بيروت، الطبعة الثانية 2001.

* برتراند رسل، **مثل عليا سياسية**، ترجمة سمير عبده، دار الجيل، بيروت، طبعة. 1979.

* بول ب- آرمسترونغ، **القراءات المتصارعة، التنوع والمصداقية في التأويل**، ترجمة فلاح رحيم، دار الكتاب الجديد المتحدة، ليبيا، الطبعة الأولى، 2009.

* بول ريكور، **الذات عينها كآخر**، ترجمة جورج زيناتي، المنظمة العربية للترجمة، بيروت، 2005.

* بول ريكور، **العادل**، الجزء الثاني، ترجمة عبد العزيز العيادي ومنير الكشو، بيت الحكمة، قرطاج، الطبعة الأولى 2003.

* بول ريكور، **الذاكرة، التاريخ، النسيان**، ترجمة جورج زيناتي، دار الكتاب الجديد المتحدة، ليبيا ، الطبعة أولى 2009،

* بول ريكور ، **الانتقاد والاعتقاد**، ترجمة حسن العمراني، دار توبقال، الدار البيضاء، الطبعة الأولى، 2011.

* بول ريكور، **الذاكرة، التاريخ، النسيان**، ترجمة جورج زيناتي، دار الكتاب الجديد المتحدة، ليبيا، الطبعة أولى 2009.

* بول ريكور، **الزمان والسرد، التصوير في السرد القصصي**، الجزء الثاني، ترجمة فلاح رحيم،دار الكتاب الجديد المتحدة، بيروت، الطبعة الأولى 2006.

* تزفتيانتودوروف، **اللانظام العالم الجديد**، ترجمة محمد ميلاد، دار الحوار، اللاذقية، سورية، الطبعة الأولى 2006.

* جاك دريدا ، **المصالحة والتسامح وسياسات الذاكرة**، ترجمة حسن العمراني، دار توبقال للنشر، الطبعة الأولى 2005.

* جان جاك روسو، **في العقد الاجتماعي**، ترجمة عبد الكريم أحمد، مراجعة توفيق اسكندر، بإشراف الإدارة العامة للثقافة بوزارة التعليم العالي، مصر، دون تاريخ.

جيل دولوز- فليكس غتاري، **ماهي الفلسفة**، ترجمة مركز الانماء القومي، بيروت، الطبعة الأولى، 1997.

* حسن حنفي، **التراث والتجديد**، منشورات مجد، بيروت، الطبعة الخامسة، 2002.

* حنة أرندت، **في الثورة**، ترجمة عطا عبد الوهاب، المنظمة العربية للترجمة، الطبعة الأولى، بيروت، 2008.

*رشيد بن زين، **المفكرون الجدد في الاسلام**، ترجمة حسان عباس، دار الجنوب للنشر، تونس، الطبعة الأولى،2009.

* روجيه غارودي، **كيف نصنع المستقبل؟**، ترجمة منى طلبة وأنور مغيث، دار الشروق ، القاهرة، الطبعة الثالثة، 2002.

* عبد الرحمان ابن خلدون، **المقدمة**، المجلد الأول من تاريخ العلامة ابن خلدون ، دار الكتاب اللبناني ،طبعة بيروت ، 1956،

* عبد المنعم الحنفي، **المعجم الشامل لمصطلحات الفلسفة**، مكتبة مدبولي،الطبعة الثالثة، القاهرة، 2000. المركز الدولي للعدالة الانتقالية،

* غوستاف لوبون، **سيكولوجيا الجماهير**، ترجمة هاشم صالح، دار الساقي للنشر، بيروت، الطبعة الثانية، 1997.

* كارل ماركس، **حول المسألة اليهودية**، ترجمة نائلة الصالحي، منشورات الجمل، كولونيا ، الطبعة الأولى، 2003.

* لويس ألتوسير، **مونتسكيو، السياسة والتاريخ**، ترجمة نادر ذكرى، دار التنوير،بيروت، الطبعة الأولى، 2006

* مالك بن نبي، **الصراع الفكري في البلاد المستعمرة**، دار الفكر، دمشق، طبعة 1986،

* مونتسكيو، **روح الشرائع**، الكتاب الثامن عشر، الفصل الثالث، ترجمة عادل زعيتر، دار المعارف القاهرة، 1953.

* ميشيل فوكو، **يجب الدفاع عن المجتمع**، ترجمة الزواوي بغوره، دار الطليعة، بيروت، الطبعة الأولى،2003.

* محمد الطاهر بن عاشور، **مقاصد الشريعة الاسلامية**،دار السلام للطباعة والنشر والتوزيع والترجمة ،القاهرة، الطبعة الأولى، 2005.

* محمد عابد الجابري، **نقد الحاجة إلى الإصلاح**، مركز دراسات الوحدة العربية، بيروت، طبعة أولى، 2005 .

* هيجل، **أصول فلسفة الحق**، ترجمة إمام عبد الفتاح إمام، مكتبة مدبولي، القاهرة. دون تاريخ.

* هربارتماركوز، **الإنسان ذو البعد الواحد**، ترجمة جورج طرابيشي، دار الآداب، بيروت، الطبعة الثالثة، 1988.

* يورغنهابرماس، **العلم والتقنية ك"ايديولوجيا"** ،ترجمة حسن صقر، منشورات الجمل، كولونيا، الطبعة الأولى2003.

* يورغنهابرماس، **مستقبل الطبيعة الإنسانية**، ترجمة جورج كتورة، المكتبة الشرقية، بيروت، 2007.

باللسان الفرنسي:

* Adrien LentiampaShenge, *Paul Ricoeur, la justice selon l'espérance*, éditions Lessius, 2009.

* Alain, *Propos* (1909), La Pléiade, Tome1,

* Blandine Kriegel, *l'Etat et les esclaves*, éditions Payot&.Rivages, 2003.

*Alexis de Tocqueville, *De la démocratie en Amérique*, coll. Garnier-Flammarion, éd. Flammarion, 1993 et 1999, 2 tomes.

* Charles Taylor, *le malaise de la modernité*, traduction par Charlotte Melancon, editions du Cerf, Paris , 2005

* Christian delacampagne, *la philosophie politique aujourd'hui*, éditions du seuil, paris, 2000 .

* E. Kant, *Projet de paix perpétuelle*, éditions Vrin, Paris, 1984.

* Geoffrey Bennington, *la démocratie à venir, autour de Jacques Derrida*, éditions, Galilée, 2004.

* Hannah Arendt, *Du mensonge à la violence*, éditions Calmann-Lévy, 1972.

* Hannah Arendt, *la nature du totalitarisme*, éditions Payot& Rivages, Paris ,2006.

* Hannah Arendt, *Qu`est-ce que la politique ?*, éditions du Seuil, Paris, 1995

* Hannah Arendt, *Condition de l'homme moderne* , éditions Calmann- lévy , 1983.

* Hanna Arendt, *Penser l'événement* , éditions Belin, 1989.

* Hans Kilson, *Théorie pure du droit*, 2e édition traduite par Charles Eisenmann, Dalloz, 1962, Paris.

* Hans Kilson ,*Théorie générale du droit et de l'État suivi de La doctrine du droit naturel et le positivisme juridique*, LGDJ - Bruylant, 1997, Paris, coll. La pensée juridique.

* jean Piaget, *sagesse et illusions de la philosophie*, éditions PUF, 1965.

* John Rawls, *La théorie de la justice*. Edition Seuil Tradition Edouard Tuoudor.Editionsdu Seuil, Paris, 1987.

*J-j Rousseau, *Contrat Social*, livre. I, éditions Garnier Flammarion, 1986.

* J-P- Sartre, *situations philosophiques*, matérialisme et révolution, editions Gallimard, 1976.

* Jean Touchard, *Histoire des idées politiques*, Tomes2, éditions PUF, 1958.

* Jeroum B. schneewind, *l'invention de l'autonomie*, éditions Gallimard, 2001.

* Jean- William Lapierre, *Qu'est-ce qu'être citoyen ?* , *Propos de philosophie politique*, éditions PUF, 2001 ,

* Marc Crépon, la communauté en souffrance, in Jocelyn Benoist – Fabio Merlini, *Après la fin de l'histoire, Temps, monde, historicité* ,éditionsVrin, , 1998,

* Max weber, *le savant et le politique*, 10-18, Editions Librairie Plon 1959.

* Michel Onfray, *la communauté philosophique*, éditions Galilée, Paris, 2004 .

* Monique Canto- Sperber, *Dictionnaire d'éthique et de philosophie morale*, editions Quadrige/PUF, 2004 .

* Michael Sandel, *le libéralisme et les limites de la justice*, éditions du seuil, 1999.

* M.Canto- Sperber, *Dictionnaire d'éthique et de philosophie morale*, éditions PUF, T1,

* Paul Ricoeur, Lectures 2, La contrée des philosophes, éditions du Seuil, 1992 .

* Politique et pensée , colloque Hannah Arendt, éditions Payot & Rivages, 1989.

* Paul Ricoeur, *Lectures1, autour du politique*, éditions du seuil, 1991.

* Politique et pensée, colloque Hannah Arendt, éditions Payot & Rivages, 1989.

* Robert Nozick, Anarchie, Etat et Utopie, éditions PUF,1974 .

* Robert Misrahi, *traité du bonheur II, Ethique, politiqueet bonheur*, éditions du Seuil , 1983

* Sébastien de la touanne, *Julien Freund, penseur « machiavélien » de la politique*, éditions l'harmattan,2004.

* Yves Sintomer, *la démocratie impossible*, politique et modernité chez Weber et Habermas, éditions La découverte&Syros, Paris, 1999.

الروابط:

http://www.lissaniat.net/viewtopic.php?t=2592&sid=cb9f0164691b6210f0dc9182687e5407

http://www.marxist.com/imt-manifesto-on-arab-revolution-ar-1.htm

http://www.ictj.net/arabic/index.htm

Forum pour le renforcement de la société civile, Justice Transitionnelle,

http://www.forsc.org/spip.php?article80

:http://www.ictj.net/arabic/index.htm

الفهــرس

الدار التونسية للكتاب
بلقاسم المرزوقي
الكوليزي مدرج - د - الطابق الأول مكتب 130
43 - 45 شارع الحبيب بورقيبة - تونس
الهاتف / الفاكس: 33 98 33 71
البريد الالكتروني:mtl.edition@yahoo.fr

T0110183

Printed in the United States
By Bookmasters